中国非洲研究院文库·学术译丛

学而为生：
南非中学后学习新愿景

Learning for Living:
Towards a New Vision for Post-School
Learning in South Africa

［南非］艾弗·巴特杰斯　/主编
　　　（Ivor Baatjes）

贺莺　李朝渊　李放　/译

中国社会科学出版社

图字:01-2021-0061号

图书在版编目(CIP)数据

学而为生:南非中学后学习新愿景/(南非)艾弗·巴特杰斯主编;贺莺,李朝渊,李放译. —北京:中国社会科学出版社,2021.12

(中国非洲研究院文库. 学术译丛)

书名原文:Learning for Living: Towards a New Vision for Post-School Learning in South Africa

ISBN 978-7-5203-8998-3

Ⅰ.①学… Ⅱ.①艾…②贺…③李…④李… Ⅲ.①教育研究—南非 Ⅳ.①G547

中国版本图书馆CIP数据核字(2021)第172808号

© HSRC 2018

This translation in Chinese of this book is published by arrangement with HSRC Press

出 版 人	赵剑英
责任编辑	高 歌
责任校对	闫 萃
责任印制	戴 宽

出 版	中国社会科学出版社
社 址	北京鼓楼西大街甲158号
邮 编	100720
网 址	http://www.csspw.cn
发 行 部	010-84083685
门 市 部	010-84029450
经 销	新华书店及其他书店
印 刷	北京君升印刷有限公司
装 订	廊坊市广阳区广增装订厂
版 次	2021年12月第1版
印 次	2021年12月第1次印刷
开 本	710×1000 1/16
印 张	21
插 页	2
字 数	345千字
定 价	118.00元

凡购买中国社会科学出版社图书,如有质量问题请与本社营销中心联系调换
电话:010-84083683
版权所有 侵权必究

《中国非洲研究院文库》
编委会名单
（2021年4月）

主　任　王灵桂

编委会　（按姓氏笔画排序）
　　　　　王　凤　　王林聪　　王灵桂　　王启龙　　王利民
　　　　　毕健康　　朱伟东　　刘鸿武　　安春英　　李安山
　　　　　李智彪　　李新烽　　杨宝荣　　吴传华　　余国庆
　　　　　张永宏　　张宇燕　　张宏明　　张忠祥　　张艳秋
　　　　　张振克　　林毅夫　　罗建波　　周　弘　　赵剑英
　　　　　姚桂梅　　贺文萍　　党争胜　　唐志超

充分发挥智库作用
助力中非友好合作

——《中国非洲研究院文库》总序言

当今世界正面临百年未有之大变局。世界多极化、经济全球化、社会信息化、文化多样化深入发展，和平、发展、合作、共赢成为人类社会共同的诉求，构建人类命运共同体成为各国人民共同的愿望。与此同时，大国博弈激烈，地区冲突不断，恐怖主义难除，发展失衡严重，气候变化凸显，单边主义和贸易保护主义抬头，人类面临许多共同挑战。中国是世界上最大的发展中国家，是人类和平与发展事业的建设者、贡献者和维护者。2017年10月中共十九大胜利召开，引领中国发展踏上新的伟大征程。在习近平新时代中国特色社会主义思想指引下，中国人民正在为实现"两个一百年"奋斗目标和中华民族伟大复兴的"中国梦"而奋发努力，同时继续努力为人类作出新的更大的贡献。非洲是发展中国家最集中的大陆，是维护世界和平、促进全球发展的重要力量之一。近年来，非洲在自主可持续发展、联合自强道路上取得了可喜进展，从西方眼中"没有希望的大陆"变成了"充满希望的大陆"，成为"奔跑的雄狮"。非洲各国正在积极探索适合自身国情的发展道路，非洲人民正在为实现《2063年议程》与和平繁荣的"非洲梦"而努力奋斗。

中国与非洲传统友谊源远流长，中非历来是命运共同体。中国高度重视发展中非关系，2013年3月习近平担任国家主席后首次出访就选择了非洲；2018年7月习近平连任国家主席后首次出访仍然选择了非洲；6年间，习近平主席先后4次踏上非洲大陆，访问坦桑尼亚、南非、塞内加尔等8国,向世界表明中国对中非传统友谊倍加珍惜,对非洲和中非关系高度重视。2018年中非合作论坛北京峰会成功召开。习近平主席在此次峰会上,揭示了中非团结合作的本质特征,指明了中非关系发展的前进方向,规划了中非共同发展的具体路径,极大完善并创新了中国对非政策的理论框架和思想体系,这成为习近平新时代中国特色社会主义外交思想的重要理论创新成果,为未来中非关系的发展提供了强大政治遵循和行动指南。这次峰会是中非关系发展史上又一次具有里程碑意义的盛会。

随着中非合作蓬勃发展,国际社会对中非关系的关注度不断提高,出于对中国在非洲影响力不断上升的担忧,西方国家不时泛起一些肆意抹黑、诋毁中非关系的奇谈怪论,诸如"新殖民主义论""资源争夺论""债务陷阱论"等,给中非关系发展带来一定程度的干扰。在此背景下,学术界加强对非洲和中非关系的研究,及时推出相关研究成果,提升国际话语权,展示中非务实合作的丰硕成果,客观积极地反映中非关系良好发展,向世界发出中国声音,显得日益紧迫和重要。

中国社会科学院以习近平新时代中国特色社会主义思想为指导,努力建设马克思主义理论阵地,发挥为党的国家决策服务的思想库作用,努力为构建中国特色哲学社会科学学科体系、学术体系、话语体系作出新的更大贡献,不断增强我国哲学社会科学的国际影响力。中国社会科学院西亚非洲研究所是当年根据毛泽东主席批示成立的区域性研究机构,长期致力于非洲问题和中非关系研究,基础研究和应用研究并重,出版和发表了大量学术专著和论文,在国内外的影响力不断扩大。以西亚非洲研究所为主体于2019年4月成立的中国非洲研究院,是习近平总书记在中非合作论坛北京峰会上宣布的加强中非人文交流行动的重要举措。

按照习近平总书记致中国非洲研究院成立贺信精神,中国非洲研究院的宗旨是:汇聚中非学术智库资源,深化中非文明互鉴,加强治国理政和发展经验交流,为中非和中非同其他各方的合作集思广益、建言献策,增进中非人民相互了解和友谊,为中非共同推进"一带一路"合作,共同建设面向未来的中非全面战略合作伙伴关系,共同构筑更加紧密的中非命运共同体提供智力支持和人才支撑。中国非洲研究院有四大功能：一是发挥交流平台作用，密切中非学术交往。办好"非洲讲坛""中国讲坛""大使讲坛"，创办"中非文明对话大会"，运行好"中非治国理政交流机制""中非可持续发展交流机制""中非共建'一带一路'交流机制"。二是发挥研究基地作用，聚焦共建"一带一路"。开展中非合作研究，对中非共同关注的重大问题和热点问题进行跟踪研究，定期发布研究课题及其成果。三是发挥人才高地作用，培养高端专业人才。开展学历学位教育，实施中非学者互访项目，培养青年专家、扶持青年学者和培养高端专业人才。四是发挥传播窗口作用，讲好中非友好故事。办好中国非洲研究院微信公众号，办好中英文中国非洲研究院网站，创办多语种《中国非洲学刊》。

为贯彻落实习近平总书记的贺信精神，更好地汇聚中非学术智库资源，团结非洲学者，引领中国非洲研究工作者提高学术水平和创新能力，推动相关非洲学科融合发展，推出精品力作，同时重视加强学术道德建设，中国非洲研究院面向全国非洲研究学界，坚持立足中国，放眼世界，特设"中国非洲研究院文库"。"中国非洲研究院文库"坚持精品导向，由相关部门领导与专家学者组成的编辑委员会遴选非洲研究及中非关系研究的相关成果，并统一组织出版，下设五大系列丛书："学术著作"系列重在推动学科发展和建议，反映非洲发展问题、发展道路及中非合作等某一学科领域的系统性专题研究或国别研究成果；"学术译丛"系列主要把非洲学者以及其他方学者有关非洲问题研究的经典学术著作翻译成中文出版，特别注重全面反映非洲本土学者的学术水平、学术观点和对自身发展问题的认识；"智库报告"系列以中非关系为研究主线，中非各领域合作、国别双边关系及中国与其他国际角色在非洲的互动关系为支撑，客观、准确、翔实地反映中非合作的现状，为新时代中非关系顺利发展提供对策建议；"研究论丛"系列基于国际格局新变化、中国特色社会主义进入新时代，集结中国专家学者研究非洲政治、经济、安全、社会发展等方面的重大问题和非洲国际关系的创新性学术论文，具有学科覆盖面、基础性、系统性和标志性研究成果的特点；"年鉴"系列是连续出版的资料性文献，设有"重要文献""热点聚焦""专题特稿""研究综述""新书选介""学刊简介""学术机构""学术动态""数据统计""年度大事"等栏目，系统汇集每年度非洲研究的新观点、新动态、新成果。

期待中国的非洲研究和非洲的中国研究在中国非洲研究院成立的新的历史起点上，凝聚国内研究力量，联合非洲各国专家学者，开拓进取，勇于创新，不断推进我国的非洲研究和非洲的中国研究以及中非关系研究，从而更好地服务于中非共建"一带一路"，助力新时代中非友好合作全面深入发展。

中国社会科学院副院长
中国非洲研究院院长

编 者 序

《学而为生：南非中学后学习新愿景》捕捉南非城乡民众的声音，从社区生活经历和现实出发，对当前的南非中学后教育与培训（PSET）体系加以评价。更重要的是，本书指明了当前中学后教育与培训体系的局限性，提出该体系并未能充分满足南非各社区民众的需求和利益。本书有助于人们认识到解放教育学的必要性，并提供奠定"学而为生"新框架的原则。书中指出，必须重构南非中学后教育与培训体系，以便更好地满足贫困劳动阶层的需求和利益。

本书（原版）出版之时，南非学生主导的"学费必须下降"运动（Fees MustFall）正如火如荼，职业技术教育与培训呈现大众化趋势，社区教育经费投入不足问题显现，中学后教育与培训体系持续重组，如何深化改革引发广泛关注，PSET成为南非大众持续关注的焦点。中学后教育与培训领域政策改革是一个全球现象，应与全球主流话语联系起来加以理解，包括新自由主义、人力资本、供求关系、技能不匹配，以及上述问题与就业力和生产力的关系（Klees 2016）。以上话语主导了中学后教育的相关讨论，强调"不断进行培训和再培训，技能化和再技能化，提升资历，为无休无止找工作的生活做好准备。如此，生活将成为自我持续经济资本化的过程"（Rose 1999，转引自 Rizvi & Lingard 2010：184）。2014年Vally和Motala出版有关南非中学后教育的专著，产生了深远影响。著作深入反思上述论调的失败之处，探讨了上述论调如何左右涉及不平等、贫困、失业三大挑战的讨论，如何启发并塑造各国政府的研究议程进而产生全球影响。就南非而言，政府通过了高等教育与培训部（DHET）依据"国家技能发展战略"（National Skills Development Strategy）制定的研究议程就是以上论调的一种表现，从经济决定论的角度，坚持认为"教育指向技能，技能促进就业，就业推动经济增长，经

1

济增长创造就业机会，继而帮助人们摆脱贫困和不平等"（Klees 2017）。Klees认为，这是一种错误的新自由主义改革论调。

《学而为生》让人们开始关注千百万南非人民的生活体验和现实状况，这些人正在"创造自己的生活"，却几乎无法得到PSET体系的正式支持，也没有机会成为其中一员。南非公众大多关注的是年龄在15岁至24岁的320万年轻人，这部分人没有工作，也没有接受教育或培训。然而，还有多达1800余万的南非青壮年人口因没有正式的劳资合同而被排除在国家技能规划体制之外。以上这些来自南非城乡的人们便是本书讲述的重点。南非人口的很大一部分遭到主流排斥，被边缘化，表现之一就是缺乏PSET体系的支持。本书呼吁采取行动，并非是要将他们纳入现有的公民教育形态之中，而是要改变从一开始就将他们排除在外的社会结构（Freire，2000）。《学而为生》指出了一种切实存在的不匹配状况，即PSET体系与城乡劳动阶层的背景、现实生活以及学习需求不匹配。书中列举了一系列社区机构，并对这些机构为人们创造生活的多种方式加以探讨（包括参与社会公益事业）。这些社区的声音在书中得以展现，表明需要对不断发展的PSET体系进行反思，使之与人们的生活方式发生关联，通过有意义的工作和价值观塑造生活。

本书同时呼吁人们认识到，提出PSET体系的替代方案是具有价值的。

作为知识革新项目，《学而为生》的创作基于调研，借鉴了成人和职业教育领域新的发展动向，致力于打造一条通往新社会的远见之路。该书加深了人们对城乡劳动阶层（包括待业者）与物质条件直接相关的教育和学习体验的理解，使人们意识到，在南非城乡存在着可称为"希望曙光"的多种实践，这些实践本身就是改革的萌芽，为改革提供了种种可能。借用法国学者亨利·列斐伏尔（Henri Lefebvre）的异托邦概念（Harvey，2013），可以认为，这些实践勾勒出了边缘性的社会空间，其中不仅可能存在"差异性"，而且可以为定义解放轨迹奠定基础。Kovel（2002）将我们所理解的替代方案或"过渡形式"称作中间斗争或预见性表现，其中包括多种形式的行动或示范，这些行动初具雏形，本身就包含了更美好社会的愿景。Kovel认为，这些预见性表达或示范包含了未来的萌芽，是社会变革的温床，走向未来时，这些萌芽将与其他要素共同进化，构建一个与自然和谐相处的新社会。《学而为生》向读者展现了社区如何进行探索并做出改变。社区机构的做法不一定是刻意规划、有心为之，更多的仅仅是源于人们的日常生活，源于人们寻求意义时的所行、所感、所察，并将之表现出来。书中的众多例子表明，社区并没有坐等政府支持，而是在创建自身具有异托邦性质的团体和空间。正是通过这种自然的勃发（具有生成性和教育性的时刻），这些各不相同的"希望曙光"才有可能汇集起来，从而创造出迥然不同的东西。这些预见性实践具有共同的愿景，这成为其团结统一的基石。正是在这样一些教育时刻，新的合作、创新和自主实践形式才得以诞生，它们没有统一的蓝图，它们是融合在生态一体化和民主化社会愿景中的实践统一体。制定此类实践策略时，必须考虑主流秩序的持续威胁，主流秩序会试图吞噬或抑制可能发生的革命。因此，战略的制定不应基于革命的浪漫主义，而应基于对主流实践的理解，理解其力量、实力和体系，理解主流实践能够轻易淹没无知的革命冲动。

《学而为生》号召人们参与到中学后教育与培训的变革当中，这不仅仅局限于课堂实践，而是采用伦理学、哲学、方法论的批判性和分析性框架，致力于整个课程开发和社会行为。多年来，指导本书展开分析的批判性教学已硕果累累，迄今为止形成了不少批判性的教育替代方案（例如，参见 Allman 2001；Dale & Hyslop-Margison 2010；Mallot & Ford 2015），为我们理解城乡教育实践确立了适恰的框架，并提供了开展系统性和批判性实践的工具，以揭露再现压迫性做法的力量。

《学而为生》为创造生活提供了一种理论构架，阐明了以人为本的解放性教育的必要性。本书作者并没有为南非中学后教育与培训体系所面临的问题提供一套解决方案，而是借助研究数据，揭示该体系与城乡劳动阶层众多民众的需求、利益以及现实生活相脱节这一现实。作者阐明该理论构架，将之与支持"学而为生"教育的系列原则相结合，邀请了中学后教育与培训领域的众多学者、研究人员和从业人员参与这项工作。我们必须牢记：教育本应以人为本，致力于人的解放，在学术研究、政策和规划制定过程中更应着力突出这一目标。

纳尔逊·曼德拉大学"中学后综合教育与培训中心"主任
南非教育政策协会主席
《学而为生》项目组协调人
艾弗·巴特杰斯（Ivor Baatjes）

译　者　序

《学而为生：南非中学后学习新愿景》一书的创作具有深刻而复杂的历史背景。1994年种族隔离制度废除以后，南非新民主政府把教育当作社会前进的动力、推进民族融合的催化剂和促进社会公平的重要抓手，在促进教育公平、提高教育质量、推进教育改革等方面出台了一系列政策法规和改革举措。应该看到，二十多年来，南非教育公平程度极大改善，基础教育普及率大幅提高，高等教育成果显著，并建立了全国资格认证框架体系，促进了学历教育和职业资格的有效衔接。但与此同时，南非教育依然面临着投入产出比低、教学水平落后、师资力量薄弱和政策执行不力等种种问题（王娟娟 2019）。正如南非前总统雅各布·祖马（Jacob Zuma）在2011年坦言，"本质上并没有为南非最底层的穷人带来接受良好教育的机会"。

自2009年南非成立高等教育和培训部以来，南非的中学后教育和培训制度（PSET）一直备受关注。在国内不平等、贫穷和失业情况日益加深的背景下，PSET体系饱受诟病。鉴于南非三分之一的人口生活在偏僻农村地区，而南非政府和教育界对于这些地区的教育情况知之甚少，本书主编艾弗·巴特杰斯（Ivor Baatjes）启动了"新兴之声2号"（EV2）教育研究课题，率领团队广泛调研南非农村地区参与当前PSET体系的情况。

该团队对南非农村开展的田野调查达到前所未有的广度和深度，覆盖了南非全国20多个不同的社区，6个职业技术教育培训学校和成人教育培训中心，研究团队在6个偏僻农村劳动阶层聚居区蹲点，先后采访了1020名青年。调研收集到丰富翔实的一手数据，对于教育教学研究和改革人员颇有意义。

全书堪称一幅生动的南非中下层社会民众生活画卷。各章援引多幅

译者序

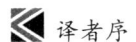

照片,细致描写了南非乡村地区的风土人情。在前五章中,城乡民众用自己的语言讲述亲身体验到的南非中学后教育情况。在后四章中,作者更是勇于质疑"教育惠及所有人"的信条,大胆指出南非现行中学后教育体制中存在的问题,认为其在有些情况下甚至起了反作用。通过阅读本书,读者可对南非农村,对当地劳动阶层普通民众的生活情况和学习经历产生身临其境的认识,实属难得。

该书具有强大的研究和撰写团队。主编艾弗·巴特杰斯(Ivor Baatjes)为纳尔逊·曼德拉大学中学后综合教育与培训中心(CIPSET)主任,教育政策协会(EPC)现任主席,是南非学后教育与培训领域的资深专家。研究团队庞大,涉及福特哈尔大学(UFH)纳尔逊·曼德拉教育和乡村发展学院、纳尔逊·曼德拉大学(NMU)中学后综合教育与培训中心、约翰内斯堡大学(UJ)教育权利与转型中心、教育政策发展中心(CEPD)等单位的数十位研究人员。专著撰写团队包括来自约翰内斯堡大学(University of Johannesburg)、南非夸祖鲁—纳塔尔大学(UKZN)、纳尔逊·曼德拉大学(Nelson Mandela University)的多位学者,极大地保障了全书的深度和编写质量。

巴特杰斯深受弗莱雷解放教育思想的影响,本书对南非中学后教育体系与民众生活脱节的情况无情揭露,对南非政府秉承的主流教育思想犀利批判,以弗莱雷经验循环为理论框架,分三个部分撰写。第一部分"体验:生活与学习",深入介绍南非普通人的生活和学习方式。第二部分"反思与内化:多重启示",对调研结果加以反思,探讨中学后教育体系(PSET)是否能够满足个人和社区需求的问题。第三部分"行动——南非中学后学习新愿景",提出充分发挥民众智慧,由下而上重构南非中学后教育与培训体系,更好地满足贫困劳动阶层的需求和利益。

全书作为研究课题成果,既有广度又有深度;既有理论指导,又有实践根基;既有国际理论支持,又有本土哲学涵养;既有对现实的反思,又有对未来的追索。是一部认识南非职业教育体系的重要著作。

在该书的翻译过程中,以下问题引起了译者的关注:

(一)地名翻译

如前所述,本书依托的研究项目在南非全国开展了大规模的田野调查,故而涉及大量地名。由于所涉社区和受访者多处南非农村地区,地名时常具体到村,在整部专著中反复提及,但在中国国内知名度不高。

为确保全书形成完整的地名系统，本书翻译团队采取了以下做法：

1. 对于已有译名的地名，按照"名从主人"的原则，选取使用频率最高、知名度最高的翻译。

2. 对于没有译名的地名，采取"音译+通名"的译法，音译力求符合规范，简洁上口，通名通过查证，与南非行政区划等级保持一致。

3. 由于本书为中非交流合作项目引进的系列著作，故力求促进读者对南非的认识和理解。对于文中多次提到的地名，采取脚注的形式，注明其地理位置和主要特征，方便读者理解。

4. 建立术语表，在翻译过程中确保全书术语统一性。

（二）概念术语翻译

本书为教育学专著，较为高频地使用教育理论术语以及教育哲学思想术语。考虑到南非复杂的种族情况，作者又身为教育学专家，故而对于术语的使用极为审慎。为确保术语理解准确，作者还专门在前言、致读者、章节尾注等部分对核心概念加以定义和注解，为译者准确理解术语概念，选择恰当的中文对等术语提供了便利。即便如此，仍尚存在部分术语在中文当中没有确定的译名的情况。此种情况主要涉及表达南非和部分国家人生观、世界观的术语，译者主要采取音译加文内隐注的形式，确保读者正确理解。

（三）田野调查口语化表述的风格再现

作者在书中提供大量访谈的源语记录，对于非英语记录提供翻译，但是正如"致读者"部分所述，"因为在特定语言中，任何一个词或短语都可以有多种阐释方式。因此，读者对本书所提供的采访语录的翻译，可能会与我们的翻译方式稍有不同"。书中有些受访者的表述由科萨语或祖鲁语翻译而来；有些受访者英语水平有限，表达存在部分错误；个别受访者英语程度较高，甚至带有一定修辞和文学色彩。为让译著读者产生类似感受，译者对调研受访者观点的翻译力求原汁原味，有些朴实无华，有些细腻深刻。但对于原文英语中的错误，由于对于中文读者不再具有参考价值，故而基本隐去。

本书为教育学专著，涉及南非经济社会发展多个维度，故而主译团队除具有丰富的翻译经验外，均具有跨专业背景。贺莺教授为中国翻译协会理事，宁波大学领军学者，浙东学者，陕西师范大学课程与教学论博士，翻译硕士研究生导师，负责本书第一章至第四章以及前言、致读

译者序

者等部分的翻译。李朝渊副教授为香港理工大学语言学博士,翻译硕士研究生导师,一级翻译,负责本书第七章至第九章的翻译。李放老师为美国阿拉巴马大学教育学博士,翻译硕士研究生导师,负责本书第五章、第六章的翻译。

在本书的翻译过程中,西安外国语大学高级翻译学院翻译硕士研究生巩元越、江雨、陈晨、金天天、徐倩、张倩、孙皓璋等同学参与了初译、术语表制作、后期校对等工作。特此表示感谢!

本书翻译团队
2020 年 4 月于西安

目 录

致读者 / 1

引言 / 9

第一编 体验：生活与学习
  第一章　身处当地 / 13
  第二章　创造生活 / 28
  第三章　生活障碍，生活助力 / 52
  第四章　学习经历 / 80
  第五章　学习助力，学习障碍 / 117

第二编 反思与内化：多重启示
  第六章　实践：参与、排斥、超越 / 167
  第七章　生而为学，学而为生 / 205

第三编 行动——南非中学后学习新愿景
  第八章　民众心中的学习 / 245
  第九章　学而为生 / 273

目 录

附录 / 290

参考文献 / 303

鸣谢 / 317

致 读 者

本书旨在研究南非偏僻农村地区贫困劳动阶层对于本国教育的认识，以及对改善教育现状路径的看法。此处所说的教育对象包括完成学业的人，也包括尚无机会完成学业的人。所谓"贫困阶层"（poor）指物质匮乏、得不到基本需要和服务，被边缘化的人群。尽管这一提法会让不少人感到不舒服，但南非穷人的社会运动确实刻意使用这一称谓来形容自身。

提供给上述地区民众的教育通常称为"中学后教育与培训"（PSET）。由于还包括对没有机会上学或中途辍学者的教育，这一术语并不十分准确。它包括在任何学习场所开展的教育和培训，如大学、继续教育与培训学院（现称为"职业技术教育与培训学院"即 TVET）、成人教育与培训中心（AET），以及教堂大厅、社区中心和各种工作场所。它既包括由政府雇用的教师和教育工作者提供的教育，也包括由非政府组织（NGOs）、私营企业及社区组织提供的教育。本研究考察了除学校外上述所有不同类型的学习场所和空间。

本研究所关注的是那些因结构性不平等而常常被"排除"在决策、发展、正规经济之外的地区和人群，如偏僻的农村地区、棚户区等贫困劳动阶层聚居的地区。（此处的"农村"指远离城市的地区。本文认为，农村与城市是对立统一的概念，发展水平存在差异，彼此相互联系。）之所以选择这些地区，是因为它们频繁被排除在外，导致我们（并非生于斯、长于斯的人）无法及时了解当地状况，无法了解当地民众对事物的看法。这些地方所提供的教育培训是否良好有益，人们是否能够获得这些教育培训，对此我们知之甚少。人们认为可以做些什么使自己能够更便捷地在当地接受教育培训，以及如何使教育培训对人们及其生活更加有用，对此我们了解得也不够。但是，掌握这些信息至关重要。因为

致读者

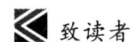

在今天的南非,有 100 多万个家庭居住在棚屋里(HDA,2012),每 5 个人中就有一个以上极端贫困,以致无力购买食物满足自身的营养需求;每 3 个人中就有一个得在花钱果腹还是支付交通等需求之间抉择。[①] 这个国家三分之一的人口生活在所谓的"偏僻农村"地区。

为收集信息,本研究覆盖了南非全国 20 多个不同的社区,6 个职业技术教育培训学校和成人教育培训中心。大学没有作为本次调查的重点,原因是大学依然属于相对精英化的场所,希望"学费必须下降"运动[②]能够改变这种情况。不过在实际调查过程中,我们还是收集到不少有关大学的信息。

本次调查分为三部分:

研究人员花费了数月时间在社区和机构调研,这些社区和机构分布在林波波省(Limpopo)的瑟库库内(Sekhukhune),豪登省(Gauteng)瑟迪邦市(Sedibeng)的瓦尔三角洲(the Vaal triangle),东开普省(Eastern Cape)的布鲁利利丝布什镇(Bluelilliesbush)、赫拉夫—里内特镇(Graaff-Reinet)、新布赖顿镇(New Brighton)、兹威德镇(Zwide)、夸马格萨基镇(Kwamagxaki)、夸札赫勒镇(Kwazakhele)以及诺普梅洛镇(Nompumelelo)。研究人员和青年研究、学习和倡导组织(YLRA)的团队一起工作,成员都是来自上述社区的年轻人,共采访了 1020 名青年。

调查者还走访了分布于 6 个省份的另外 6 个偏僻农村劳动阶层聚居区,以了解人们的生活方式。在这些社区,调查人员逗留了一周时间,与人们攀谈,收集他们的故事,观察他们的行为。调查者还对 8—16 名社区成员进行培训,教会他们拍照和绘画,让他们能够将自己的经历、能做和做过的事展现出来。这部分调研被称为"社区快拍"。"社区快拍"的参加者必须按照指定主题在社区内拍照,这些主题均与此次调查

---

① Nicolson G.,"南非:1200 万人口生活于赤贫之中"(*South Africa:Where 12 million people live in extreme poverty*),刊载于《独行者报》(*Daily Maverick*)2015 年 2 月。2017 年 3 月取自以下网址:https://www.dailymaverick.co.za/article/2015-02-03-south-africa-where-12-million-live-in-extreme-poverty/。

② "学费必须下降"运动(Fees Must Fall)是一场由学生主导的抗议运动。在南非高等院校活动多年后,2015 年在全国范围内达到高潮。该运动提倡免费、高质量和非殖民化的大学教育。迄今为止,"学费必须下降"运动已经延伸至南非多数高校,引起人们对高等教育中一系列与学生相关问题的关注。

的主要问题相关。在"故事采集"这一部分，调查者按照年龄、性别等因素选择不同社区成员进行采访以听取不同声音。主题有四个：社区成员生活中的一天、社区优势、有意义学习发生的场所以及富有成效的活动。调查者还走访了位于南非和斯威士兰边界附近的一个边境社区，包括普马兰加省（Mpumalanga）奥斯胡克（Oshoek）的几个村庄；夸祖鲁—纳塔尔省（KwaZulu-Natal）伊索波镇（Ixopo）的马胡尼泽（Makhuzeni）社区和姆齐基（Mziki）社区；位于东开普省（Eastern Cape）阿马波多地区（Amampondo）圣约翰斯港（Port St Johns）和鲁西基西基（Lusikisiki）之间的恩格伯扎那村（Ngobozana）；西北省（North West）的艾克梅伦地区（Ikemeleng），这里原来是勒斯滕堡镇（Rustenbrug）附近的一片农地，现在成了矿区；北开普省（Northern Cape）安德里斯维尔村（Andriesvale）的蔻玛尼族和桑族（Khomani San）社区；德多恩斯镇（De Doorns）的一个农场工人社区，这里是西开普省（Western Cape）伍斯特镇（Worcester）外一片肥沃的农垦区。[①]

本次调查的"可能性描述"部分深入探讨了发生在正式教育机构之外、非正式场所的学习行为，这种学习行为不受时间和空间限制，不按规定行事，也可能不遵照"老师等于专家，学生等于空容器"的传统教学模式，甚至可能连正式的考核都没有，但这种学习随处发生，是一个或多或少持续着的过程，涉及各种观点、策略和行为。"可能性描述"这一部分涉及对南非的实地走访、访谈和案头调查。研究对象是与社区和组织成员每日生存斗争相关的学习，希望能够以此为启发描绘出南非中学后教育和培训的新图景。为编撰"可能性描述"，调查者走访了4个省区9个各有作为的组织，研究发生在这些组织中的学习行为，以期了解它们能够为新的中学后教育做出怎样的贡献。

所走访的社区参与了以下组织的活动：在东开普省，主要包括伊斯巴亚发展信托（Is'baya Development Trust）、坎伊萨教育和发展信托（the Khanyisa Education and Development Trust）、待业人员运动（the Unem-

---

① 支持"社区快拍"活动的组织包括：普马兰加省的人权教育中心南非分部（Human Rights Education Centre—Southern Africa），夸祖鲁纳塔尔省的乡村妇女运动（Rural Women's Movement），东开普省的伊斯巴亚发展信托（Is'baya Development Trust），西北省的基准基金会（Bench Marks Foundation），北开普省的尼卡·阿曼德拉妇女有限公司（Nika Amandla Women's Cooperation Ltd）以及西开普省的"实现它"组织（Enable It）。

致读者

ployed Peoples Movement)、总部设于科萨的布隆古拉创业服务中心（the Bulungula Incubator）等；在西开普省，主要包括卡雅利沙镇（Khayelitsha）和尼扬加镇（Nyanga）的"家庭种植者"组织（Abalimi Bezekhaya）、工人世界传媒制作组织（Workers' World Media Productions）；在夸祖鲁—纳塔尔省，包括德班市（eThekwini，祖鲁语）的工人大学（the Workers' College），彼得马里茨堡社区社会行动组织（the Pietermaritzburg Agency for Community Social Action）；在豪登省，主要是奥兰治农场（Orange Farm）的伊托森妇女就业项目（the Itsoseng Women's Project）。

本书是对"新兴之声1号"（Emerging Voices 1）项目报告《新兴之声：南非农村社区教育报告》（*Emerging voices*：*A report on education in South African rural communities*）的补充。"新兴声之1号"报告由教育政策协会（Education Policy Consortium）主编，由人文科学研究委员会出版社（HSRC Press）于2005年出版（HSRC & EPC 2005），项目重点关注农村学校的经验和贫困现象。而为本书提供资料的"新兴之声2号"（EV2）研究项目则让我们了解农村社区里的人们，了解他们接受中学后教育与培训的经历，从而构想出当前中学后教育体系的替代版本。两份研究报告和其他调研一起，提供了对南非农村教育更为全面的分析，并为参与"学校教育—学后教育—学校教育"交流互动奠定了基础。

本书中"学习"与"教育"的区别

人在一生中不断学习，离开学校或其他教育机构后，也不会停止学习（前提是接受过正规教育）。马克·史密斯（Mark Smith，2008）认为不少教育界人士在写作中对"学习"和"教育"区分得不够清楚，他认为"学习是一个不断发生的过程；而教育涉及意图和承诺"。因此，学习的前提是每个人具有一定的思维能力和智力水平，这是论证的基础；学习还强调个人的能动性。但教育一定要求受教育者具备思维能力或智力水平，而是更多地倾向于关注系统内有目的学习的计划过程。鉴于本项目研究过程中收集到的数据显然体现了学习的连续性，我们选择使用"学习"一词。这种学习包括意外或偶然学习、非正规学习、非正式学习和正规学习，因此，会影响知识、技能、理解、态度，并且最终影响学习者的行为。

访谈语录的翻译

关于翻译的准确性问题一直存在争议，因为在特定语言中，任何一个词或短语都可以有多种阐释方式。因此，读者对本书所提供的采访语录的翻译，可能会与我们的翻译方式稍有不同。鉴于此，我们尽可能在书中提供每次访谈的源语记录。此外，双语者和多语者跨语言表达十分常见，他们会利用自己所有的语言资源进行交流，常常将两种或两种以上的语言合并作为一种语库。尽管学校仍鼓励学生以单语思考，但双语者和多语者进行跨语言交流，不指定也不限定语言。本研究项目中，许多参与者都使用跨语言交际。

本书所提及的"种族"

在采访过程中，许多参与者谈到"种族"时就好像这是一个生物学事实。为公平表达他们的信仰和意见，本书没有改变其所言所语。然而，需要强调的是，并没有科学依据可以确定"种族"之间存在生物差异性，或可以假设不同"种族群体"具有其自然属性。"种族"是一种社会建构，尽管会带来真实的社会后果，但从生物学上讲，种族却是虚构的概念。正如安东尼·吉登斯（Anthony Giddens）所言，"生理区别……几乎完全局限于……外观的各个方面。科学家检查血样时，并不能辨别血样是来自黑人还是白人……共同拥有某些可见生理特征的人群内的遗传多样性与群体间的遗传多样性是一样的。基于以上事实，许多生物学家、人类学家和社会学家认为我们应该完全摒弃种族的概念"（Giddens 1990：246）。

致读者

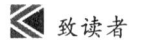

本书结构

本书以弗莱雷①周期——即体验—反思—内化—行动（Freire 1972，1985）——为基础搭建结构，基于人们的真实生活经历，说明尽管有诸多因素导致劳动阶层、农村贫困地区人口生活艰难，人们仍然在用体现人性的方式努力创造生活。书中使用了"实践"一词，这一概念来自约翰·霍洛韦（Holloway，2010）的著述，用于描述人们创造有意义生活的方式。实践涵盖了帮助人们成为更完整的人，实现个人潜能的一切事物。实践包括照管孩子，关怀彼此，自食其力，拥有安全的容身之所，自娱自乐，让自己感觉良好，能在家庭和社区中享有归属感，感受爱与尊重等。实践是感受同他人、同世界的紧密联系，与仅仅以赚钱为目的的"异化劳动"大相径庭。异化劳动对于释放人性毫无助益，且通常十分艰辛，充满压力，甚至有害身体健康，会夺走与家人相处的时光。尽管做这样的工作意味着可以赚钱买食物、衣物、住所等，但主要是给他人创造财富。实践也不同于多数人口中提到的"谋生之道"。人们谈及谋生之道时，往往指的是为生存所做的事，这可能是异化劳动，也有可能是种植作物之类的其他事，但通常不包括被视为实践组成部分的关爱、联系和创新等。

研究发现，就偏僻农村地区的劳动阶层人口而言，所接受的正式的中学后教育和培训很大程度上关注异化劳动而非实践。由于将人们与实践（人性）分割开来，这样的学后教育与培训造成人们的分裂，造成剥削，不仅毫无裨益，事实上还会造成伤害。上述观点同我们在南非国内听到的主流观点大相径庭。国内的主要观点是受教育越多，工作就越好，并且还对国家发展有益。

本书分为三个部分。第一编"体验：生活与学习"（弗莱雷周期第

---

① 译者注：保罗·弗莱雷（Paulo Freire，1921—1997）是巴西著名教育家，也是20世纪国际教育界最杰出的教育家之一，是自赫尔巴特、杜威以来，教育理论史"第三次革命"的开创者和实施者。弗莱雷长期在拉美和非洲开展教育实践和教育理论研究，提出了被压迫者教育学，建立了以培养批判意识为目的的解放教育理论，其中最有声望的当属其代表作《被压迫者教育学》（*Pedagogy of the Oppressed*）。

一阶段），旨在深入讲述南非普通人（尤其是农村劳动人口）如何创造生活，如何学习。

第一章介绍了开展研究的不同地点。第二章探究了当地人创造生活的诸多方式。这一章展现了人们在重重困难与挑战之下，如何积极行动，努力为自己和家人创造美好生活。第二章认为，不同处境下，各种各样的人以不同的方式，从事各种各样的实践来创造生活，这种实践大多是共同完成的，而非个人独自完成的。由于正式工作越来越少（尽管一些人仍将其视为最好的谋生方式），对大多数人而言，谋生越来越不依赖正式工作。

第三章走访考察区域内那些或助力或阻碍人们创造生活的事物。该章所关注的是人们为拥有充实、美好的生活所必需的种种事物，这不仅包括基础需求，如水、居所、土地、食物、能源（以及相关需求，诸如育儿和交通等），还包括安全保障、归属感、爱以及良好的自我感觉。

第四章和第五章是本书的核心。第四章关注不同情境下体验学习的不同方式：有些是正规的学习，有些则是非正规、非正式的学习。这一章关注不同类型学习的具体经历，包括学校教育、成人基础教育和培训（ABET）、职业技术教育培训、大学教育、非政府组织教育、家庭和社区教育等各类教育。第五章，也是第一编最后一章，审视那些人们提到的或助力或阻碍他们学习的事物。

第二编"反思和内化：多重启示"（弗莱雷周期第二阶段），将反思本研究发现的有关中学后教育是否能够满足个人和社区的需求和利益的相关问题。该部分汲取人们自身的想法、理论推演和分析，同时也借鉴了其他思想、理论和论点。第六章讨论当下的社会背景，解释了实践这一不同于异化劳动的概念，用实践的观点来思考人们怎样创造生活，什么让创造生活变得更困难或更容易，以及人们如何对待那些让自己生活变得困难的事物。

第七章专门讨论第四章和第五章所展现的学习经历。这一章指出，学习和教育一旦与实践（而非异化劳动）联系起来，就能够帮助人们创造美好生活，但如今大多数正规教育无法与实践建立联系，也就无法帮助人们创造美好生活；实际上这种教育可能是有害的。在某些情况下，它让人们感觉自己陷入了困境，或是充满挫败感，让人们负债累累（例如拖欠大笔学费等），还会感到与社区或文化相隔绝。通常情况下，教

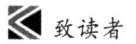

育让人们以为那些没有"受过教育"的人不会思考、十分愚蠢（尽管事实显然并非如此）。

第三编（弗莱雷周期第三阶段）的名称是"行动——南非中学后学习新愿景"。本部分讨论什么可以成为一种新型的、与众不同的中学后教育和培训，能真正帮助人们改善生活，同时讨论我们需要怎样做来使其成为现实。第八章关注所走访的各个社区和组织中人们对这一新型教育的看法。第九章讲的是研究人员对人们所说内容的认识，该章认为，目前的中学后教育培训无助于改善人们的生活，因此需要做出改变，使其与实践联系起来，帮助人们建立有尊严和相互团结的美好生活，该章提出了一些原则，旨在将南非的"创造生活"和"学习"更好地联系起来。

引　　言

刚到安德里斯维尔村（Andriesvale）的时候，出了点意外。我喜欢这个意外，它为研究项目提供了一个类比。

我们开着租来的丰田 Avanza 驶离大路，在莫里斯（Maurice）家门口陷进了沙子里。我们转动车轮，车却越陷越深，直到莫里斯出来，摇摇头，微笑着，示意我们停下来，让他来开车。

莫里斯很快就把车开了出来，接着向我们解释了两点：第一，丰田 Avanza 不适合在卡拉哈里沙漠（Kalahari）行驶；第二，既然只有这辆车，那就得调整一下驾驶方式：给轮胎放气，停在大路上，挂二挡，持续踩油门。莫里斯笑着说："下次，别再开 Avanza 过来了。"

在我看来，这与本次研究项目"新兴之声 2 号"（EV2）的理念完美契合。我们的教育系统就如故事中的丰田 Avanza——城里人好意设计了，将其用在了安德里斯维尔村这样的地方，我们未多加考虑，就驶入沙地，自认为车会像在高速公路上那样反应，结果发现自己被卡住了。

我们没有向他人求助，一味继续做无用功——加大油门、转动车轮，让自己越陷越深。如果不是停下来四处瞭望，发现莫里斯，然后谦逊地下车把钥匙递给他，我们可能会在沙里陷得更深，困上很长一段时间。

我认为，"新兴之声 2 号"的意义正在于聆听这个世界上"莫里斯们"的声音；在于认识到自己驾驶的丰田 Avanza 不适合当地地形；在于承认自己陷入了沙中，需要帮助才能脱困；在于递出钥匙，向更善于把控地形者学习。

此行途中，类似的事例比比皆是，均表明身处当地环境，我们是如何束手无策。显然，遇到蛇，最佳的应对之法并不是尖叫！这些事例不断地巩固"新兴之声 2 号"的价值观念，即聆听他人，相互学习。【研究人员写于北开普省（North Cape）安德里斯维尔村】

第一编

体验：生活与学习

第一章

身处当地

在那里，一切都是不一样的。在那里生活，意味着日日为生计挣扎，意味着用水用电甚至觅个栖身之所都难如登天，意味着随时可能走投无路、万念俱灰。然而，那里的景色令人怦然心动，那里是一片充满创造力、关怀相随的希望之地。

图 1.1　东开普省（Eastern Cape）①，通往布鲁利利丝布什（Bluelilliesbush）的路

---

①　译者注：东开普省为南非九省之一，位于南非东南沿海。

图1.2 东开普省诺普梅洛镇（Nompumelelo）①，青年研究、学习和倡导组织（YRLA）②成员与待业青年交谈

图1.3 林波波省（Limpopo）瑟库库内（Sekhukhune）③，养猪场，用于支持马克胡杜塔马加市（Makhuduthamaga）④家庭护理小组

---

① 译者注：诺普梅洛镇属于东开普省布法罗大都市东伦敦市（East London），位于东开普省东南部。
② 译者注：YRLA为青年研究、学习和倡导组织，全称为Youth Research, Learning and Advocacy。
③ 译者注：林波波省为南非九省之一，位于南非东北部，与博茨瓦纳等国接壤。瑟库库内为林波波省五个区自治市之一，位于林波波省南部。
④ 译者注：马克胡杜塔马加市为林波波省瑟库库内区自治市下面的一个地方自治市，位于林波波省南部。

图1.4 普马兰加省（Mpumalanga）奥斯胡克地区（Oshoek）① 的农村宅基地

图1.5 西开普省（Western Cape）德多恩斯镇（De Doorns）②

---

① 译者注：普马兰加省为南非九省之一，位于南非东北部。奥斯胡克地区位于该省东南部，是南非与斯威士兰（非洲东南部国家）的主要边境。
② 译者注：西开普省为南非九省之一，位于南非西南部。德多恩斯镇位于西开普省中部地区。

图1.6 东开普省恩格伯扎那村（Ngobozana）的农村宅基地

图1.7 西开普省德多恩斯镇的棚户区

图 1.8　西北省（North West）艾克梅伦地区（Ikemeleng）①

图 1.9　北开普省（Northern Cape）安德里斯维尔村（Andriesvsale）②

---

① 译者注：西北省为南非九省之一，位于南非北部。艾克梅伦位于该省东北部，最初为农业区，后来发展为矿区。
② 译者注：北开普省为南非九省之一，位于南非西北部。安德里斯维尔村位于该省北部。

第一编　体验：生活与学习

图 1.10　西北省艾克梅伦地区（Ikemeleng）的房屋

图 1.11　夸祖鲁—纳塔尔省（KwaZulu-Natal）姆齐基/
马胡尼泽社区（Mziki/Makhuzeni）① 的驾校办公室

---

① 译者注：夸祖鲁—纳塔尔省为南非九省之一，位于南非东部沿海。姆齐基/马胡尼泽社区位于该省西南部。

图 1.12　夸祖鲁—纳塔尔省姆齐基/马胡尼泽社区的农村宅基地

图 1.13　西开普省德多恩斯镇

第一编 体验：生活与学习

图 1.14 北开普省安德里斯维尔村

图 1.15 夸祖鲁—纳塔尔省姆齐基/马胡尼泽社区，
邻村举行的成年庆典

我们在东开普省圣约翰斯港（Port St Johns）① 地区参观了诺赫克瓦纳村（Noqhekwana）和夸卡村（Qhaka），两座村庄堪称风景如画。事实

---

① 译者注：圣约翰斯港位于南非东部，为东开普省城镇，面积 8.79 平方公里。

上，仅凭照片无法完全体会它们的美丽，只有亲临此地，才能感受到这无尽之美。这里绿意盎然，依山傍水，自然环境令人叹为观止，然而村民们的日常生活却远非世外桃源。为了维持自己和社区的生计，村民们大量种植水果蔬菜，但要走很远才能打到水，农具等资源短缺，交通不便。哈尼亚蒂·恩加洛（Khanyisile Ngalo）是本项目的研究人员之一，他总结了村里常见的一些困难：

> 诺赫克瓦纳村距镇上有20里地。不过要是按照城里的经验来揣度这段距离，那就大错特错了。从村里到镇上开车得40分钟左右，沿路碎石遍布，坑坑洼洼，崎岖不平，还要翻山越岭，足以说明城乡空间上的不均衡。在前往诺赫克瓦纳村的途中，我们看到了孩子们在路边的湖里嬉戏，他们的父母在一旁洗着衣服。
>
> 继续向前行驶，我们看到了一个小女孩，她正在顶着一桶水上坡回家，她把头包了起来，免得水太重压着头。我们开车穿过零零散散的棚屋，数了数，有一所学校和一个诊所。（Baatjes 2015：10）

图1.16　东开普省圣约翰斯港的出租车站

图1.17 豪登省（Gauteng）奥兰治农场镇（Orange Farm）①，伊托森（Itsoseng）妇女就业项目②办公室，挂海报的铁皮屋

图1.18 西开普省开普敦市（Cape Town）③ 外的开普平原（Cape Flats）④ 和菜园

---

① 译者注：豪登省为南非九省之一，位于南非东北部，是南非最小的省份。奥兰治农场镇位于豪登省南部，距约翰内斯堡约45公里。

② 译者注：伊托森妇女项目成立于1997年，由奥兰治农场镇的一群失业妇女发起，旨在为所在地及周边地区的失业人员提供食物、工作等。

③ 译者注：开普敦市隶属开普敦大都市管辖，是西开普省省会，南非的立法首都，南非国会所在地。

④ 译者注：开普平原，自南非西开普省好望角半岛延伸至内陆的沙质低地。今大部分为蔬菜农场区，有大块房产区，大部分为南非混血种人所有。

图 1.19　东开普省格拉汉姆斯顿镇（Grahamstown），待业人员运动（UPM）① 办公室马路对面的涂鸦

图 1.20　东开普省圣约翰斯港附近，夸卡村

---

① 译者注：南非待业人员运动（Unemployed Peoples Movement，UPM）。

第一编　体验：生活与学习

图1.21　豪登省约翰内斯堡（Johannesburg）① 奥兰治农场镇

图1.22　东开普省汉基镇（Hankey）②

---

①　译者注：约翰内斯堡是豪登省首府，南非最大的城市与经济、文化中心，是南非宪法法院的所在地。

②　译者注：汉基镇，南非东开普省克莱茵河和甘图斯河交汇处的一个小镇。

第一章 身处当地

图 1.23 北开普省安德里斯维尔村，农舍

图 1.24 东开普省狂野海岸（Wild Coast）① 科拉茅斯行政区（Xhora Mouth Administrative Area）②，恩奇尼村（Nqileni）

---

① 译者注：狂野海岸是南非东开普省的一段海岸线，南起东伦敦，北到夸祖鲁—纳塔尔省边界。

② 译者注：科拉茅斯行政区，位于东开普省东北部，近印度洋。

世界尽头的村庄

布列特·巴特杰斯（Britt Baatjes），本项目研究人员之一，参观布隆古拉创业服务中心（Bulungula Incubator）有感而写：

我们驱车九小时方才到达那片村庄
那是一片曾属特兰斯凯（Transkei）① 的村庄
昔日种族隔离的黑人家园②，如今与世隔绝的村落
那是一片被遗忘之地
"发展"与之无缘
从未通路通水通电
到最近的政府诊所要步行两小时（路上还要过河）
许多人"目不识丁""未受教育""一贫如洗"，可是村民们并不知晓这些词是什么意思。
两天之后，我们回归了"文明"现代"发展"
回归了熙攘忙碌，一切即时可得
回归了现代建筑，汽车疾驰而去
回归了并没有那么"智能"的最新技术
我们回到了现实，越来越多的人失去工作，无家可归，食不果腹、忧心忡忡、痛苦不堪……
这里有别人口中更好的生活
梦想、发展，一种为之奋斗的东西……
我们却怀念那个世界尽头的村庄，它是那么遥远
科拉茅斯，恩奇尼村……
我们想念你的美丽，你的宁静幽然……

---

① 译者注：特兰斯凯位于南非东开普省，是种族隔离政策时期四个独立的黑人家园之一，位于印度洋海岸。
② 译者注：原文为"bantustan"（班图斯坦），又称黑人家园、黑人家邦，南非政府为推行种族隔离政策对南非班图人实行政治上彻底"分离"的地区。

在那里，自然和人类简单地共存

安宁、从容、宁静

在那里，可以真真切切地听到阿伦达蒂·罗伊（Arundhati Roy）所说的"呼吸声"……

(Baatjes 2015：105，转引自 Roy 2005：75)

第二章

创造生活

可以看出，生活的地方千差万别，但所到之处，人们都在积极为自己和家人创造生活。

为了"创造生活"，人们从事各种各样的活动，有时候也会因时因地制宜，改变做事方式。他们往往参与各种不同的活动，获得食物、住所、安全感以及其他可以为自己和家人创造生活的东西。

> 我来坎布里奇（Cambridge）① 的屠宰场买牛肚。这里生意还行，周六生意会好些，但平时生意一般，不过总归还是能收获点什么。我挺执着的，是个生意人。我就是现在这样子，从来不需要装模作样地打招呼："先生，您好！"有时我到处跑来跑去，过着游牧式生活②。在家的时候，通常会卖点炸薯条和糖果，也能让孩子有东西吃。靠这门生意赚钱，我让五个孩子都接受了教育，他们读完了12年级。所以，我有指望。快要倒下的时候，只要呼唤天父（ubawo）③，他就会来帮忙，不要叫别人，别人可能会笑话你。我没有可依靠的人，跌倒后只能自己爬起来。不过，我只要给在开普敦市（Cape Town）的孩子们打电话，告诉他们我遇到了困难，他们都会鼓舞我。我是卖鸡肉起家的，那时候我向孩子们要了钱。后来卖起了炸薯片。我在家什么都能做，买得起电，买得起食物。有时日子

---

① 译者注：坎布里奇位于东伦敦市（East London）郊区。
② 译者注：游牧式生活（nomadic lifestyle），不是总在同一地区生活而是周期性地或定期地迁移的生活方式。
③ 译者注："ubawo"是科萨语，相当于基督教里的"天父"。南非是一个多民族的国家，宗教团体较多，大多数南非人信仰基督教。

确实不那么尽如人意,但还是能弄到吃的。我们这儿有些人没工作就没吃的。【东开普省(Eastern Cape)诺普梅洛镇(Nompumelelo)一位居民受访者口述】

图 2.1　东开普省诺普梅洛镇,卖肉摊

我一辈子没上过班,但我有自己的生意,做草席,卖草席。以前都是手工制作,不过现在用"马机"(一种特殊设备)来做,可以做得更快。以前我每个月做 14 张草席,小席卖 40 兰特①一张,大席卖 50 兰特一张。【夸祖鲁—纳塔尔省(KwaZulu-Natal)马胡泽尼社区(Makhuzeni)一位百岁老奶奶受访时口述】

我是个有商业头脑的人,在原来的镇上,我们四个人在学校里就结成了生意伙伴。我新搬到这个镇子来住,也不认识什么人,为了找点事打发时间,就想自己做烤饼(roosterkoek)来卖。我一直都有卖烤饼的想法,但又觉得这想法太遥远了,不可能真的实现。但我很看好这生意,因为镇上到处都是卖炸饼的(vetkoek),却几乎没什么人卖烤饼。而烤饼更健康,不像炸饼那样油腻。我认真地和

---

① 译者注:兰特为南非共和国货币,1 兰特约合 0.5 元人民币。

第一编 体验：生活与学习

图 2.2 东开普省诺普梅洛镇的妇女，去镇上出售塑料瓶途中

图 2.3 西北省（North West）艾克梅伦地区（Ikemeleng），修鞋摊

叔叔谈这件事。他以前在开普敦市,去年才来镇上。商量好后,我负责做面坯,他负责烤。我赶上了7点的早班车去卖烤饼。我并不知道这趟公交车去哪儿,但我知道在萨拉姆图街(Salamntu)上车。我装上24个烤饼坐上了早晨第一班公交车。上车才五分钟,所有的烤饼就卖光了,车才刚到恩乔利(Njoli)购物中心。【东开普省夸札赫勒镇(Kwazakhele)① 一位年轻受访者口述】

图2.4 普马兰加省(Mpumalanga)奥斯胡克地区(Oshoek),制作草席

我推销Justine②和雅芳(Avon)的化妆品。除非做兼职,否则这门生意很难做,因为有时收不到钱。十个人下单,一个说15日才有钱付账,另一个说30日才有钱。大家都说自己没钱,但雅芳见钱发货。还是有工作比较好,因为这样就可以自己垫钱拿货,然后自己收钱。就是这个路子。不过,你还会发现,十个下单的,还有三

---

① 译者注:夸札赫勒镇,位于东开普省南部,属于纳尔逊·曼德拉湾大都市伊丽莎白港市。

② 译者注:"Justine"是南非一美妆品牌,创立于1973年。

第一编 体验：生活与学习

个会说"下周见"。这样一来，我就要另找门路补上那笔钱了，因为账是记在我名下的。这种时候，自己有钱就确实很有用了。【东开普省新布赖顿镇（New Brighton）① 一位女性受访者口述】

图 2.5 东开普省诺普梅洛镇，集装箱里的美发沙龙

图 2.6 西北省艾克梅伦地区

---

① 译者注：新布赖顿镇，位于东开普省南部，属于纳尔逊·曼迪拉湾大都市伊丽莎白港市。

第二章　创造生活

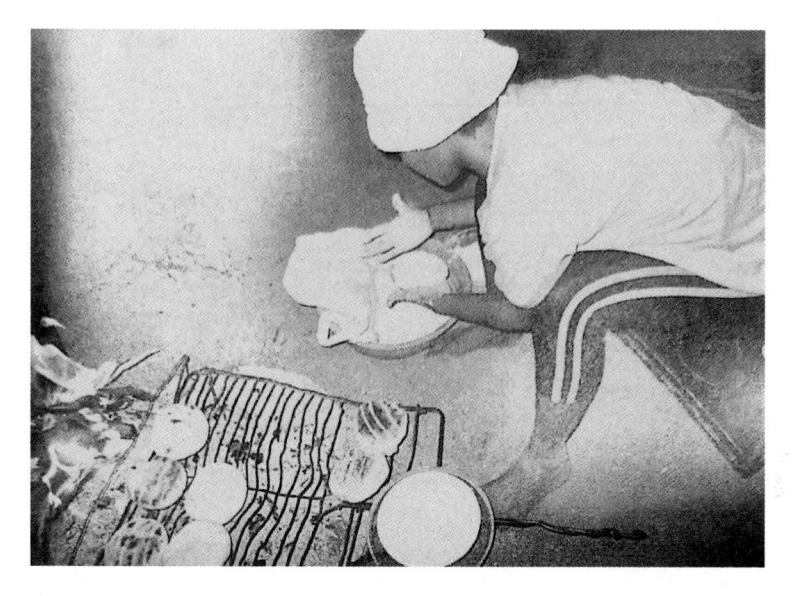

图2.7　北开普省（Northern Cape）安德里斯维尔村（Andriesvale），制作烤饼（roosterkoek）

我干这个有四年了。我是斯塔特海姆镇（Stutterheim）[①]人，来这边是为了找份工作，但后来被裁掉了。先在奎格尼（Quigney）郊区的转换电气公司（TransForm Electrical）干了五年半，后来又在当地的秀斯电气公司（Shows Electrical）干了三年。这两家企业在当地设厂，分别在工业开发区内雀巢公司旁边，姆丹察内镇上（Mdantsane）[②]强生公司的旁边，占地面积很大。我们在厂里上班，不过后来被裁了。像我这样后进厂的人，最先被裁。通过观察和实验，我学会了电工，这种活儿就是在工作中学会的，一边看别人怎么干，一边自己摸索。现在我在家工作，卖牛肚。牛肚存放在别的房子里，在那边（用手指了指那个方向）。我把牛肚放在桶里，然后放到手推车里，推到摊位去卖。看那儿，我家里有台割草机和焊接机，都是我在尝试的东西。【东开普省诺普梅洛镇一位居民受访者口述】

[①]　译者注：斯塔特海姆镇位于东开普省。
[②]　译者注：姆丹察内镇位于东开普省东伦敦市西北方向，距离东伦敦市15公里。

第一编 体验：生活与学习

图2.8 东开普省诺普梅洛镇，卖牛肚

图2.9 东开普省恩格伯扎那村（Ngobozana），放羊

图2.10 普马兰加省奥斯胡克，雕刻谋生

图2.11 东开普省诺普梅洛镇，卖蔬菜

第一编　体验：生活与学习

我没钱，家里生活艰难，有些东西没有。让我丈夫寄钱回家也很难，所以不得不做这门生意。我丈夫不让我在城里卖，所以就从商业中心搬到了镇上，生意也还过得去。有人帮我卖。我把自己知道的都教给了她。我会的，她现在都会。我每个月付她800兰特。我还加入了乌姆加莱洛（Umgaleo）① 集资互助组，这周我交了500兰特，到月底我就会有2000兰特了。另外，我每天还会交150兰特。500兰特集资互助组是这个月才开始的，我以前没做过这件事，是有几个人邀请我加入的。【东开普省诺普梅洛镇一位女性受访者口述】

这些是我的树。我自给自足，产出的东西也会卖。【东开普省诺赫克瓦纳村（Noqhekwana Village）一位农民受访者口述】

图2.12　北开普省安德里斯维尔村，传统治疗师

---

① 译者注：乌姆加莱洛（Umgaleo）是南非一家数字集资互助公司。

第二章 创造生活

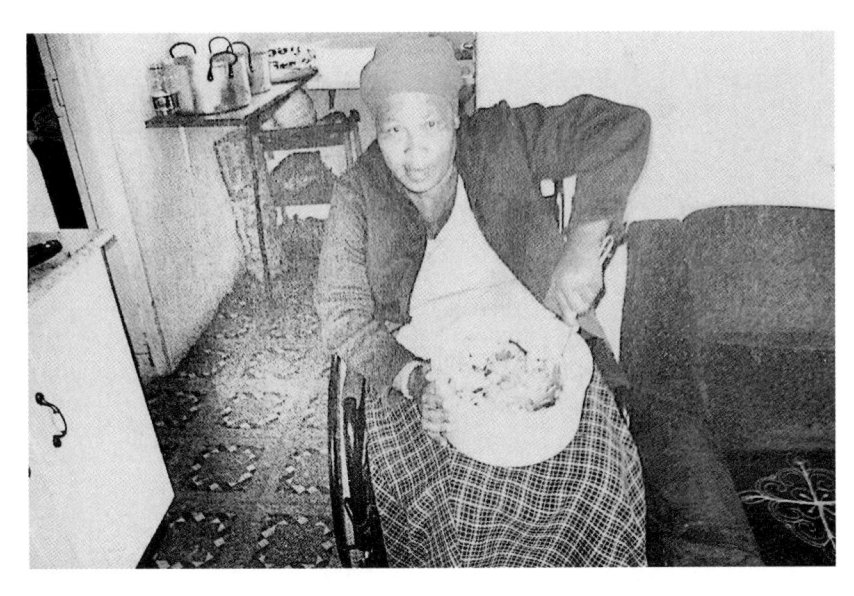

图2.13 西开普省（Western Cape）德多恩斯镇（De Doorns）妇女，独立照料自己和家人

图2.14 东开普省恩格伯扎那村一妇女，打水自用、喂养家畜、做饭和制作草席

图 2.15 西开普省德多恩斯镇的一男子，在农场修剪葡萄藤

图 2.16 东开普省恩格伯扎那村，制作肥皂

图 2.17　东开普省恩格伯扎那村，种植作物

图 2.18　东开普省恩格伯扎那村，农作物

图 2.19　东开普省诺赫克瓦纳村，农作物

在恩格伯扎那，我们在一小片土地上耕种，自给自足，卖新鲜农产品，赚钱生活。没这一小片地，我们就没法活下去。村里人吃的新鲜水果都是自己种的。一些村民还种西红柿，做橘子酱。【东开普省恩格伯扎那村一位居民受访者口述】

我以这园子为生，我让大家明白这样也可以活下去，因为现在的年轻人实在是太懒了。我想吃肉的时候，我就抓只鸡来吃，家里过去就是这么过的。我不喜欢出去买菜，等到家菜就不新鲜了。我喜欢从园子里摘菜，立刻就能煮来吃。【普马兰加省奥斯胡克地区一位居民受访者口述】

人们的生活方式有时并非是自己喜欢或引以为傲的，但是环境迫使他们想方设法生存下去，下面是几个实例。

可悲的是，为了生存，甚至要给自己的约会对象打分。在决定是否继续下一次约会前，先要看看对方是否有钱给自己。我从没想

图2.20 夸祖鲁—纳塔尔省姆齐基社区/马胡泽尼社区（Mziki/Makhuzeni），修建房屋

图2.21 东开普省诺赫克瓦纳村的房屋

过自己也会面临这种境况。我以前认为这种女孩都是拜金女，我评判错了，因为我并不了解她们行为背后的隐情。现在轮到自己了，我真的不再指责那些女孩了。为了钱，什么都要做。特别是没得选的时候，那就顾不上什么好坏了。生活对我们都不公平！你选择上学，努力考上了大学，学得也不错，你以为毕业后生活会变得容易，

似乎自己会变得成功，变得有钱。但背后的真相是，并非所有人都能成功。像我这种倒霉的，我发现，从小到大，生活变得越来越艰难，让我忘记了自己的信念和价值观。我知道自己已不再是高中时代的模样了。【东开普省夸马格萨基镇（KwaMagxaki）①，青年研究、学习和倡导组织（YRLA）的一名研究人员受访时口述】

瓦尔三角洲（Vaal)② 还存在另一种危险现象，即找干爹和傍富婆（Ben 10③）。年轻人出于经济和安全等原因，和比自己年纪大的人恋爱。年长的一方给年轻人钱，替他们付学费，买昂贵的衣服，或者把车给他们开。只要让这些金主高兴，感觉年轻就行。年轻人们似乎乐于享受这些特权，享受用身体去换取更多的奢侈品，然后向朋友吹嘘自己有多少钱，穿多贵的衣服，也就是所谓的炫富（Izikhothane④）。【豪登省（Gauteng）瓦尔三角洲，青年研究、学习和倡导组织（YRLA）的一名研究人员受访时口述】

如果没钱行贿的话，我就只能和面试官或是给我工作机会的人睡觉。请大家思考一个问题：为什么找到工作的女人比男人多？为什么许多男人都是瘾君子？这是因为男人没钱行贿找工作，而女人可以用身体换取工作。【豪登省瓦尔三角洲一位女性受访者口述】

大多数家长都没有正式工作，一些人在农场工作，挣钱很少。要是一个人经济状况不错，又对他们的女儿有兴趣，他们就想让这

---

① 译者注：夸马格萨基镇，位于东开普省西南部，属于纳尔逊·曼德拉湾大都市伊丽莎白港市。
② 译者注：瓦尔三角洲（Vaal Triangle）是一个三角地区，由豪登省（Gauteng）的弗里尼欣市（Vereeniging）、范德拜尔帕克市（Vanderbijilpark）和工业镇萨索尔堡（Sasolburg）组成。豪登省为南非九省之一，位于南非东北部。
③ "Ben 10"指和年长女性保持性关系的年轻男性。在这层关系中，女方满足男方的物质需求，作为交换，男方满足女方的性需求。"Ben 10"一词来源于一部以10岁男孩为主题的动画片。
④ "Izikhothane"指南非的一种表演形式，即在一大群观众面前，个人间或团体间互相竞争，以确定哪一方更加富有。比拼时会使用金钱、手机、衣服和酒等物品。大多数情况下，在比拼中取胜的方法是故意破坏或浪费掉自己手中的贵重财物，以证明自己不在乎财物的得失，有实力购买更多的物品。若一方的物品比其对手的物品昂贵，则胜算更大。

人送些东西。女孩的母亲可借此每个月挣1000兰特。而女孩还继续上学，仍往返于家中和学校……

可以看到，这个社区有不少爱钱的女孩，她们知道在这里工作的男人有许多把妻子留在家里，于是就同这些男人发生关系，换取金钱的回报。这就是为什么你能在科荣道尔村（Kroondal）看到14岁的女孩怀有身孕，（这种情况）不止一个，不止五个。18岁的女孩已经算是老女人了。父母甚至这样告诉孩子："你和某某在一块儿干什么，他还是个学生，能给你什么？去找个叔叔，他至少能给你点钱，让我们买两公斤鸡肉，你在学校买午饭的钱也有了。"【西北省艾克梅伦镇的一位青年受访者口述】

迫于家庭处境，贩卖大麻来养活兄弟姐妹，维系家庭，对这样的居民，我们能说什么呢？他知道这是错的，会毁掉整个社区，但他必须保证家里有饭可吃，有钱付学费。他也试过很多其他办法来养家糊口，比如卖香蕉什么的，但是家里兄弟姐妹太多了，赚的钱根本不够用。【豪登省瓦尔三角洲一位青年受访者口述】

这些事实清楚地说明，人们在运用多种方式养家糊口，寻求住所，寻求某种形式的收入。不少人自己种粮食，饲养家禽家畜，自己盖房子，自己寻找替代能源，但大多数人主要依靠某种形式的收入生活。有些人靠别人（汇款或大款），有些则去偷。很少有受访者谈及社会补助的作用，因为这并非此次研究的关注点，我们并没有专门问及此事。然而，我们推测社会补助是人们赚钱谋生的一个重要途径，之所以鲜有人谈及，仅仅是因为补助已经成为日常生活的一部分。例如，据东开普省布鲁利利丝布什（Bluelilliesbush）的教育工作者估计，多达90%的社区在接受社会补助。

当地人告诉我们，几乎所有依靠现金收入的居民，都有部分甚至大部分收入来自非正式的生意或工作，而且往往还是好几份这样的工作。这类工作往往规模很小，只雇用一两个人（通常是家庭成员）。仅少部分生意是正规的、大规模的。比如，在北开普省安德里斯维尔有一处旅游景点，游客能在那里感受桑族人（San）①传统的生活方式，当地人还出售地方手工艺品。

正式受雇的人通常都换过几份工作，由于裁员，只能从一份工作换到另一份工作。本地就业机会通常十分匮乏，农村地区尤为严重。比如，在林波波省（Limpopo）的加恩查贝伦（Ga-Nchabeleng），巴佩迪集市（Bapedi Mall）②周边地区有很多商店，但这并不能提供大量就业岗位，而且无论如何都没有必要雇用加恩查贝伦本地居民。加恩查贝伦的受访者中，有一位在2007年就获得了护士资格，但她只在比勒陀利亚（Pretoria）③的一家医院找到过一份临时工作，现在依旧还在找工作。她曾在加恩查贝伦的诊所里做志愿者，还被派到加恩查贝伦医院工作，但在那里她被告知政府不允许志愿者在医院和诊所工作。在布鲁利利丝布什，居民都在强调这里的高失业率。在同他们多次的交谈中，我们了解到这里的人们找工作异常艰难：

> 我的日子过得一直不好，因为我的想法不对。我以为如果能有事情做，生活就能更好。我早上一起床就去农场里找活儿干，但是现在很难。每次去农场找活儿的时候，他们就会说，要人手的时候就会派人去镇上找。可是农场里工作的人我一个也不认识，也就没人告诉我要招人了。对我来说，周末和周内其他几天没什么区别，因为我不是那种活泼的性子，我要么待在家里，要么和朋友出去踢足球。因为我是基督徒，所以不抽烟也不喝酒。【东开普省布鲁利利丝布什一位失业青年受访时口述】

然而，城里人找工作也未必轻松。豪登省的工业区瑟迪邦区（Sedi-

---

① 译者注：桑族人，又称萨恩人（Saan）、巴萨尔瓦人（Basarwa），主要生活在博茨瓦纳、纳米比亚及南非共和国的西北部，是一支以狩猎采集为生的原住民族。
② 译者注：巴佩迪是佩迪人（Pedi）的传统领地。佩迪人，又称特兰斯瓦索托人（Transvaal Sotho）、北索托人（Northern Sotho）或巴佩迪人，是居住于南非林波波省的一个民族，使用班图语，是组成北索托人种语言族群的主要集团。
③ 译者注：比勒陀利亚是位于南非豪登省北部的城市，南非的行政首都，南非总统府所在地。

beng District)① 一度成为当地就业大户，现在却面临严重衰落，特别是安赛乐—米塔尔钢铁公司下属的范德拜尔帕克工厂（ArcelorMittal Vanderbijlpark，即曾经的南非钢铁工业有限公司）②，在过去25年裁减了约五万个工作岗位（Hlatshwayo 2014）。

我们了解到，一些地方的招工存在腐败现象，比如南非西北省的艾克梅伦镇。尽管当地社区和矿区之间有协议，要求矿区优先雇用来自科荣道尔村的居民，但据传闻，当地的政务委员一直在收受贿赂，给外地人发放居住证明。

> 到了要招工的时候，他（政务委员）就跑到各家企业，告诉他们不能雇用没有政务委员会办公室证明的人。转过头去，他就给外地人提供证明，从中捞取好处。这些拿到证明的人到了企业，企业就认为他们是科荣道尔的居民，从而造成本地人就业形势严峻。【西北省艾克梅伦镇一位社区居民受访时口述】

据传，在东开普省恩格伯扎那村，公司在当地开展项目时，会带自己公司的雇员过来，而不是雇用当地人。在豪登省瑟迪邦区，一名青年研究员谈道：

> （进入新体制）二十年，我敢说，南非并不自由，也并不民主。南非社会很功利，种族主义也很严重……为了找到工作，我必须找有关的政党，成为他们的一员，这就是新体制成立二十年之后的情形。【豪登省瑟迪邦，YRLA组织的一名研究员受访时口述】

很多人越发依靠政府的就业计划度日。在林波波省的瑟库库内、在北开普省的安德里斯维尔，大部分就业机会都来自公共工程拓展计划

---

① 译者注：瑟迪邦区（Sedibeng District Municipality）是南非东北部的一个二级行政区，地处豪登省南部。
② 译者注：安赛乐米塔尔钢铁公司范德拜尔帕克工厂（ArcelorMittal Vanderbijlpark）原属南非一家国有钢铁企业南非钢铁工业有限公司（Iscor Ltd.），后归安赛乐米塔尔钢铁公司（全球最大的钢铁公司，总部位于卢森堡）所有。范德拜尔帕克（Vanderbijlpark）是位于南非东北部的一座工业城市，地处豪登省南部，毗邻瓦尔河。

第一编　体验：生活与学习

图 2.22　西开普省德多恩斯镇的 EPWP 项目工人

(Expanded Public Works Programme, EPWP) 和社区工程计划（Community Works Programme, CWP），而且都是临时性的。因为受教育水平低，安德里斯维尔的居民往往和这些工作机会无缘，即使能找到工作，职位也都很低，薪水也少。

显然，在我们走访过的社区里，正式工作并非人们赚钱购买必需品的主要渠道；这也恰恰是很多人转向那些非正式工作的原因：

> 我父亲曾经在这家大公司工作，你肯定知道，南非钢铁工业有限公司（Iscor）。很多人被迫离职，我父亲就是其中之一。所以多年来一直是我母亲承担养家糊口的责任。父亲没有工作，但是做了很多小生意——很小的生意。【豪登省西伯肯镇（Sebokeng）[①] 瑞考费

[①] 译者注：西伯肯镇位于南非豪登省瑟迪邦区，临近工业城市范德拜尔帕克。

拉青年发展组织领导（RYDO）① 受访口述】

然而，创造生活并不只是满足这些基本的生活需求（虽然这些很重要）。走访所到之处，我们发现，尽管生活艰苦，但人们彼此照顾，表现出归属感，宣示着人性和社区认同感。

在奥斯胡克，居民们自己修桥方便孩子们过河上学，建水坝蓄水灌溉园子；在自由公园（Freedom Park）、伊瓦顿镇（Evaton）② 西北以及西伯肯镇地区，年轻人开办读书俱乐部，给孩子们辅导家庭作业；在奥兰治农场镇（Orange Farm），妇女们回收垃圾，开办托儿所；在德多恩斯镇，一名妇女靠卖爆米花筹钱为当地传统舞蹈团购买服装，海克斯河谷人民中心（Hex Valley People's Centre）则为社区居民提供免费医疗；

图 2.23 豪登省奥兰治农场镇，伊托森（Itsoseng）妇女就业项目

---

① 译者注：瑞考费拉青年发展组织成立于 2008 年，位于西伯肯镇，是一家服务当地及周边城镇青年人发展的非营利组织。（摘自 https：//www.bizcommunity.com/Company/RekaofelaYouthDevelopmentOrganisation）

② 译者注：伊瓦顿镇，南非豪登省南部的一座小镇。

第一编 体验：生活与学习

在安德里斯维尔村、德多恩斯镇和卡雅利沙镇（Khayelitsha）①，人们在救济厨房参与志愿服务；另外，一些无业人员参与了南非待业人员运动（Unemployed Peoples Movement，UPM）。该社会组织总部设于格拉汉姆斯顿镇（Grahamstown），致力于促进就业，改善居住环境，解决缺房、缺水和卫生问题，应对电力和街道照明不足问题，处理针对妇女的暴力问题以及应对公共安全系统问题。有的青年人自己建立组织以帮助其他青年人，瑞考费拉青年发展组织就是其中之一。该组织为青年人提供信息（如招聘、政务服务、报纸等）以及社会支持，帮助青年人求职，还提供计算机、缝纫、木工、焊接和音乐等技能培训。

许多人向我们描述了各种各样的社区机构，这些机构为社区繁荣发展提供了支持。

> 当地社区奉行宗教信仰自由。有些地方，人们通过编造故事打击教会或宗教领袖，反对教会活动。不过教堂仍然有机会布道。【西北省艾克梅伦镇社区居民受访者口述】

图2.24 西开普省德多恩斯镇的一处教堂

---

① 译者注：卡雅利沙镇，南非西开普省的一个小镇，坐落于南非西南部沿海。

橄榄球是这个社区最受欢迎的运动。因为它，人们在周末聚在一起。赛季结束，一切又归于平静。赛季期间，这里气氛很好，有友情，还有别的什么，人们聚在一起吃烧烤。我为这项运动感到骄傲。不过，其他运动就没有什么发展了。【西开普省德多恩斯镇一位社区居民受访口述】

每当遇到困扰的时候，我就会去教堂或者去踢足球。我的家人也会祷告，也会去教堂。【东开普省布鲁利利丝布什一位男性受访者口述】

图2.25　东开普省恩格伯扎那村，踢足球

在受访的年轻人中，部分人谈到了自己未来的梦想。其中不少梦想不但是要能养活自己，还要做出贡献：

我的梦想是成为一名社工，帮助那些需要关爱需要照料的孤儿。和孩子们面对面的时候，你就想成为他们的妈妈。如果能有机会进修，我会去做社会工作，我的愿望是开办一个收容中心。在英国我

第一编 体验：生活与学习

见过一所很大的孤儿院，会照顾孩子们的生活，送他们上学，培养他们的技能。有的孩子体育很好，有的擅长其他事情，中心都会支持。我会鼓励孩子们上学，让他们忙着做事，没时间在街头胡闹，染上酗酒吸毒的恶习。【东开普省新布赖顿镇一位妇女受访口述】

1997年12月16日我出生于西伯肯镇郊区坡洛空（Polokong）。我和母亲、姐姐以及姐姐的两个孩子生活在一起。母亲从事家政服务工作，姐姐自己开了间理发店。我在布腾博—蔡博中学（Botebo-Tsebo Secondary）上学，还联合创建了学校的"领导力2020"（Leadership 2020）辩论队。我和一个名叫普莉希拉（Priscilla）的女孩一起工作。组建这样一个辩论队是因为我们看到了这样做的必要。

辩论队已经有30多名队员了，足以和其他学校一较高下。我们希望能帮助青年人练就好口才。我的导师把我推荐到了很多组织，这帮我树立了自信心。这些组织包括"国际演讲协会"（Toastmasters）①还有"新兴之声2号"（Emerging Voices 2）。我正在计划开办一个读书俱乐部，帮助年轻人塑造自己的生活，让生活回归美好。

我是基督徒，我担任教堂歌手，还为当地的小孩子们做演讲培训。我有一股热情，想借演讲来改变人们的生活。我自认为是个很健谈的人，我相信和人交谈应当修补人们破碎的心灵，而不是破坏，我一直在鼓励参加我演讲培训的人做出改变，我想成为一名受国际认可的讲者，在周围人们的帮助下，我可以做到。我将来想做一个主持人，或者电影导演、演员等，总而言之，成为一个领导者，一个杰出的领导者。我经历了人生中的种种磨难，但我所做的一切，都是为了重整旗鼓，再图发展。我热爱音乐，我也想舞蹈，不过别人说我身体太僵硬，跳不了舞。我还喜欢读书，喜欢看精彩的电影。最近我读了一本讲领导力的书。【豪登省西伯肯镇一位男子受访口述】

我们看到的不仅仅是人们勉强度日求生存。正如一位受访者所

---

① 译者注：国际演讲协会是一个教育性质非营利组织，宗旨是协助会员提升其沟通、演讲及领导技巧。

说的那样：

  我做项目已经四五年了，从未见过（年轻）人坐以待毙，也从未见过所有年轻人都沉迷毒品。我没看见他们的悲伤绝望，但他们确实正经历着巨大的伤痛，大到远超我此前所说的程度。但是他们并未心灰意冷。那是什么支撑他们走下去？他们所拥有的又是什么呢？【豪登省约翰内斯堡一位教育活动家受访口述】

第三章

生活障碍，生活助力

正如第二章所述，研究发现，在走访过的贫困劳动阶层社区，人们广泛参与各类活动，为自己、家人和社区创造生活。

这些活动部分用以帮助人们满足基本的生理需求。比如，人们从事正式、非正式的工作或是做生意赚钱，以购买食物、水、能源、衣物和住所。人们也自己动手种植粮食，从自然界取水，缝制衣物，修建房屋，获取能源。其他的活动则是为了满足不同层次的需求，包括爱、归属感以及良好的自我感觉。我们所至之处，均可见到人们在艰辛奋斗中彼此照顾，表现归属感，表达人性，树立社区意识。我们看到的远远超出最基本的生存需求。

在走访过的社区，我们发现，人们通常在极其艰苦的条件下工作和生活，物质资源极其匮乏，缺乏清洁的水、充足的食物和居所等。正如第二章所述，南非各地有许多人以种植粮食为生，这样即使在困难时期也不至于饿肚子，当有余时，还可以卖掉剩余的食物。人们种植粮食作物也存在感情因素。很多人喜欢园艺，享受种植作物带来的独立感和安全感。这意味着"以菜园为生"让许多人的生活变得更加轻松。接近土地也给予了人们安全感和接地气的感觉。

> 我以家乡的农耕生活而自豪。我们什么都种，也卖农产品。在恩格伯扎那村（Ngobozana），我们以务农为生。这里也有犯罪，但因为离城镇很近，所以并不十分严重。这里土地肥沃，适于耕种。这里有许多令人愉悦的事情：有家可归，有田可种，去教堂做礼拜，内心平和。这个地方的另一个好处是离城镇很近，可以轻松地买到需要的物品。【东开普省（Eastern Cape）恩格伯扎那村一位农民受

访者口述】

直到现在，我仍然爱着菜园，对它充满热情，我喜欢它。【西开普省（Western Cape）开普平原（Cape Flats）一位农妇接受采访时口述】

在东开普省的诺赫克瓦纳村（Noqhekwana）、夸卡村（Qhaka）和恩奇尼村（Nqileni），我们走访过的农民耕种的都是自己的土地。诺赫克瓦纳村和夸卡村的农民已通过传统方式获得额外耕地，可以大量种植蔬菜和水果。农民养活自己、邻居以及有需之人。然而，生产食物，无论是蔬菜还是家禽家畜，都依赖土地。与上述故事形成鲜明对比的是，东开普省汉基镇（Hankey）"马库汗耶农民运动"（Makukhanye Rural People's Movement）的农民，其农垦愿望无法实现，原因是没有土地，这影响了他们的自我感受。

我们没有农场，算不上农民。我们和牛住在一起。【东开普省汉基镇一位农民受访者】

由于没有自己的土地，农民的牛有时会游荡到商业农场主的土地上，常常面临被扣押或毒害的危险。一位农民的奶牛被扣，他讲述了自己听到的话：

这些奶牛不适合黑人。【东开普省汉基镇一位农民受访者】

一位农民告诉我们，当年轻人看到父母如此艰辛时，就不那么想务农了。

土地使用权不稳定问题不仅出现在粮食种植方面，而且出现在我们访问的其他群体中。例如奥兰治农场镇（Orange Farm）的"伊托森妇女就业项目"（Itsoseng Women's Project）。这个项目是从当地一所小学属地上的农作物园开始的。虽然最初很成功，但是在干燥的冬季，雨水不足会产生负面影响，因此成员们决定另寻他事。新校长接管学校后，农作物园就被收回了。现在，该组织经营着一个回收项目和一家托儿所，但其工作用地随时都可能被夺走。该组织想购买土地，但约翰内斯堡市房地产公司（约翰内斯堡市政府下属公司）只允许租赁。在我们走访过的其他一些城市地区，也存在类似问题，人们由于没有稳定的土地使用权，面临着从定居处被驱逐的危险。

图 3.1　东开普省诺普梅洛镇（Nompumelelo）

"我原来住在威廉王城镇（King William's Town①）的金斯堡（Ginsberg）。五年前，为找工作搬到了诺普梅洛镇。"诺普梅洛镇是这里一个富有的农场主家庭送给镇里人的，因为镇里的人都在他家农场工作。这位园丁兼油漆工让我们注意灯塔湾购物中心（Beacon Bay Crossing②）旁边的建筑工程，从那里可以俯瞰诺普梅洛镇。他补充道："目前，诺普梅洛镇的一些人随时有可能被赶出家园，因为据说部分土地是归私人所有的。"【东开普省诺普梅洛镇，YRLA 一名研究人员记述】

---

①　译者注：威廉王城是南非东开普省的一个小镇，1826 年作为传教而建立，1861 年正式成为城镇，是东开普省布法罗大都市（Buffalo City Metropolitan Municipality）的一部分。

②　译者注：灯塔湾（Beacon Bay Crossing）位于东开普省东伦敦市，是一家多用途的一站式购物和娱乐中心。

自己拥有土地的人干起农活来要方便些，但其中不少人都在十分艰苦的条件下劳作。比如在夸祖鲁—纳塔尔省（KwaZulu-Natal）的姆齐基社区（Mziki）根本就没有供水，社区居民得从河里打水用于饮用和洗衣，牲畜饮水也依赖河水。但其实这里的情况并非一直如此。这里原本是一个农业村庄，在移交给社区时，配备了水利基础设施，过去的水是从水龙头流出的，但是水泵坏了（据说是老化了）。水泵是市政当局从原先拥有这片土地的农场主手中购买的，迄今为止从未更换过。

图3.2　夸祖鲁—纳塔尔省姆齐基社区妇女，
为防止牛群侵入水源竖起围栏

位于普马兰加省奥斯胡克地区的另一个村庄也是人畜共用河水，因为这是唯一可用的水源。而邻村却有自来水，不过显然只有当地政务委员及其熟人有活动时，才会打开水龙头。北开普省安德里斯维尔村（Andriesvale）极度干旱，其社区居民依靠柴油水泵供水，但必须自己买油。林波波省（Limpopo）瑟库库内地区（Sekhukhune）有大量的农业用地，但由于降雨稀少，缺乏灌溉用水，仅能开发最低量用地，勉强做到自给自足。在东开普省诺赫克瓦纳村，给水也十分困难。每逢夏季，当地水坝干涸，女人们要走很远的路去打水。

图3.3 普马兰加省（Mpumalanga）奥斯胡克地区（Oshoek），取水

面临用水困难的不仅仅是农村地区。尽管西北省艾克梅伦地区（Ikemeleng）的部分矿区最近有了自来水供应，但那些不在"官方"地图上的地段仍无清洁的自来水可用。

清洁的供水是保障健康的重要方面，但还有其他问题威胁着人们的健康。正如第一章所述，德多恩斯镇（De Doorns）肺结核发病率极高，居民将其归咎于周围商业农场使用杀虫剂。结核病和艾滋病多发于西北省艾克梅伦地区；癌症多发于北开普省安德里斯维尔村，当地一位社区居民说道：

> 当地存在很多大的问题，尤其是艾滋病问题，已经无法控制。有关人员从我们社区中选一部分人，对他们进行教育，教他们如何对待艾滋病患者，以及如何隔离自己或接触过血液的人。这里大多数人都有过这样的经历，我们知道怎么做。但如何和人们谈论这些问题，我们知之甚少。需要让人们意识到这些问题。【北开普省安德里斯维尔村一位社区居民受访口述】

以上疾病流行是安德里斯维尔村的一位受访者转而求助传统医学的主要原因，当然这还取决于社区居民对传统医学或西方医学的偏好。

第三章 生活障碍，生活助力

显然，距离常常使生活愈加艰难，但距离是相对的。当道路不畅、交通不便、当地基础设施匮乏时，距离就会无限增加。正如第一章所述，诺赫克瓦纳村距最近的城镇只有10公里，但由于地形原因，到那里需要40分钟左右。

能够获得土地和水资源的农民告诉我们，他们尝试将农产品卖给非正式的经销商，卖给宾馆或超市，但由于路况差、交通工具缺乏等原因，并不十分成功。

不过，对于某些社区而言，"距离"可视为潜在问题，也可视为一种优势。

> 我觉得这里不错，但是折腾到阿平顿市（Upington①）买东西代价实在太大。有时我也会犹豫，要不要搬到阿平顿去住。但事实不像我想的那样，阿平顿仍然很危险。在那种条件下生活，大多数人都觉得自己可以住到我们这里来，因为这里很安宁。有些人来这儿看了，然后不得不离开，他们其实想留下来，但条件不允许，所以还是走了。但尽管如此，他们还是喜欢这里，喜欢这里的宁静。不幸的是，仍然只有我们留在这里。我喜欢这里，所以留下了。【北开普省安德里斯维尔村一位社区居民受访口述】

我们走访过的农村地区都不曾出现住房不足问题（事实上，在前面提到的农业村庄姆齐基社区，由于服务匮乏，许多房屋仍旧空置），但这在很多城市都是一个问题。在走访过的提供"重建与发展规划"（RDP②）住房的一些社区，例如德多恩斯镇，有人指控住房分配存在腐败问题：

> 我是说，存在腐败……比方说，有些人生在这里，可现在仍住

---

① 译者注：阿平顿（Upington）是北开普省重要城市，位于奥兰治河岸，是南非牧羊基地和干果业中心，也是南非北部的酿酒业中心。

② 译者注：重建和发展规划（RDP）是由纳尔逊·曼德拉（南非前总统）非洲人国民大会（African National Congress，ANC）政府于1994年实施的南非社会经济政策框架。该规划集增长、发展、重建和再分配于一体，最关键的是基础设施计划，旨在提供现代有效服务，如电力、水、电信、运输等。

在棚屋里。而我生在其他地方,来到这里就分到了房子。如果你选对了朋友,就是那些在这里工作的朋友,他能接触到候选名单,他可以把你的名字塞到名单里,这样你就能得到房子。【西开普省德多恩斯镇一位社区居民受访时口述】

图3.4 西开普省德多恩斯镇,重建与发展规划(RDP)住房

许多人靠自己盖房来解决住房短缺问题,而且还自己盖商业用房。

图3.5 东开普省诺普梅洛镇

图 3.6　西开普省德多恩斯镇，修鞋铺

正如第二章中"雅芳女士"案例所示，高度贫困往往会对许多小生意产生影响：

> 我做的是卖生肉的小本生意，但发展挺慢的，主要是有些顾客不及时给钱。有时我得赊账给他们，因为肉不能久放。【东开普省布鲁利利丝布什（Bluelilliesbush）一位成年学习者接受采访时口述】

有些社区以木柴为能源。在那些需要去拾柴的社区，这项工作通常是交由女性完成。在夸祖鲁—纳塔尔省的姆齐基社区，由于周围没有树林，女人们得走很远的路去拾柴，从而产生人身安全问题。但还不仅如此，她们还可能会被逮捕，因为砍伐森林属于违法行为。作为本研究的一部分，在一次社区会议上，为保护女人，男人们决定肩负起拾柴的责任。

在我们走访过的许多地区，人们已创造出供应能源的新方式。例如，一位走访过西北省艾克梅伦地区的研究人员报告说：

> 艾克梅伦地区居民对家中看似复杂的替代能源甚是满意。我们发现社区居民使用太阳能已有一段时间。太阳能电池板可为电视供电，也可为手机电池充电。居民还通过添加能源转换器让汽车电池

为任何所需之物供电，电压可达到240伏，满足大多数家电的要求。（CEPD① 2015：28）

此类替代能源让生活更为方便，已在众多社区中推广使用。恩奇尼村的村民们拥有并经营着一家环保背包客旅馆，该旅馆获得了国际公平交易认证，使用可再生能源（还使用堆肥厕所，持续收集雨水和地下水资源）。艾克梅伦地区的人们在供电紧张的情况下使用太阳能电池板和汽车电池等替代方法来发电，北开普省安德里斯维尔村的人们亦是如此。

有时候，自己开发能源涉及（非法）私自连接电网问题。在走访的一些乡镇我们发现了私接电网现象。连接电网可以为人们提供照明，可以看电视。然而，有时会让生活变得无比艰难，因为私接电网是非常危险的：

> 我有两个孩子，都是男孩。一个出生于1990年，他完成了学业，但不久后就去世了，那时他刚要开始去韦斯银行（Wesbank②）上班。就在我们刚搬到这里的那一年，一天清晨，他踩到了电线。我猜他是要去外面上厕所。【东开普省诺普梅洛镇一位女子接受采访时口述】

我们走访的不少社区都提出了安全问题。有些涉及人身安全，特别是贫困劳动阶层聚居区犯罪率很高。但安全感还与归属感有关，即感觉自己是社区的一部分，来自某个特定的地方。从研究可以明显看出，社区人口流动性非常大。我们所至之处，人们都会谈及从一个地方搬迁至另一个地方，甚至是孩子也不例外。从了解到的情况可知，显然这种流动性在很大程度上体现了城、乡以及社区之间的密切联系；拓展网络是人们创造生活或努力改善子女生活的一个重要组成部分。例如，我们遇到的很多人都是为了就读于某所学校而搬来同当地的亲戚合住。

---

① 译者注：教育政策发展中心（Center for Education Policy Development，CEPD）成立于1993年，是一个教育研究机构和智库，致力于南非本地和国际政策制定以及知识建构，https://mapsoaf.com/d-i/？utm_content=centre-for-education-policy-development-cepd-i379651。

② 译者注：韦斯银行（WesBank）是南非最大的信贷分行机构之一，也是南非最大的汽车贷款提供商之一。

图 3.7　北开普省安德里斯维尔村，太阳能电池板手机充电器

很多受访者没有在父母身边长大，或是没有和父母住在一起。他们和另一位提供住宿并照顾自己的家庭成员住在一起：

> 我叫阿伯吉尔（Abongile），来自西泽镇（Xesi①），在恩瓦萨（Njwaza）长大。关于学校，哎，我不是那种适合上学的人。我觉得发生在自己身上的事让我无法正确成长。我是祖母抚养长大的，她也上了年纪。家里有很多人，这一点儿也不好玩。我成长得还不错，没成为问题少年，但是我们缺少一些东西。好在都是在祖母屋里长大的，没有人会说我们是外人。我们都知道自己是祖母的子孙。我们一起长大，直到祖母去世。在那之后，好像所有人都散去了，回去镇上自己的家。我们在伊丽莎白港市（PE②）有一个家，回来后就住在这里了。【东开普省夸札赫勒镇（Kwazakhele）一位青年男子接受采访时所述】

---

① 译者注：西泽（Xesi）是东开普省东伦敦西北部一小城镇。
② 译者注：伊丽莎白港（Port Elizabeth，PE）濒临印度洋的西南侧，是南非主要海港之一。

第一编　体验：生活与学习

> 我们一开始是个小家庭，但现在人很多了。陪伴我长大的有爷爷、奶奶和他们的孩子，而我是唯一一个孙子辈。爷爷奶奶就是我的家长，而姨妈们扮演了母亲的角色，因为我妈妈不在这里住。【东开普省新布赖顿镇（New Brighton）一名年轻女子接受采访时口述】

> 我是母亲唯一的孩子，但她从未陪伴我长大。我的第一个家长是外祖母。我和表哥十岁时，她去世了。后来，我们不得不搬到离威廉王城很近的金斯堡，和母亲的姐姐，也就是姨妈住在一起。我和表兄弟姐妹一起长大，我们是一个五口之家——我、表兄弟姐妹和姨妈。我从未同母亲一起住过，因为她在工作。每个周末，她都会来姨妈家看我们，我就是这样长大的。我从未见过我父亲。【东开普省东伦敦市（East London①）职业技术教育与培训学院（TVET②）一位学生接受采访时口述】

在布鲁利利丝布什社区，这种情况尤为普遍，受访者中无一人出生在该社区：

> 我来自一个四口之家，我家在伊丽莎白港市马瑟韦尔镇（Motherwell③），但我和叔叔（我爸爸的兄弟）住在这里。【东开普省布鲁利利丝布什一名男子接受采访时口述】

> 我和哥哥在没有父母的环境中长大，我不认识母亲，听说在我们很小的时候，她就去世了，所以是外婆在利波德镇（Libode④）将我们带大。【东开普省布鲁利利丝布什一名年轻女子接受采访时口述】

---

① 译者注：东伦敦（East London）是南非东南沿海的一座城市，主要位于布法罗河（Buffalo River）和纳护河（Nahoon River）之间，是该国唯一的河港。
② 译者注：南非共有50所注册和认证的公共职业技术教育与培训学院（Technical and Vocational Education and Training, TVET），在全国农村和城市地区共有264个校区。
③ 译者注：马瑟韦尔（Motherwell）是南非东开普省纳尔逊·曼德拉湾大都市的城镇，也是伊丽莎白港人口最多、土地面积最大的定居点。
④ 译者注：利波德（Libode）是南非东开普省一个拥有5000居民的小镇，位于从圣约翰斯港到乌姆塔塔（Mthatha）镇的R61公路上。

第三章　生活障碍，生活助力

> 我的其他兄弟姐妹住在普利登堡湾（Plettenberg Bay①），只有我一个人住在这里。我不是在母亲身边长大的，其实我是在汉基镇长大的，后来搬到了这里。母亲不在这里，她离开了，所以现在我和姨妈住在一起。【东开普省布鲁利利丝布什一名女子接受采访时所述】

如第二章所述，由于种种原因，成年人的流动性往往很大：

> 2011 年，我从开普敦市（Cape Town）来到这里，也像现在一样卖东西。我在学校卖东西。开始是在谢普斯通港（Port Shepstone②）。我丈夫就住在这里，艾库巴斯（eGqobas）。我之所以来到这里，是因为丈夫生病了，我不得不离开开普敦市。这里的生活并不愉快，但我们还是留了下来，因为我们想要更好的生活，让孩子能完成学业。我正在供孩子上大学，她在开普敦市贝尔维尔镇（Bellville③）读大二。我对自己现在的生活非常满意。我一直在这儿，风雨无阻。【东开普省布鲁利利丝布什一名女子接受采访时所述】

在我们走访过的许多地方，人们都对酗酒和吸毒表示担忧，担心会危害人际关系和社区稳定，并引发公众的不安全感：

> 我和侄女早上五点起床。如果她母亲去上班，人不在，我就得帮孩子做好上学的准备。她母亲在这里有自己的住处。我觉得之前和她住在一起很难受，因为她周末都会喝酒，（等她喝完酒回来）我们还得给她开门，这令人很不愉快。所以我给她找了个地方自己住。要是我叫醒她，让她给孩子做准备去上学，即使前一天我也没

---

① 译者注：普利登堡湾（Plettenberg Bay），是南非西开普省比图（Bitou）地方委员会的主要城镇。

② 译者注：谢普斯通港（Port Shepstone）位于南非夸祖鲁—纳塔尔省南海岸最大的河流姆济姆库卢（Mzimkhulu）河河口。

③ 译者注：贝尔维尔（Bellville）是南非大开普敦大都市的一座城镇，属于开普敦市。

睡，她也会骂我，好像她根本不知道自己有孩子一样。她另外还有个孩子，比这个年长。以前我不用为补助金操心，现在恰恰相反。我让她拿补助金给孩子们买吃的，她只给他们买粥、酸奶和一盘肉，再没别的了。其他的，我都得自己做。孩子喝着变质的奶，她却带着钱进了酒馆。当地的酒馆她出东家、进西家，但却不给我一分钱，连肥皂钱都不给。我关心她的孩子，但我有难处。【东开普省布鲁利利丝布什一名女子接受采访时所述】

北开普省安德里斯维尔村的许多人对酗酒问题表示担忧。其中一名受访者称，对于某些社区居民来说，喝酒是一种快速消愁的方式。酒馆随处可见，这更加剧了酗酒现象，从而导致社区居民互不尊重、缺乏纪律、贪得无厌，而这些反过来又会阻碍社区居民之间的合作。

滥用毒品有时与犯罪有关。例如，就毒品与重罪之间的联系，一位社区居民这样说：

有些学龄儿童被卷入强奸案，有些则被卷入谋杀案。安全起见，人们必须在下午六点前回家。在某些案件中，肇事者来自其他村庄，但在当地犯下罪行，结果当地社区的人们似乎都应对此负责。最近有一起妇女谋杀案就是个例子。这个社区的问题在于犯罪，孩子们辍学无业，吸毒，导致犯罪率很高。【东开普省恩格伯扎那村一位社区居民接受采访时所述】

同样，一位来自西北省艾克梅伦地区的社区居民将酗酒和暴力联系在一起，主要是男人们为了争夺女人而大打出手：

这个社区的女孩子爱喝酒，爱抽烟，视财如命。我们去酒馆时，发现她们在那里。她们需要我们，有时故意过来接近你。她们的穿着打扮、谈话方式、行为举止——所有一切无不体现着这一说法。所以，有时不由你，因为她会穿着超短的衣服，坐在你腿上。你在喝酒，并不喜欢女孩子。而且，你刚拿到工资，她就对你说：给我买六瓶猎人干啤就好了。毕竟你有钱，六瓶之后又六瓶。现在是凌晨两点，酒馆关门了，该走了，她男朋友也到了。会发生什么呢？

会发生犯罪事件。你要去打架，因为钱没了，她男朋友来了。自我（2014年2月）到这儿以来，已经有超过五六个人死亡。最近一人因头部被击中而死。【西北省艾克梅伦地区一名男子接受采访时口述】

在我们走访过的所有社区，很多人都提到了犯罪问题以及没有安全感。显然，犯罪对人们创造生活的方式及安全感都有着深远影响。许多人还告诉我们，他们觉得警察并没有起到保护的作用。犯罪行为从偷鸡摸狗到抢劫，甚至到谋杀都有（据报，在我们走访期间，艾克梅伦和恩格伯扎那这两个社区发生了谋杀案）。据说在一起偷鸡案件中，青年犯罪的动机是饥饿。而正如前文所述，吸毒和酗酒是抢劫和谋杀的诱因。

关于犯罪，艾克梅伦地区一位社区居民这样说：

> 由于各种各样的罪行，这个社区的生活十分艰难。抢劫十分常见，人们的物品和贵重财物（如钱和手机）经常被抢。据说受害者都认识那些罪犯了。【西北省艾克梅伦地区一位社区居民接受采访时所述】

犯罪不仅削弱了人们的安全感，显然还会直接影响人们的生活和生计：

> 在这里，令人烦恼的是，当我们忙碌时，就会有一群年轻人围着我们转（找机会下手抢劫小贩）。他们坐下来，就开始打路人的主意。我缩在一边，想着必须早早离开，因为害怕这群孩子。这让人心情很不好。打劫的会破门而入，没有任何办法，警察也无济于事。【东开普省诺普梅洛镇一名女子接受采访时所述】

有些人担心自己受害，不敢举报犯罪行为；在那起男孩偷鸡案件中，父母担心自己经济状况差，无法保释孩子。在某些案件中，社区居民家里不留人就不放心。艾克梅伦地区案件中，一位研究人员的回忆很好地反映了这一问题：

青年犯罪团伙为获得想要的东西，不惜抢劫并刺伤他人。一名女性居民表示，自己甚至不敢回家探亲，因为一离开家，这些人就会破门而入。对社区居民而言，这些都是不安定因素。对那些缺电缺水的社区来说，犯罪活动无疑会变本加厉。最近，市政当局白天刚安上电缆，犯罪团伙晚上就开始行窃。安装公用水龙头期间也出现过类似情况，直到社区建议市政当局将铜制水龙头换成塑料水龙头，问题才得以解决。【西北省艾克梅伦地区，YRLA 研究人员记述】

在某些社区，如德多恩斯镇，黑帮问题令人担忧：

我刚来时，这里很安定。人们可以半夜十二点步行外出，不用担心有人尾随。但是，这些天生自由的"民主之子"改变了这里的生活。你会发现像我一样来自开普敦的人，他们有可能就是开普敦市的黑帮团伙。现在对我来说，住在开普敦市并不好，我逃到这儿来和亲戚住在一起，在这儿交朋友。这些天生自由的人蠢透了，受点影响就加入黑帮了。你看，这所学校都一度关闭。黑帮在学校搞事情——孩子们互相刺伤对方——这些都是前所未有的。我的一位朋友曾在那里任教，后来由于相关压力离开了。【西开普省德多恩斯镇一位社区居民受访时口述】

尽管调查中针对女性的家庭暴力不像其他犯罪和暴力行为那样被频繁提及，但可以看出，不少犯罪和暴力事件都涉及性别：

我哥的女朋友怀孕了，我哥就打她。他说想把孩子从她身上打掉，就狠狠打了她。当时只有我和我妈在场，其他哥哥姐姐都不在。当我想打我哥时，我妈竟然想打我。她说我不了解事情的全部经过，所以不应该打我哥，放任就好。【东开普省布鲁利利丝布什一个九年级男孩接受采访时口述】

矛盾的是，一些故事讲述的是犯罪如何与社区意识、彼此关怀相联系。例如，在东开普省新布赖顿镇采访时，一名年轻女子告诉我们：

第三章 生活障碍，生活助力

> 这是一个小镇，但更是个犯罪青年四处游荡的小镇。我从未被抢劫过。这种事情比比皆是，但也不是随处可见。有时你会发现不能在某些时间段步行外出，但我认为这个社区附近要好一些，很安定。人们不管闲事，但互相关心。如果两天没见到一个人，他们就会发现异常。家里发生的事大家都会注意到，这是好事，免得有人发生了什么事，却没人知道。
>
> 一位女士自己一个人住，受到歹徒侵害。邻居们在附近没见到她，就四处打听她出了什么事。他们打算破门而入，结果发现那位女士已被杀害了。如果邻居们都事不关己高高挂起，那么她的尸体腐烂了也没人知道。这个小镇很好，打架的虽然总是会有，但不多，还是很安宁。【东开普省新布赖顿镇一名年轻女子接受采访时所述】

我们还听到不少故事，讲述的是社区成员认为警察起不到作用，就团结起来，将法律掌握在自己手中：

> 我还在利波德镇时，经历了一次入室盗窃。他们冲进屋子把我拖到外面，拿走了手机、钱包和其他物品。那天晚上，我女儿被强奸了。她当时还很小，才上六年级。我们报了案，但直到现在，案件还是没有任何进展。强奸我女儿的那个男孩在利波德镇杀害了另一个女孩，因为警察没什么用，人们就自行执法，把那个男孩杀了。【东开普省布鲁利利丝布什一位成人学习者接受采访时所述】

在布鲁利利丝布什，有人讲述了另一起同类事件：

> 这里经常发生暴力事件。一次，一男子向另一名男子借火点烟，但后者没带打火机。结果，要借打火机的男子就找来羊毛剪，刺中了那人的心脏，那人当场死亡……我们看到了。行凶者跑了，我们去追他。找到他时，我们差点杀了他。后来警察来了，把他关进车里。【东开普省布鲁利利丝布什，一个九年级男孩接受采访时口述】

参与这项研究的两名青年研究人员谈到了林波波省加恩查贝伦（Ga-Nchabeleng）发生的一起事件。在该事件中，社区居民认为警察没能力

第一编　体验：生活与学习

处理好当地问题，于是就自行执法。以下是其中一人对该事件的描述：

在我们社区，道德感缺失正成为挑战，人们像拍苍蝇一样互相残杀。2014年6月的最后一周，加恩查贝伦德贝拉区（Debeila）的居民自行执法，杀死了一名年轻男子。该男子被控在婚礼庆典上欺凌和恐吓社区居民。无论走到哪儿，他都会抢劫、刺伤和殴打他人。

公众对他的行为十分愤慨，而警方似乎对此无动于衷。这起杀人案涉案人员中只有三个年轻人被捕。此后，社区居民一致集会支持释放那三人。因为他们认为，不该只由那三人承担责任。【林波波省瑟库库内地区，YRLA研究人员记述】

在西北省艾克梅伦等地区，警察的腐败成为问题的一部分。事实上，研究表明当出现问题、困扰和麻烦时，联系警察、当地政务委员或其他政府机构，并不总是能取得预期效果。在奥斯胡克，人们表示，联系政务委员和政府机构虽然是首选之策，但并不奏效。会议亦是如此。例如，在西开普省德多恩斯镇，人们表示，当局不允许他们提出问题或发表不同意见，尽管有人表示这些机构和程序仍在运转。在某些情况下，这些机构和程序反倒使人们的生活更加艰难。例如，在诺赫克瓦纳村和夸卡村，参与伊斯巴亚部门信托项目（Is'baya Department Trust Project）的人们谈到，法律体系使自己的生产和产品销售更为艰难。我们采访了豪登省（Gauteng）奥兰治农场镇的摩托车修理工贾曼（Jahman），他谈到自己在申请政府小企业支持资金时遇到困难：

很久以前，我就注册了自己的公司，并收到了包含完税证明的注册登记文件。在"黑人经济复兴法案"（BEE）[①]试点之前，政府就已划拨资金以支持小型企业。可是当你申请资金时，要在没有任何帮助的情况下达到很多要求，尤其要确保理解申请表内所包含的术语。我曾被要求填写一份28页的表格，没有工作人员解释任何相

[①] BEE，指"黑人经济复兴法案"（Black Economic Empowerment），在2003年由南非国会审议通过，2004年起正式执行，要求在南非境内所有公司，必须将其股份按最低比例25.1%出售给黑人及"历史上受到不公平对待"的人群。

关概念。当他们看到你正在艰难地填写这些表格时，应该考虑到业务性质，并给予适当帮助。【豪登省奥兰治农场镇的贾曼接受采访时所述】

当机构和流程不发挥作用时，人们往往提出抗议，这通常可以为社区带来更有意义的结果。在德多恩斯镇，抗议活动用于谋求工人权利；在艾克梅伦地区，抗议活动则指向失业和提供服务问题。最终，艾克梅伦地区修建了道路和诊所，并且该地区某些地段通上了水电：

> 我欣赏他们（社区居民）的团结，尽管这要花很长时间才能实现……当他们团结起来时，就拥有了力量。抗议活动持续了四五天，在这期间，人们提出了这些发展诉求……而这对该地的采矿生产及其他许多事务都产生了影响。【西北省艾克梅伦地区一位社区居民接受采访时口述】

2012年年底至2013年年初，在前文提到的东开普省汉基镇，无地农民发起了一系列静坐示威活动，导致蓄水池（临时）停止工作，抗议使得当地一些农业组织获得了市政当局的农业用地许可权。

> 在那段时间内，人们团结一致，但一旦那些站出来的人被拘留，团结就一去不返了。刚开始，一切都很好。人们坚持自己的诉求并得到满足。但后来，当那些挑头的人在深夜或凌晨三四点被抓起来的时候，我们只是听到其他人说："你听说有人进监狱了吗？"那个时候就只有靠自己了。当地人要实现什么目标的时候，就会团结一致，但实现之后，团结就不复存在了。【西开普省德多恩斯镇一位社区居民接受采访时所述】

东开普省布鲁利利丝布什是少数几个明确提出种族和种族主义问题影响统一或分裂的社区之一：

> 我是个黑人，思想很非洲化。我是个非洲人，因为我属于非洲，面部特征让我成为黑人。在这里我们长得都差不多，如果我说南非

第一编 体验：生活与学习

语（Afrikaans①），我可能是有色人种，不过也有人瞧不起说科萨语（Xhosa②）的黑人。【东开普省布鲁利利斯布什一名失业男子接受采访时口述】

这里存在种族隔离，有色人种不喜欢和说科萨语的人交往，他们只讲南非语，不想学科萨语。在这里，如果你不会说南非语，就找不到工作。我不喜欢南非语。【东开普省布鲁利利斯布什一名失业女青年受访口述】

我在目前的地方还没有经历过种族歧视，大家团结一致。比如说，我们有两支足球队和一支橄榄球队。所以踢足球时，我们与打橄榄球的人共用一个体育场，各占用一半。这里的有色人种也会讲科萨语。【东开普省布鲁利利斯布什一名失业男子接受采访时口述】

从第二章可以看出，人们的归属感通过社区活动和制度而建立，其中教堂和体育运动发挥着尤为重要的作用。然而，这些活动和机构并不总是可及的。不少社区居民谈道，缺乏娱乐和体育设施会产生负面影响，尤其对青年人产生负面影响；他们认为缺乏娱乐和体育设施与吸毒和酗酒之间存在直接联系。

我来解释一下——假设这里的人口是 20000，这 20000 人只玩橄榄球和足球，没有空手道、拳击之类的其他运动。年轻人放学后，没有健身房可去。这些都是阻碍我们留在德多恩斯镇的原因。我曾经看到有自行车——莱利银行（Nedbank③）赞助了很多自行车，不过现在已经没剩几辆了。【西开普省德多恩斯镇一名青年接受采访时所述】

---

① 译者注：南非语（Afrikaans），使用人数约 620 万，包括 100 万同时使用南非语和英语的双语人口，大概占南非总人口的 15%，次于祖鲁语（Isi Zulu，占全部人口的 22.9%）和柯萨语（Isi Xhosa，占全部人口的 17.9%），是南非的第三大语言。除此以外，在南非还有 400 万人以南非语为第二语言。

② 译者注：科萨语〔南非开普省牧民的班图语〕，是非洲南部科萨族所使用的语言，也是南非共和国的官方语言之一。在 16 世纪之前，说科萨语的人就居住在南非的海岸线一带。

③ 译者注：莱利银行是南非第四大银行，为莱利集团下属企业。

第三章 生活障碍，生活助力

这里的人们一直忙于踢足球。除了足球什么都看不到，什么都没有。我不想骗你，这儿没有工作，工作都是季节性的。在诺普梅洛镇，很多东西都没有，但对面邦扎湾（Bonza Bay）有。例如，这里没有图书馆，得步行 2.5 公里才能到达图书馆……这个社区吸毒和酗酒现象十分普遍，这也是导致这个社区成为现在这样的原因之一。这里没有活动，甚至连一个能为年轻人举办活动的大厅都没有。体育运动是这里的头等大事。如果想看谁吸烟……这儿有拳击手，但没有健身房，到头来，吸毒的人越来越多。这是我们面临的挑战。甚至一些来当地工作的非政府组织，如国家预防犯罪和康复组织（NICRO①）（前身为南非国家犯罪预防与罪犯康复社会研究所），都会限制对学校的关注。他们来社区不是为了讨论毒品之类的事情。社会的确在发展，但只给这里分配了一位社会工作者，而他的职责仅限于帮助解决社会补助金问题。【东开普省诺普梅洛镇一名青年接受采访时所述】

在这里，我们也看到很多"辍学生"。孩子们不明白入学的目的，因为那些参加并通过中学毕业统考的孩子，最终也可能流落街头。酗酒、吸毒、滥交、少女怀孕、犯罪在这里极为常见。这里没有体育运动，年轻人不知如何放松。当地政府没有提供任何帮助，真正想要学习的年轻人从学校中获得的帮助少之又少。我们的孩子被困在东开普省这颗被遗忘的明珠之中。【东开普省布鲁利利斯布什一位成人学习者接受采访时所述】

当然，正如第二章所述，设施匮乏并没能阻止人们一起礼拜、一起玩耍、一起参加各种文化活动。人们还告诉我们，他们如何自寻方法应对创造生活过程中遇到的困难：

---

① 译者注：National Crime Prevention and Rehabilitation Organisation，英文缩写为 NICRO。南非国家犯罪预防与罪犯康复社会研究所，南非国家级专门从事犯罪预防与罪犯回归社会问题研究的学术机构。创建于 1910 年，始称"南非罪犯帮助协会"，1934 年起改称"社会福利协会"，1970 年至今改称现名。研究所总部设在南非开普敦。

第一编 体验：生活与学习

> 我总是告诉母亲，大声播放音乐会赶走我所有的压力。【东开普省新布赖顿镇一名年轻女子接受采访时所述】

> 现在，我祈祷。过去，我常把它封存起来或告诉我的朋友。现在，我祈祷。【东开普省新布赖顿镇一名年轻女子接受采访时所述】

> 我喜欢在沉思时听音乐。我喜欢看电影，喜欢睡觉，喜欢聊天。在家时我只保持沉默，压力也藏在心里，谁来烦我，我都不理。【东开普省夸札赫勒镇一名青年男子接受采访时所述】

上述以及我们遇到的许多其他例子都表明：虽然困难重重，但人们还是能够找到"解决方案"，处理日常生活中所面临的问题和障碍。通常人们不会单独行动，而是如第二章所说的那样——团结合作，相互借鉴，积极热心地彼此帮扶。正是这种不可思议的相互支持网络使南非人民能够生活得更加轻松。

图 3.8　西开普省德多恩斯镇，传统舞蹈团

图 3.9 普马兰加省奥斯胡克地区，社区菜园

有些支持相对不是那么正式，可以是亲戚、邻里之间的互相关心。例如，在北开普省安德里斯维尔村，人们向介绍我们一对夫妇，他们正在抚养和照顾一个小孩。在诺赫克瓦纳村和夸卡村，农民除了自给自足，还在村庄里出售自己的产品，但是他们会共同决定产品价格，彼此合作，避免竞争，这样就不会出现削价销售的问题。在安德里斯维尔村，社区居民共同承担运送山羊和绵羊至阿平顿出售的高昂运费。正如第二章所述，在西开普省德多恩斯镇，一名妇女靠制作出售爆米花为传统舞蹈团筹钱购买服装。

在许多社区，农作物园的产出用以养活有需要的人。例如，在普马兰加的奥斯胡克地区，农作物园为托儿所的孩子以及孤寡老人提供食物。

我们还见到一些救济厨房。以安德里斯维尔村为例，由于该地区失业率高（且距离城镇较远），社区妇女发起了救济厨房，为社区中包括学龄前儿童在内的有需要的成员免费提供一餐饭。每天约有 20 名社区居民在此用餐。社会发展部现在为两名厨师和一名行政人员提供津贴。

第一编 体验：生活与学习

图 3.10 北开普省安德里斯维尔村，救济厨房

图 3.11 豪登省奥兰治农场镇，奥兰治农场镇人权咨询办公室

其他较为"正式"的关怀包括：德多恩斯镇"海克斯河谷人民保健中心"（Hex Valley People's Care Centre）、"奥兰治农场镇人权咨询办公室"（Orange Farm Human Right Advice Office），奥斯胡克、德多恩斯等地的托儿所，以及奥兰治农场的"伊托森日托中心"（Itsoseng Day Care

图3.12　西开普省德多恩斯镇，海克斯河谷人民保健中心的员工们

Centre）。"奥兰治农场镇人权咨询办公室"由律师助理、社区活动家莫克罗·布莱克（Bricks Mokolo）经营，向社区成员提供免费咨询服务，包括申请政府拨款、劳动纠纷、艾滋病、基础服务、家庭暴力、虐待儿童和仇外心理等方面内容。"伊托森日托中心"除所属土地岌岌可危外，执照还有可能随时被吊销，原因是当地法律附则规定要配备"足够设施"，而伊托森（因资金不足）没有达到这一要求。尽管有些政府部门（农业部和社会发展部）已经以不同方式向伊托森提供了支持，但政府的繁文缛节和部分法律还是阻碍了这一社区行动的发展。

"海克斯河谷人民保健中心"为社区居民提供免费药物，中心把药物提供给社区居家医护人员，再由他们发放给社区内生病的人。

在林波波省瑟库库内马克胡杜塔马加区（Makhuduthamaga District），一群没有医学背景的志愿者创立了居家护理小组：

> 待在家里，很是令人沮丧，我们这群朋友决定在社区里做点什么。有那么多人生病，没有便利的卫生设施。尽管知识不足，但我们还是开始做了。

第一编　体验：生活与学习

图 3.13　林波波省瑟库库内，马克胡杜塔马加市居家护理小组的成员们

该组织在没有任何资金及政府援助的情况下运作了五年。其发起者解释说，人事安排的逻辑基于以下情况：成员都在同一个村子长大，在同一所学校读书，了解彼此的长处。例如，擅长计算的人就做财务协调员、会计员。成立第七年，该组织获得了欧盟资助，迄今为止，其发展从未中断过。

目前，该组织雇用了17名全职员工，每人每月收入约2000兰特，还有8名志愿者，大家一起边学边干。为使该项目可持续发展，他们还开办了一个养猪场，同样办得不错。养的猪在社区出售，养猪场还创造了饲养员这样的就业机会。

在瑟库库内我们还发现了另一个社区组织，"菲卡戈莫青年发展旅"（Fetakgomo Youth Development Brigade），该组织为地方生活提供便利：

　　我叫埃文斯·沙库（Evans Shaku），是非营利组织"菲卡戈莫青年发展旅"的创始人。我们的组织致力于帮助具有不同中等学历的农村失业青年男女。我是一名 FET① 毕业生，电气工程专业（N6），但由于缺乏经验而找不到工作。我发现其他毕业生也是如此，有资格证书，却在街上闲逛，无所事事。这就是我做这些事的初衷。【"菲卡戈莫青年发展旅"创始人接受采访时所述；该组织的名字源于北索托语（Sepedi②）的一个习语，意思是"以人为本"】

研究表明，尽管存在性别差异，但妇女在个人和集体两方面都发挥着关键作用，使社区生活更加轻松，成为社区的重要力量：

真正让我引以为傲的是女性长辈们。我对女性的看法，我对女性最深切的感情是我从事目前工作的原因。在我的脑海里，总有这样一种意识：女性是多么令人惊叹。作为一个男人，我能为她们带来怎样的改变。祖母们给予了我巨大的帮助，是她们对我的付出，让我受益良多。因此，我觉得自己应该成为一个给予者，必须不断付出，帮助女性摆脱耻辱，或帮助她们取得发展。我是其中一分子，有责任这样做。【北开普省安德里斯维尔村一名男性受访者口述】

访问期间，我们遇到了许多参与各种项目和计划的女性，包括许多农妇。我们还遇到了担任领导的女性，比如"伊托森妇女就业项目"创始人，以及领导 5500 多个小微农场主的"家庭种植者"（Abalimi Bezekhaya③）运营经理。

---

① 译者注：南非教育可划分为三个阶段。第一阶段是 BET（Basic Education and Training），即通识教育和培训，基本上是学校教育的前十年——从 0 年级到 9 年级。第二阶段是 FET（Further Education and Training）为继续教育和培训，包括非高等职业教育和培训，以及高中最后三年（10—12 年级）的教育和培训。第三阶段是 HE（Higher Education），即高等教育，指在高等学校和理工大学接受的教育和培训。FET 教育又称"中学后"教育，指离开中学后所接受的教育和培训，该阶段课程十分广泛，旨在解决南非职业技能人才短缺问题。
② 译者注：北索托语（英语：Northern Sotho / 北索托语：Sesotho sa Leboa）是班图语系的一种语言，现在有 420 万人将其作为第一语言在日常生活中使用。北索托语的使用者主要分布在南非的豪登省、林波波省和姆普马兰加省。
③ 译者注：Abalimi Bezekhaya 为科萨语，意为"家庭种植者"，该组织成立于 1982 年，是一个非营利性的微型农业组织，旨在为穷人提供基本的必需品，帮助大开普敦地区的贫困群体和社区建立和维护他们自己的菜园，以改善现有的食物供应不足的问题，创造生计。（来源：该组织官方网站）

第一编 体验：生活与学习

许多我们在调研中访问或遇到的民间社会组织也在行动，帮助人们改善生活。我们访问过的不少社区成员都有同感：

> 人民是力量的源泉。一些人团结一致，比如"农场女性组织"（Women on Farms）。她们齐心协力，为我们提供法律信息，当老板做得不对时，我们可以和他讲理。【西开普省德多恩斯镇一位社区成员受访时口述】

图 3.14 夸祖鲁—纳塔尔省姆齐基社区/马胡尼泽社区，串珠女

在开普敦市开普平原，一些农民在"家庭种植者"组织的帮助下，能靠一块 500 平方米的土地每月挣得约 3000 兰特。南非生物观察组织（Biowatch South Africa）是另一个支持小型农场的非政府组织，该组织鼓励小农通过种子库和种子共享来保存种子，避免对兜售转基因种子的跨国种子公司产生依赖。

工人世界媒体制作公司（Workers' World Media Productions）在开普敦市的卡雅利沙镇（Khayelitsha）和约翰内斯堡（Johannesburg）的亚历山大地区（Alexandra）成立了"劳工咨询媒体和教育中心"（Labour Advice Media and Education Centres）。更多类似的中心正在建设中，为当地社区提供办公室、会议场地、通信技术、行政支持、定期教育和培训项目。

布隆古拉创业服务中心（the Bulungula Incubator）是位于东开普省恩奇尼村的一个小型非政府组织。多年来，一直通过各种路径谋求政府支持。例如，布隆古拉就"社区工程计划（CWP）"与政府接洽，调研期间，CWP 在该村雇用了 200 人。该组织还就社区卫生点建设与政府接洽，以方便村民获得基本医疗服务（目前去最近的诊所需要两小时车程，且需过河才能抵达）。布隆古拉启动修建通往村庄道路的项目，并最终得到了政府帮助。布隆古拉还获得政府支持，给村里通了自来水。

显而易见的是，在创造生活的过程中，人们遭遇各种各样的困难，也在想方设法克服这些困难。而这促进了集体关怀进程的发展，这种发展不仅有助于满足人们的生理需要，也有助于肯定和培养共同的人性意识。同样显而易见的是，人们正是在积极创造生活的过程中进行了大量思考和学习，以下几章将对此进行更为详细的讨论。

第四章

学习经历

调研过程中，我们收集到许多故事，讲述了不同的学习经历。

一些是正式的学习经历，比如在学校、成人教育与培训中心（AET）、职业技术教育与培训学院（TVET）以及大学学习的经历。还有一些是向家人和朋友学习、在生活中学习的经历。学习总是与生活相互交织：

>我在东巴克利①（Barkly East）长大。那是一座质朴美丽的小镇，周围山峦环绕，景色美不胜收。小镇远处是若干农场。入冬后，那里下雪就像入夜睡觉一样司空见惯。
>
>我最初在东巴克利镇上读小学②，后来去了约翰内斯堡（Johannesburg），在那里小学毕业。在约翰内斯堡的时候，我和叔叔一起住，他的工作是收账，客户有埃德加斯（Edgars）、卡斯伯特（Cuthberts）、杰特（Jet）以及家选（Home-choice）③等。
>
>我生命中最激动、最难过、最痛苦以及最关键的时刻都与黄金之城——约翰内斯堡的文化氛围息息相关。5年级时，我开始学习使用英语交流，这一转变绝非易事。最初，我无法张嘴说英语，结果遭人嘲笑。然而，这种尴尬也鞭策着我。我购买英语报纸，

---

① 译者注：东巴克利是位于南非东开普省的一个镇，因群山环绕、景色秀丽，素有"南非的瑞士"之称。

② 译者注：南非的基础教育包括学前教育、小学教育（1—6年级，1—3年级为初级教育，4—6年级为中级教育）和中学教育。中学教育又分为高级阶段（7—9年级）和继续教育以及培训阶段（10—12年级）。

③ 译者注：埃德加斯（Edgars）是南非服饰行业的领军企业。卡斯伯特（Cuthberts）是一家狗粮销售公司。杰特（Jet）是服装公司，销售青少年、成人服饰等。家选（Home-choice）是家庭用品零售商。

跟着别人重复英语单词发音，直至后来能写出一手流畅的英语文章。

我的生活向来都不稳定，但主要是在两地、两个家庭之间辗转。2004年，在约翰内斯堡生活了六年之后，我回到了东开普省（Eastern Cape）。转学和接触陌生人对我产生了深刻的影响，让我无法维系持久的人际关系。

我发现自己从小就和其他女孩不同，经常受到批评和严厉的管教。因此，我未能发现人际关系的价值，未能感受友情的温暖、收到朋友的建议。

回首过往，我从未出于任何原因而激情燃烧过，但或许有一天，我能够作为少数族群的代表燃烧一次。我没有徜徉街头，沉浸于嘻哈文化，通过吟唱向社会诉说。你可能会发现，我正在图书馆阅读弗吉尼亚·安德鲁斯（Virginia Andrews）①的小说或者诺曼·文森特（Norman Vincent）②的励志书籍。【东开普省东伦敦市（East London）一名年轻女性受访者】

我是家里调皮捣蛋的那个孩子，总是弄坏电脑，然后再看着哥哥把电脑修好。就这样，哥哥教会了我很多东西："你要这样做才行。这个是硬盘，那个是显示屏。"就这样，我学到了许多东西。修了一段时间电脑后，我回到了学校，想学工商管理。经过一番努力，我确实升学了，但因为一直未能付清学费，被赶出了学校，再次回到社区。我对自己说，不能就这样待着，于是就常去第10区的"瑟迪邦咨询中心"（Sedibeng Advisory Centre）。在那里，我自学了电脑基础知识。我知道如何维修电脑，但要学会如何使用电脑的话，还得上四个月的课程，包括两个月的基础技能课和两个月的电脑实践课。最终我拿到了证书。【豪登省（Gauteng）西伯肯镇（Sebokeng）

---

① 译者注：弗吉尼亚·安德鲁斯（Virginia Andrews）1923年生于美国，是美国史上最畅销的作家之一，擅长以恋情、血亲纠葛等元素创造脍炙人口的小说，征服了一代又一代的读者，其代表作为《阁楼里的女孩》。

② 译者注：诺曼·文森特·皮尔（Norman Vincent Peale）（1898—1993）是闻名世界的牧师、演讲家和作家，被誉为"积极思考的救星""美国人宗教价值的引路人"和"奠定当代企业价值观的商业思想家"。

第一编 体验：生活与学习

一名青年受访者】

我老家是伊丽莎白港市（Port Elizabeth）。1996年开始上学时，离开了原来的大家庭，搬到这里和父母一起住。现在，我们一家人和祖父生活在一起。我有三个兄弟——一个哥哥，两个弟弟——还有一个同父异母的姐姐，她现在不和我们住，和自己的母亲住。我今年18岁。由于交通问题，我从卡亚勒苏（Khayalethu）的学校退学了，未能继续上学。卡亚勒苏在卡里道镇（Kareedouw），离这儿有一个小时车程。乘公交去学校的话，早上五点就要从家出发。乘公交每个月要交250兰特，还只能在上下学时间段乘坐。所以如果放学后要参加体育活动的话，我就得自己安排交通。10年级的时候我辍学了，其实也不叫"辍学"，因为一旦有机会弄到钱，我就会继续去上学。有段时间，我觉得在家帮帮妈妈可能会更好，想着找份工作就能减轻家庭负担了。是爸妈在艰苦的条件下把我抚养成人，以前总说上完学要帮爸妈干活，为家人提供更好的生活。爸妈总是念叨自己没上完学，所以要是我能完成学业的话，他们会很开心。有机会的话，我随时都会重返学校。哪怕是现在，我还常常坐在家中想"唉，怎么就到了这种地步呢？"我了解夜校（成人基础教育和培训学校），夜校有几名教师，不过还没人问过我是否有兴趣上夜校。其实，我不想上夜校，还是想去之前那样的普通学校，因为普通学校课程更多，还能有体育活动。在这儿生活，既没工作，又不上学，真的很无聊，所以我在本地干点园艺工作，给家里挣点饭钱。【东开普省布鲁利利丝布什（Bluelilliesbush）一名待业青年接受采访时所述】

唱片骑师（DJ）莫哈丘（Mochacho）从西伯肯镇的贝弗利山高中（Beverly Hills High School）[①] 毕业后，因为数学还不错，便在学校导师的建议下直接选择了会计专业。由于经济拮据，一位叔叔伸出了援手，为他提供了瓦尔理工大学（Vaal University of Technolo-

---

[①] 译者注：贝弗利山高中是南非豪登省范德拜尔帕克（Vanderbijlpark）一所提供中学教育（7—12年级）的公立学校。

gy）的学费。不过，学了一个学期的会计后（当时只开了会计这一门课），莫哈丘意识到自己不喜欢会计，于是便把钱还给了那位叔叔，并解释说这门课对自己没有什么帮助，随后从瓦尔理工大学退学。当时，莫哈丘的母亲在做家政服务，父亲在附近的南非钢铁工业有限公司（Iscor）钢铁制造厂工作。他没有把这件事告诉母亲，而是去了当地的一家唱片店打工。存够钱后，莫哈丘进入丹美林学院（Damelin）①媒体研究/广播专业学习。此类专业仅在私立大学开设，且学费昂贵。毕业当天，莫哈丘才告诉父母，自己换了专业。还好，只要有个学位，不管什么专业，他父亲都很高兴。然而，前路并非从此一帆风顺。尽管有媒体研究学位，莫哈丘仍然找不到工作。通过一位亲戚，莫哈丘在南非钢铁工业有限公司（Iscor，今安塞乐米塔尔钢铁集团）找到了工作，负责库存整理和驾驶叉车。在南非钢铁工业有限公司工作期间，莫哈丘开始在不同活动上兼职做打碟工作，并且拥有了自己的设备。后来，莫哈丘辞去了南非钢铁工业有限公司的工作，开始在西塔调频广播电台（Thetha FM）工作，继续自己的DJ生涯。一路走来，随着级别不断提升，莫哈丘收获了许多新技能。正如在Iscor的工作与所受教育无甚关联一样，莫哈丘认识到，自己获得的技能和学校经历毫无关系。（CERT 2015：63-64）

显然，从我们的所见所闻来看，学习发生在各种各样的场所。本章将介绍南非各地的人们在不同场所学习和接受教育的具体经历。

正式的学习场所

本书旨在研究南非偏僻农村地区贫困劳动阶层对于本国教育的认识，以及对改善教育现状路径的看法。此处所说教育面向的对象既包括已经完成学业的人，也包括没有机会完成学业的人。也就是说，多数情况下我们与人们谈论的都是正规教育。尽管本研究并非专门指向学校教育，

---

① 译者注：丹美林学院成立于1943年，是南非夸祖鲁—纳塔尔省的一所私立大学。

但许多人都谈及自己接受学校教育的经历。

上　学

尽管数据太少，不足以得出确切的结论，但总体而言，小学的体验似乎比中学略胜一筹。

> 上小学的时候，我喜欢艺术。学校教会我们，艺术是音乐，是舞蹈，是戏剧。还有什么呢？还有绘画。搞艺术的时候，必会涉及其中之一。我曾做过陶艺，装饰杯子和大块的布料。我喜欢上色的过程，通过陶艺可以表达自我，我真的很享受做陶艺的过程。喜欢绘制花朵或房子，然后混合颜料，涂上颜色。【东开普省新布赖顿镇（New Brighton）一名年轻女性接受采访时所述】

图 4.1　北开普省（North Cape）安德里斯维尔村（Andriesvale）小学学前班，孩子们学习如何分享，如何一起玩耍，这是社区内唯一的正规教育机构

我来自北开普省库鲁曼镇（Kuruman）一个叫埃泰尔勒（Itireleng）的小村庄。我在库鲁曼镇附近摩佩勒加（Mpelega）的一所学校上完了学前班，上课用的是南非语（Afrikaans）和英语。后来我必须回老家上一年级。因为不懂家乡话，学习和理解都有困难。去学校要走5公里，从学校回家又要走5公里。到年底时，母亲改变了主意，说我应该回镇上读个好点的学校……从2年级到9年级我都就读于镇里最好的学校。我加入了学校的合唱团，还参加了体育活动和辩论活动，那真的是我上过的最棒的学校，因为每个人都有机会做自己想做的事。当时学生会受到体罚。我记得有一天因为没完成老师布置的任务，老师打了我们。老师是让我们以小组形式在两周内完成任务，但我们这些小孩太笨了，不明白该怎么做，就想着碰运气，老师借此向我们展示了生活中团队合作的重要性。没有别人的付出或帮助，便无法取得成功。我上的高中也很棒，唯一不好的就是班上混合了不同的学生，一些老师不想用英语讲课。不过，担任学校代表委员会（School Representative Council）和南非学生代表大会（South African Students Congress）总司库的事儿让我很开心。那是最棒的时刻，因为我成了一名领导者，那就是我将来想做的事情——带领人们改变自己的生活。【东开普省东伦敦市一名年轻女性接受采访时所述】

图4.2　普马兰加省（Mpumalanga）奥斯胡克地区（Oshoek），上学路上

第一编　体验：生活与学习

中小学教育阶段均未开设关于先辈历史的课程，初中和高中都没有，我称之为课程缺失。必读书讲述的是别人的生活方式，而不是我们普通人的生活方式，不是那些因反抗体制而遭受折磨、被关进监狱的人们的生活方式。【东开普省东伦敦市一名大学生接受采访时所述】

采访者：有人对我说，"为及格而学习"和"为理解而学习"是不一样的，你怎么看？

中学阶段学生：对，二者确实不一样。正如我刚才所说，如果为考试及格而学习的话，老师说什么你做什么就行了，不需要理解。要及格很容易，不需要理解就可以……及格的方法，我们称之为"记过忘"（死记，通过，忘记）。大家都用这个法子。比如，明天早上有考试，我只要现在开始死记硬背就好，通过考试后再忘掉，完全不用去理解。【豪登省瓦尔三角洲一名高中学生接受采访时口述】

我在科万高中（Cowan）上学，但未能通过2009年的12年级考试。小学时，我非常聪明，喜欢去上学。如果下雨不能去学校的话，我甚至会哭闹。有些孩子哭闹是因为不想上学，而我是想去上学。也不知道是不是因为自己觉得不上学会无聊。有段时间我真的很聪明。在高中阶段我进入了青春期。刚开始在标准六（8年级）时还行，但标准七（9年级）时，遇到了其他聪明的孩子，我好像就变得贪玩了，再也考不到第一或第二了，名次下降了很多。再加上当时正处青春期，学业表现就此下降。当时我爱和朋友们一起玩，对书本失去了兴趣，但还是会去上科学课。还能上科学课就说明还有得救，如果只能上历史课了，就应该知道自己属于笨学生了。所以当时我还是在学习，但在标准八（10年级）的时候，问题就来了，科学课和数学课的内容，我有一半都搞不懂。其实，标准六（8年级）的数学已经有难度了。我不清楚以前是什么情况，但我那时候，公立学校不好上。学校教学质量一言难尽——老师按自己的时间上课，不想上课就坐着什么也不做，或者只给跟得上的同学讲课。听不懂上课内容，我自然就变懒了，而10年级恰好是为12年级做准备的阶段。而且学校还有所谓"自由时间段",学生可以随便说话,玩,干什么都行。我当时并不明白这会带来什么严重后果,后来班上好像只有6名同学通过了十二年级的考试。全班大概有40名同学,没有一个人获得学士学位。【东开普省新布赖顿镇一名女青年受访时口述】

高中生 A:反正就是"厌倦读书",许多学生因为这个原因辍学。这些学生有不明白的地方,却又不敢请教,因为老师只会说"笨死了,这都不懂?"

高中生 B:这种情况从十年级就开始了。

高中生 A:学生会一直想着"我就是笨",然后就辍学了。说实话,我八年级的同班同学现在都和我不在一个班。如果我们都能上12年级就好了,但8年级的40名同学,现在只有15—20名同学还在上学。

采访者:其他同学呢?

高中生 B:一些辍学了,一些留级了,还有一些和学校完全没关系了。【豪登省瓦尔三角洲高中生接受采访时所述】

年轻人一旦遭受失败,其自我观感会受到巨大影响:

我辍学不怪别人,只怪我自己不行,我没脸再回学校了。【东开普省科瓦德维斯镇(KwaDwesi)一名青年接受采访时所述】

不过,另一些人会把自己的失败归咎于教育体系:

不是我们不行,是教育体系导致了我们不行,而且这样的事情还在继续发生。乡镇学校没有配置电脑,没有科学实验室,资源缺乏,体育活动缺乏,也没有就业指导课,有的只是疲惫消沉的教师。社区没有投资于教育这一基本需求,没有改善教育。我们不需要通过教育部才能参与教育决策,我们也可以自己组织社区内的教育论坛。我上学的学校在普马兰加省农村地区,很穷,没有科学实验室,我们只能把所有东西都用上。【东开普省东伦敦市一名青年受访者口述】

一群年轻人被问及其所在高中亟待改变的问题。两个年轻人回答说希望高中没有校园霸凌，而另一名年轻人说"希望阻止校园犯罪和毒品买卖"。【东开普省科瓦德维斯镇（KwaDwesi）一名年轻女性受访者口述】

家长也对孩子们在学校接受的教育颇有微词，认为如今孩子们上学的经历和自己大相径庭。

　　我们上学时，老师会先教我们怎么做，然后再布置作业。但现在呢，孩子们从学校回家，都说老师让做这个，让做那个。我问孩子们的第一个问题是，布置的作业，老师教过吗？孩子们说没教过。老师怎么能让学生做课上从来都没听过的内容呢？老师让孩子向家长求助，但有些家长从没上过学。如今的老师都指望家长给孩子传授知识，根本不在课上教孩子，只告诉孩子必须向家长求教。孩子没完成作业老师就骂他们。老师只会骂孩子。【东开普省恩格伯扎那村（Ngobozana）一位居民接受采访时所述】

一些年轻人对父母插手或不插手学业持批评态度：

　　在诺普梅洛镇（Nompumelelo）这样的地方，家长不知道该怎么和学生、老师合作。比如，这所学校（指了指街对面的学校），教师在一个班要负责大概70名学生，而教育部规定每位教师只能负责37名学生。现在这种情况下，老师很难监控学生的学习进度。老师会说："如果有五个人可以通过考试，说明这些人是认真听课的，没通过的是选择不听课。"这话完全没有考虑到学生的背景，或许学生家里有严重的酗酒问题呢，而且课程改革也是一大挑战。有的家长不愿费心辅导孩子完成家庭作业，也不愿去学校了解孩子的课堂表现。而高中的青少年，特别是11年级的孩子，想法总是很多，有的认为自己已经是大人了，因为小学毕业了。【东开普省诺普梅洛镇一名青年受访者口述】

第四章 学习经历

鉴于本研究的性质,我们对学校教师的访问十分有限,但切实同我们交流过的教师往往对自己的教学经历持高度批判的态度。一位教师告诉我们,他任教的小学有五位老师提出辞职而无人替补。他认为教师要身兼数职,要充当父母、警察和社工的角色,而家长的参与却严重不足,这是关键问题。为应对这一挑战,他任教的学校调动资源招聘了年轻人,比如青年研究、学习和倡导组织(YRLA)的一名研究人员,在上课期间帮助管理,在放学后辅导学生完成家庭作业。

许多受访者都对学校教育给出了十分负面的描述。虽然不少年轻人表示享受自己的上学经历,但那主要还是因为朋友,多数受访者都对自己的在学经历十分不满。

不过,还是有许多人谈及上学的重要性:

> 父亲就因为没上过学,吃了很多苦,遭了很多罪,我不想重蹈覆辙。【东开普省布鲁利利丝布什一位成人学习者接受采访时口述】

> 如果要有一番成就的话,必须完成学业才行,这正是我此刻努力在做的事。【东开普省布鲁利利丝布什一位成人学习者接受采访时口述】

> 我从生活中学到了一点,那就是我们应该告诉每个还在学校的小孩,不管是谁,"千万别辍学",一定要尽全力留在学校。我选择辍学是个错误,而现在已经得到了教训。【东开普省布鲁利利丝布什一位成人学习者接受采访时口述】

对于多数人而言,上学意味着有朝一日能够过上"更好的生活",尽管对何为"更好的生活"尚存有争议。因此,上学多被视为必须忍受之事,而非其本身具有意义:

> 我上学只是为了以后能过上更好的生活,并不是因为喜欢。【豪登省瓦尔三角洲一名高中生接受采访时口述】

不过,有些人对学校教育本质上能带来更好生活这一观点提出了质疑:

教育并没有让孩子发生改变，也没有让孩子毕业后能够依靠自己独立做事。有些人取得了学历，仍然什么也不会，只能干坐着。【东开普省布鲁利利丝布什一位成人学习者接受采访时口述】

还有一些学生似乎持有相反的观点，认为上学会压制和限制自己：

我后悔自己上了学，希望每个孩子都能在考试决定成败之前，就早早地找到自我，找到自己的天赋、梦想和坚持。【东开普省东伦敦市TVET学院一名学生接受采访时所述】

中学阶段似乎就是为了给学生灌输思维定式，比如教育即王道，只有拥有大学学历才能够开启成功人生等。【豪登省瓦尔理工大学一名学生接受采访时所述】

另一些人认为，若上学未能带来更好的生活，会造成尊严丧失以及显著的情感伤痛。

作为一个男人，你失去了尊严。你去了学校，家里人会看到你一天天地跑去坐着，结果没有做出任何实事。教育本应避免一个人沦落到那种地步。【林波波省（Limpopo）瑟库库内（Sekhukhune）一名男子受访时所述】

在AET成人教育与培训中心学习

我们遇到的许多人，出于种种原因，都未能完成学业。其中有些人进入了正规的成人教育机构学习：

邻居家的儿媳对我说："凯西妈，我们一起去上学吧。"我问道："这把年纪去上学？"不过，我还是决定去上学，因为我想知道怎么写自己的名字，怎么看《圣经》，怎么读我的身份证号。【林波波省瑟库库内一位成人学习者接受采访时所述】

第四章　学习经历

在成人教育与培训（AET）中心，既有十八岁以上想重新参加中学毕业统考的学习者，又有只想学会读写的老年学习者。这里拥有最多元化、兴趣最广泛的学习群体，其中多数人都在传统学校经历了困难的时光。通过几次访谈，我们发现成人教育与培训中心还面临如何帮助老年学习者、有特殊需求的学习者以及聋人、盲人学习者的问题。老年学习者希望得到尊重，而年轻的学习者则认为学校是和同龄人交流的场所，理应用同龄人的方式和语言进行交流，导致老年学习者觉得自己未受到尊重。

AET 中心的成人学习者和教育工作者均参与了本研究。总体来看，年长的成人学习者，尤其是参加了成人基础教育与培训（ABET）课程的学习者，对自己在成人教育与培训中心的经历非常满意，觉得非常实用，但又不止于此：

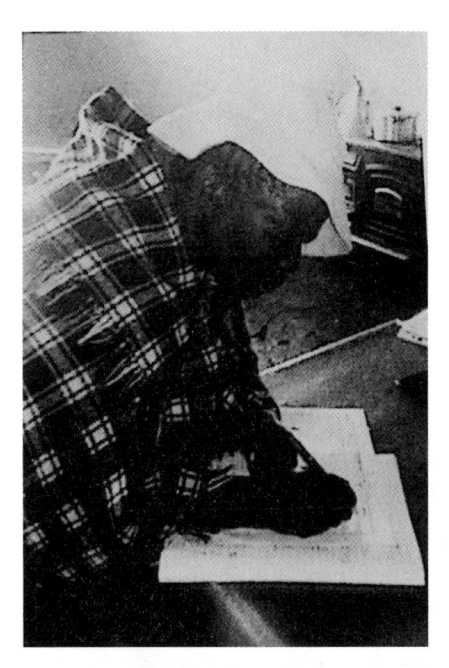

图 4.3　林波波省瑟库库内，成人学习者展示技艺

　　成人基础教育与培训项目（ABET）让我受益匪浅。之前忽略的事情都清晰了起来，看待世界的角度也不同了，让我意识到生活其实是有目的性的。教育仍是最坚实的基石，让你可以据此搭建未来。
【东开普省布鲁利利丝布什一位成人学习者接受采访时所述】

第一编 体验：生活与学习

幸亏有成人基础教育与培训（ABET），我们才能辅导孩子完成家庭作业。【东开普省布鲁利利丝布什一位成人学习者接受采访时所述】

图4.4 东开普省布鲁利利丝布什，ABET学习者工作坊

成人学习者谈到，ABET在自己的生活中发挥了宝贵的作用，让自己能够完成以前无法做到的事情。ABET学习者提到，学会基本读写之后，找到了尊严。一位学习者说道，自己能够数养老金了，还能看出孙辈是否在"糊弄"自己。另一位学习者提到了自己在民政部感到自豪的事，不会读写会遭到工作人员厌烦，但现在她自己能读写了，就可以和工作人员说自己能够独立填写表格。这表明，许多进入AET中心的成年学习者是想学习生活中实用的东西，切实惠及自己的生活。

但是，成人教育工作者的看法则大相径庭。我们采访了主持AET工作坊的教育工作者，对首次进出中心的典型学习者加以描述。下图描述了进入中心学习的学习者的情况。

图 4.5　成人教育与培训工作者对典型 ABET 学习者的描述

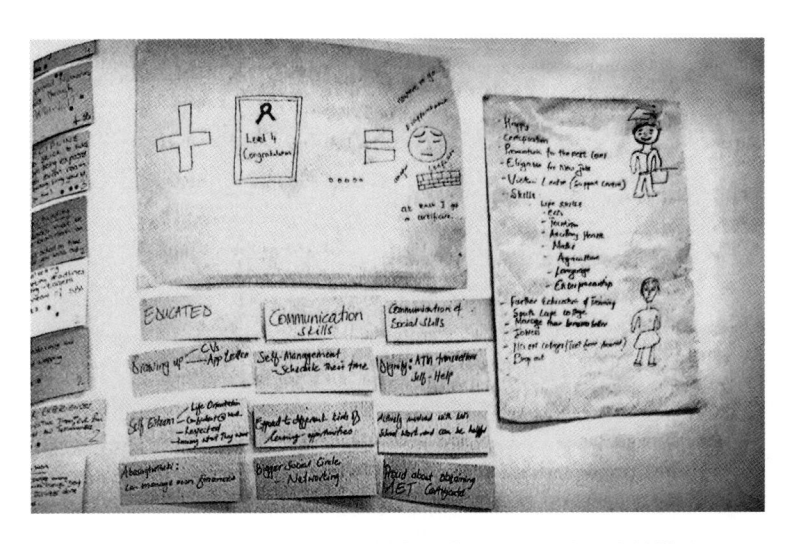

图 4.6　成人教育与培训工作者对典型 ABET 毕业生的描述

负责另一个工作坊的成人教育工作者给出了如下描述：典型的学生，比如妈妈们或是"公共工程拓展项目"（EPWP）的从业者，一般希望通过培训"提升技能"。妈妈们寄望于通过上课找到工作（图4.5展示有"我要工作……拜托了"的字样），她们张开双臂，乐于接受新知。"公共工程拓展项目"（EPWP）的从业者们认为，技能提升会带来更好的工作、更高的收入（图4.5展示有"请给我更好的工作"的字样和美元符号，周围是"技能"一词）。教育工作者们感觉自己是在走钢丝，得在极短的时间内平衡社区和部门的需求。因此，他们将概念"扔"到学生脑中，不过有时还"扔不准"。图4.6中描述学习者满怀期待地离开中心，向往更好的技能、工作和收入，即图中"+"符号的含义。

教育工作者们表示，学习者带着证书离开，但却因无处可去而备感失望。他们怒气冲冲，困惑不已，但又因"至少自己有证书"而略感欣慰。然而，在受访的较年长学习者中，鲜有人表达过此类观点。如上所述，许多人表现出更看重学习成果的实用价值，也有些人感觉证书的价值似乎被过分夸大了。一位接受采访的成人学习者告诉我们，"最终还是要学得更多，才能获得证书，证明自己优秀"。"家庭种植者"组织（Abalimi Bezekhaya[①]）的一位管理人员告诉我们，在一群拥有中学统考毕业证书的人当中工作，自己这个只读完标准二（四年级）的人感觉"无足轻重"。

许多学习者强调继续教育的重要性：

> 我没念完12年级，所以渴望学习更多知识。结果是，我拿到了AET四级证书[②]。【东开普省布鲁利利丝布什一位成人学习者接受采访时所述】

> 教育仍是最坚实的基石，让你可以据此搭建未来。【东开普省布鲁利利丝布什一位成人学习者接受采访时所述】

[①] 译者注："家庭种植者"成立于1982年，是一个非营利微耕组织，旨在为贫困人口提供基本的生活必需品，帮助开普平原区贫困群体和社区建立和维护自己的菜园，补充其现有的食物供应不足。网址：http://abalimibezekhaya.org.za/.

[②] 译者注：南非成人教育与培训（AET）包括三个等级（AET 1-3），以及在国家学历体系（National Qualifications Framework，NQF）设定的第四个等级NQF一级。由于缺少测定读写能力和ABET的工具，成绩往往根据正规教育经历来测定。没有上过学的人会被定为"文盲"，可进入AET一级和二级学习。7年级水平或AET三级水平的人具备实用读写能力。AET四级相当于十年学校教育经历，可以获得NQF的初级资格证书——普通教育及培训证书（General Education and Training Certificate，GETC）.

年轻的成年学习者关注到 AET 中心存在的问题，他们的体验不少是负面的：

> 我们缺少教师，以这个中心为例，三名教师要讲授不同难度的七门课程。结果是，没有专职的数学教师，就只能教数学基础知识，对大学入学并无帮助。
> 一个中心有 54 名学习者，却只配备 3 位教师，教师如何关注学生呢？我们有些人理解能力差，需要关注，而老师难以照顾到我们。有些人可以在放学后留下来学习，但大多数人都没法做到。
> 在某些情况下，学校没有足够的教室，ABET 一级和二级，或者一级和四级，都在同一间教室上课，这对难以集中注意力的学习者来说是一大困难。
> 每周三天、一天两小时的课程对我们来说没什么效果。在这么短的时间内，要如何学完七门课程并为年底的考试做好准备呢？【林波波省瑟库库内地区成人学习者接受采访时所述】

教育工作者对此类学习经历的看法更为消极，不过他们依然承认成人教育的价值：

> 我认为成人基础教育与培训可以纠正之前不公正的做法，脱离主流的学习者会来到这里学习，接受"矫正式服务"。【豪登省瓦尔三角洲一位成人教育工作者受访时口述】

> 我觉得政府并没有将 AET 视为重点，没有做太多工作来发展 AET，更没有拨付足够的资金用以购置教材、教辅、教育技术等资源支持教师培训。【东开普省布鲁利利丝布什一位成人教育工作者受访时口述】

在 TVET 职业技术教育与培训学院学习

我们发现，TVET（职业技术教育与培训）机构受到的批判类似于正规学校教育。学生们回顾自己的学习经历，不管如何构思，都没能让自己做好开启美好生活的准备。显然，对许多人来说，这种教育方式根本毫无助益：

> 本学期的一大挑战是老师及其授课方式。简言之，她上课就是照本宣科，不让学生参与其中，学生无法最大限度地理解上课内容。上课时，就那样坐着听她念课本，要很努力才能克制住自己不大声打哈欠。如果你想问问题，她会让你自己到课本上去找。这就是负责我们班课程的人。"一颗老鼠屎坏了一锅汤"，这话用在这里刚刚好。【东开普省东伦敦市，TVET学院一名学生接受采访时口述】

图 4.7 东开普省 TVET 学院

TVET学院的教学理念是重理论轻实践，一些学生认为这种做法不足以让自己胜任职场：

> 今年是在这所大学的最后一年，但是我们没有接受任何实践培训，还没做好就业准备。

第四章 学习经历

我们学的是工程，但却只学课本知识，只学理论，而且是在继续教育与培训（FET）学院，一个应以实践学习和培训的地方。【豪登省瑟迪邦 TVET 学院的学生们接受采访时所述】

不过，许多学生表示，到 TVET 学院上学的主要动机并不一定是就业，也可以是为了有事可做：

我来到 FET 学院是因为家乡很穷，吃不起像样的饭。但这不是全部原因。对我来说，另一个原因是我希望能够激励那些已经完成了中学毕业统考但却无所事事的人。【林波波省瑟库库内地区 TVET 学院一名学生接受采访时所述】

来这所大学并不是我的选择。我在 2007 年通过了中学毕业统考，然后在家待了两年，什么事都没做。后来，通过一个社会部门，在社会工作者帮助下，得到来自王庭①的相关信息，并进入该校学习。我没有去问询处咨询问题，没有看学校简章，甚至都没看自己参加的 CAP 测试②结果，就去学校上课了。【林波波省瑟库库内地区 TVET 学院一名学生接受采访时所述】

我进入机械装配与车削工程专业并不是因为想学这个，而是为了让自己忙起来。我来到这个系也是因为想做些和哥哥不同的事。我们是双胞胎，许多老师都分不清我俩，甚至我们的身份证号码都差得不多。【林波波省瑟库库内地区 TVET 学院一名学生接受采访时所述】

的确，在一些学生看来，学习与工作并无关联，他们从而质疑整个

---

① 林波波省每个村庄都有一位"kgosi"（王），他的住所被称为"王庭"（the Royal House）。"王庭"起到了信息中心的作用，并且会举办多种活动，包括照料孤寡人群等。他们与社会工作者以及包括医护人员在内的其他服务人员紧密合作。
② 课程评价政策标准（Curriculum Assessment Policy Statements，CAPS）是面向各年级、各科课程的政策文件，简洁全面地给出教育者需要教授和评价的具体内容。"CAP 测试"是指 TVET（职业技术教育与培训）学院在该政策指导下举行的书面考试。

第一编 体验：生活与学习

中学后继续教育的理念：

> 家里的兄弟姐妹，有学位，有文凭，有证书。但工作在哪里呢？高等教育就是浪费金钱。我们现在靠的只有运气，但并不该如此。【豪登省瑟迪邦 TVET 学院一名学生接受采访时所述】

但是，显然，许多人依然渴望进入职业技术教育与培训学院（TVET）学习，哪怕这个过程会十分艰辛（下一章将对此详细讨论）。结果是，人们付出巨大牺牲以求继续深造。社区内未设置学习机构时，人们不得不和家人分离，长途跋涉去求学，且通常难以承担相应旅费。

职业技术教育与培训学院（TVET）的教师也对学院以及整个中学后教育与培训（PSET）体系颇有微词。当一位 TVET 教师被问及对 PSET 的体验时，他的回答是"这个教育体系让南非彻底失望"。另一位教师回答说：

> FET 学院接收的都是贫困的黑人学生。不骗你，在校学生向我打听学院情况还有课程设置时，我都告诉他们，注册进入 FET 学院学习就是浪费时间，还不如待在家里直到筹够钱去上大学，因为上 FET 学院取得的资质并不足以支持继续深造。【林波波省瑟库库内地区 TVET 学院一名教师接受采访时所述】

教师们的不满主要集中在学生身上：

> 问题是，许多学生把 FET 当作"康复中心"。如果在中学学习不好，那么就在完成 9 年级学业后把 FET 作为 B 选项。也就是说，就学习成绩和入学方法而言，FET 入学学生的质量打了折扣。【林波波省瑟库库内地区 TVET 学院一名教师接受采访时所述】

这一问题将在第五章进一步讨论。

第四章　学习经历

上大学

本研究的重点是 PSET（中学后教育与培训）而非大学。但不出意料，受访的许多年轻人在讲述自己的经历时都不可避免地谈到了大学。这些经历大多带来了创伤：

> 1999 年我就开始接受中学后教育。当时由于分数低，没有被金山大学（Wits University①）录取，不过我很期待进入大学学习。我不太了解大学的学分制，最重要的是，自己太过开心了，我拿到了中学毕业统考证书，上面明确写着我有资格去国内任何一所大学学习。我的第二志愿是约斯卡大学（UNITRA②），也就是今天的沃尔特西苏鲁大学（Walter Sisulu University③），法律是我的第二志愿专业。当时的我并不知道自己即将开启另一段悲伤的人生旅程。【东开普省东伦敦市一名大学生接受采访时所述】

> 几年前，我很激动能在本土一所大学学习。但却不知道必须得腾出时间找工作赚钱养活自己，或者更糟糕的是，没想到自己会因为经济原因而辍学。我尽最大努力做到最好，被评为表现最佳的学生，获得了奖学金。我还出演戏剧赚钱，但这远远不够上大学的开支。所以，我退学了。【东开普省东伦敦市一名大学辍学生接受采访时所述】

许多关于大学的故事都提到贫困劳动阶层的学生进入大学极为困难。一旦进入大学，学生们就会觉得现有的支持力度还远远不够：

---

① 译者注：金山大学（University of the Witwatersrand），又名 Wits University，位于南非商业中心城市约翰里斯堡，建立于 1896 年，为南非百年名校，是一所具有国际声望的世界一流大学。
② 译者注：UNITRA 是 University of Transkei（约斯卡大学）的简称。
③ 译者注：沃尔特西苏鲁大学是一所科技大学，2005 年由原邦德理工学院、东开普理工学院及约斯卡大学合并组成，位于东开普敦省，是南非最年轻的理工大学，也是南非发展比较迅速的理工大学。

老师必须花更多时间在学生身上，并像在高中一样为学生提供必要支持，对一年级学生尤为如此。第一年，我们需要不断地获得支持和建议。【豪登省瓦尔理工大学学生接受采访时所述】

显而易见，资金是许多大学生面临的问题。同时，人们还谈到信息匮乏问题，信息有助于缓解从中学教育到中学后教育的过渡。学生们还谈论到大学和学院举办的职业体验日及职业博览会的价值，认为这有助于了解求职申请流程：

我们提出就业指导问题的原因在于，作为年轻人，我们大部分时间都和教育工作者待在一起，而不是和父母待在一起，所以我们需要依靠值得信赖的教育工作者培养我们这些青年。【豪登省瓦尔理工大学学生接受采访时所述】

比如，如果知道自己有这样的问题，就应该去找某个人，如果这个人没回复，就可以去找另一个人。我也应该认识我们系的领导，弄清楚谁是谁。2012年我就在这里了，但现在都不知道谁是自己的系主任。【豪登省瓦尔理工大学学生接受采访时所述】

信息匮乏的另一个原因是教育机构距离社区比较远。这些问题都将在第五章中详细讨论。

非正式学习场所

虽然提到学习，人们往往会谈到正规机构，但事实上，在研究中我们听到更多的是正规机构之外的学习故事，在家庭、组织、社区和生活中学习的故事。

从前面的章节可以看出，在我们走访的社区中，有许多不同类型的机构，其中许多机构都提供某种有组织的学习机会。不少人向我们讲述了在专门为年轻人提供教育的机构学习的情况。有时候，这些机构与正式的学习场所相关，但通常无关：

> 哦，有个叫 STIDI 的项目，是关于领导力培养的。每周一我们都参加这个项目。有游戏和讨论，感觉非常好。我们在那儿接受教育和培训。去远足。每个人都在发掘自己的才能。在那里我学到了很多。【东开普省新布赖顿镇一名年轻女子接受采访时所述】

> 我记得我学到了某种有意义的东西。那就是写诗。我决定加入一个艺术团体。他们被称为"诗歌运动"。记得我的第一首诗是希姆伯恩（Simbone）诗歌的修改版。但从那以后，我就开始创作自己的作品。【东开普省东伦敦市 TVET 学院一名学生接受采访时所述】

> ［我最有意义的学习］那是在我长子刚出生的时候，当时我参加一个青年俱乐部获得了成长。我参加那个俱乐部的时间很长，有辩论、戏剧、音乐等活动，对我的生活产生了很大影响。我学会了辩论……也学会了表达自己的观点，最终声音成为我的武器，让我可以为南非青年在各个领域的发展奔走呼号。目前我正从事采矿业，加入了一个组织，名为南部非洲发展共同体采矿青年组织（SADC Youth in Mining）。我们正在讨论非洲的矿业交易和机会问题。我们了解矿业交易相关知识，学习识别采矿机会，识别不同政府部门在矿业中对青年发展所起的作用。【东开普省东伦敦市一名青年活动家接受采访时所述】

北开普省安德里斯维尔村"草原学校"（Veld School）的教育属于非正规教育，专门教授传统价值观和技能：

> 草原学校不是一个新事物，而是一个老传统。我们的先辈曾经营这些学校，现在他们已不在了，希望我们能进一步发展下去。即使我们也不在了，还会有人将草原学校的传统发扬光大。
> 草原学校将大家带到大草原上去学习关于草原的知识。有很多人并不知道大草原是什么，他们走出去时，问道："这是什么？我从未见过。这又是什么，那又是什么？"这让他们很惊讶，很兴奋。他

们受到所见事物的启发。这就是为什么我们要这样做，要把自己从先辈们那里学到的东西传递给他们。

很久以前我们就开办了草原学校。我们一收回土地，返回到这里来，就决定要继续这样做。如果不这样做，孩子们就会陷于无知。我们必须启迪孩子们，否则他们就会陷于无知。

我们上的是草原学校，不是普通学校。我们就是这样长大的。上普通学校的孩子们开始抽烟喝酒。所以我想，如果他们上的是草原学校，做些不同的事情，或是看到我们所做的事情，他们可能就不一样了。

任何人想来上草原学校我们都欢迎。成年人和青年、高中生、小学生混合在一起，这并无大碍。我们教参与者识别草药，在草原上觅食，生存。生病时，可以从植物中获取药物，不必去看医生，草原上什么都有，也不用为食物担心。

我们一般去十天时间，不过昨天讨论了这个问题，现在决定去八天。我们给新生开设类似预科班的课程。学生在草原上考试，大约三个月后再回到草原学校，然后参加另一场考试。通过考试，我可以看出凯莉（Carrie）是否喜欢追踪，察卡尼（Tsakani）是否喜欢植物，蒂娜（Tina）是否喜欢药物，是否有人喜欢鸟类。既然我们发现你擅长这些，就会送你去进一步学习。之前考试中得分较低的参与者会加入新来的人，这样就可以继续学习，再重新参加考试。

每天都有各种各样的事情，例如追踪，如果今天做了追踪，明天就深入下去，观察鸟类，然后观察爬行动物。所以每天做各种不同的事，不能说今天只想做某件事。每天都能学到很多不同的追踪技能，还能认识更多的植物。你不想错过，因为你不知道今天自己会看到什么。

男生和女生都做同样的事情。在草原上排着队，前面有两位导师，后面也有两位导师，中间是学生。我们教会学生尊重，如何去爱，如何支持对方，如何关心彼此。回来后，休息一会儿，然后聚在一起聊聊这一天，说说"感觉怎么样？希望在这天看到什么？经历过这些以后，有什么不同？"

我们想带孩子们去看看在普通学校学到的东西和在草原学校学到的东西能否结合起来，从而改变生活。如果孩子们能同时上两所

第四章 学习经历

学校，情况就会有所不同。如果学校里的孩子能上草原学校，这会是一个很好的机会。因为在这里他们能学到东西，加上在学校学到的东西，他们会走得更远。有些孩子甚至不知道草原是什么，如果我们能带着他们了解草原，这对他们来说将会是一件大事。【北开普省安德里斯维尔村一群妇女接受采访时所述】

我们遇到的许多人都有兴趣以有组织但相对非正式的方式传授技能，通常因为他们自己就是用这种方式学习的。例如，DJ 莫哈丘（Mochacho），他学习成为唱片骑师的经历在本章前半部分讲述过。莫哈丘在电台设立了一个实习项目，他说，"孩子们来的时候需要有什么？不是文凭。这些技能他们都能学会。只有我一人主持吗？也不是。始终是四五个人的团队工作，有人负责制作脚本，有人考虑角度、活动、营销，负责实际工作，但这并不需要正式文凭"。莫哈丘这个项目共有25名实习生，其中有些人已成功就职于其他电台，有些人拿到了短期合同，还有些仍在西塔调频（Thetha FM）学习相关技能。

尤金·贾曼·库马洛（Eugene Jahman Khumalo）是约翰内斯堡南部奥兰治农场镇（Orange Farm township）的一名摩托车修理工。他说道，"周末和学校放假期间，我在'老虎轮胎'（一家轮胎经销商和装配专营店）当志愿者学习技能，每周六周日都会去"。他强调自己年轻时就是通过做学徒，学到了基本的汽车修理技能。

尤金认为，自下而上地学习技能可以提供必要的实践经验，而很多高校在向青年学生传授技能方面存在不足。他认为，"不管上没上过大学，重要的是和有实践经验的人一起工作，这些经验有实际作用"。他感觉必须让社区中的长者发挥更大的作用，比如社区中"机械和焊工等技术密集型工作"的从业者。他认为，这些有经验的长者"被忽视了……因为没有工业用地可供运营，社区里到处都在建设购物中心，我们只能在自家后院工作"。他补充说，将这些"社区栋梁"排除在外，会致其被"边缘化"，"如果把有经验的长者都排除在外，年轻人怎么学习技能呢？"

第一编 体验：生活与学习

尤金在索韦托（Soweto①）读标准十（今12年级）的时候，开始参与"职业项目"，学做木工活，他的技能教育自那时开始。他说道：

> 我们了解到每周三学校体育课的时候，同时还有木工课和家政课。我参加了修理工小组，只要带着自己的工具，就能得到一台发动机或一块木头工作。

尤金感慨年轻女性丢失了缝纫等技能，过去"她们参加家政课，学会缝纫等技能，在社区和家庭生活中都能用得上。有些东西消亡了，对经济没有多大影响，但对服装的需求从未减少"。他认为，对这方面技能的教育现在应该予以恢复，"人们应该有更多学习实用技能的机会"。尤金认为，如果更多年轻人能在学校里学习耕种和缝纫等技能，家庭生活就会得到改善，这些技能也会成为谋生手段。

尤金希望通过自己的事业将知识和经验传授给下一代。他希望通过学徒项目发展业务，着重将自己的技能传授给孩子，而不是青年人。"我会竭尽全力升级工作坊，开设一个技能中心，并在那里运行此类项目。"贾曼有一个很有前途的青年学生，他目前正在摩托车工作坊对这名学生进行指导，扮演着养父母的角色。

作为本研究"可能性描述"（Profiles of Possibility）调研的一部分，我们走访过不少提供"培训"的机构。例如，由伊斯巴亚发展信托（Is'baya Development Trust）组织的果蔬种植培训。社区发展的实践者们充当村民与伊斯巴亚之间的纽带，他们接受了南非反思网络（South Africa Reflect Network②）的反思法（Reflect Methodology）培训，该反思网络借鉴了巴西激进派教育家保罗·弗莱雷（Paulo Freire）的理论。反思法具有以下特点：

- 该方法具有公开的政治性，而非"中立性"；
- 该方法尊重并重视人们已有的知识和经历，但并不意味着不能质

---

① 译者注：索韦托是西南镇（South Western Townships）的缩称，位于约翰内斯堡西南24公里，是南非境内由种族隔离政策造成的最大非洲人集居城镇。居民约100万，大多是工人。

② 译者注：南非反思网络（SARN）旨在通过建立一个批判性的、能有效实践"反思"并分享学习的民间社会组织，以及加强实施"反思项目质量来改善穷人和被排斥人群的生活，鼓励他们成为民间社会中充满活力、直言不讳的成员"。

疑他人的观点或偏见；
- 该方法涉及创建民主化的空间，使每个人的声音都得到同等尊重。这一空间并非天然存在，需要人们去积极构建；
- 该方法涉及反思和行动的持续循环——它关注实践及其同已存在现实之间的联系；
- 该方法使用一系列参与工具；
- 该方法适用于连续的过程；
- 引导者和参与者应能共同参与到整个过程中，其行为、体验和观点都归于相同的分析之下，而非像老师或裁判一样置身事外。理想状态下，该过程的重点应是自我组织，所以在可能的条件下，各小组实行自我管理，而非被外部力量推进或者依赖外部力量。

（Baatjes 2015：11 – 12）

另一个例子是一群农民（大部分是女性）接受南非农业研究委员会（Agricultural Research Council，ARC[①]）专家的农业技术培训。这次培训在各村庄的田间地头展开，从一些理论知识（"如何"及"为何"类知识）讲起，不过培训内容以实践为主。培训持续进行，同树木和其他植物的生长过程同步。所以要先教种植方法，而后农民去栽种；到了修剪枝叶的时候，委员会的专家就教农民修剪枝叶，如此持续进行。农民手上都有科萨语和英语撰写的说明，并附有清晰的图解。农民们不一定要会读会写，那些会读会写的农民会帮助他们。通过现场演示，农民们还学会如何生产果酱、果汁这类"带附加值"的产品。农民们还把自己已经学到的东西教给他人。

在西开普省，"家庭种植者"组织还为城市农民提供培训，其中包括微型农户基础培训课程（Basic Micro-Farmer Training Course）。农民学习种植像大黄茎这类不常见的蔬菜，并学习如何烹饪各种新颖的蔬菜。第三章所提到的，夸祖鲁—纳塔尔省（KwaZulu-Natal）的南非"生物观察组织"（Biowatch）帮助小农户（特别是女性农户）保存并共享作物种子。在彼得马里茨堡市（Pietermaritzburg），"社区社会行动组织"（PAC-

---

[①] 农业技术委员会（ARC）成立于1990年，依照《农业研究法案》（1990年第86号）设立，是3A级的公共实体。其核心要求是成为南非的主要农业研究机构，目的是开展研究，推动研究发展，推动科技进步以及信息的交换传播。

SA）同其他小农户（其中大部分是女性）合作，且常常联合"生物观察组织"共同活动。比如，"社区行动组织"会安排省内各地的农民参观彼得马里茨堡市外围的城镇，展示生态农业种植方法，并就如何节约种子问题提供咨询和培训。

"布隆古拉创业服务计划"（Bulungula Incubator project）总部设在东开普省的一处偏远农村，旨在支持当地创办更多正规教育，提供幼儿教育和小学课后项目。学前儿童参与完项目后，小学生再来参与项目。妈妈们就在厨房做饭，照料菜园，为孩子们提供食物。这样父母们就扮演了另外一种角色：

> 相比其他，对我来说最特别的，是我们对一位学龄前委员会成员的采访。她本人从未上过学，现在负责监督"儿童早期发展"中心（ECD）举行的各种活动。她向我们介绍了自己的职责，即监督老师、教辅人员和学校管理层是否做了他们应做的事情。她会来检查花园是否整洁，老师有没有处理孩子的事务，学校是否有困难等等。她告诉我们，她甚至还会让孩子们唱个歌，看看他们在学校有没有学到新知识。她对我们讲，第一次以委员会成员的身份来到学校的时候，她看到学生们围坐成一圈，每人面前都放着一张纸。因为她不识字，不知道纸上都写了些什么。询问之后，她得知每张纸上写的是应该坐在他们前面的学生的名字。这件事促使她反思教育在人生中的重要性。【Olwam Mnqwazi（东开普省布隆古拉一名研究人员）语】（Baatjes 2015：42）

在东开普省伊丽莎白港市，我们参加了一个由"坎尼萨教育和发展信托"（Khanyisa Education and Development Trust）创办的工作室。这间工作室由"教育发展和领导团队在行动"（Development Education and Leadership Teams in Action，DELTA）组织推动建立，旨在破除当地家庭及社区范围内对女性农民的压迫、剥削和质疑。工作室使用科萨语，采用参与式模式。坎尼萨还运作了其他多个工作室，以应对贫困小农户面临的特定问题及困难。

西开普省开普敦市（Cape Town）的"工人世界传媒制作"（Workers' World Media Productions）项目通过多种媒介提供教育内容，其中包括辐射40多个社区的广播电台，用5种语言播送的每周电台节目。"工人世界传媒制作"还开发了一系列教育和培训材料提供给工会和社会活动人士。夸祖鲁纳塔尔省德班市（Durban）的工人大学（Workers' College）也开展劳工培训，其中有正式项目，也有非正式项目。

图4.8　豪登省，西伯肯镇青年中心的缝纫培训室

图4.9　东开普省汉基镇（Hankey）的缝纫项目

不过，有些社会组织提供的学习远没有这么正式。社会运动尤为如此，参与活动就是学习：

> 加入待业人员运动（UPM）以来，我学到了很多东西……因为首先对于政治我并不……我没有什么经验，但参加运动后我更加了解自己周围都在发生什么事情。【东开普省格拉汉姆斯顿镇（Grahamstown）UPM 成员接受采访时所述】

研究过程中，我们与这些组织的很多人进行了交谈，他们都谈到了这种学习方式。在林波波省马克胡杜塔马加市（Makhuduthamaga）有一个居家护理组，"尽管他们不完全知道要做什么"，但组织还是成立了。正如第三章所述，他们是基于对彼此能力的了解而聚集在一起的。比如，擅长会计工作的人就成了财务协调员和会计。组织运作的这些年间，所有人都学到了知识，并能和其他人分享。他们安排成员到当地的农业院校学习如何养猪，以便应用于为给组织筹款而建的养猪场项目中。他们参加这样的培训并不单单是为了证书，更是为了学习技术，确保整个项目能存在下去。

的确，这些学习者所参与的很多项目都是非正式的。学习者每天都与自己的家人、社区里的同事、朋友们互动，从中学到知识。学习发生在创造生活的过程中。

从生活中学习

> 我进入生活的学校，学习永不停息。【东开普省格拉夫—里内特镇（Graaf-Reinet）TVET 学院教师接受采访时所述】

家庭往往被视作学习的关键场所，家庭学习的意义尤为重要。在我们的采访过程中，人们都谈到了从家庭成员那里学到重要价值观和实用技巧：

> 这是我还小的时候就学到的知识。妈妈会带我去草原，给我看

第四章 学习经历

不同种类的药草。她还教我怎样尊重土地、怎样处理植物。她教我什么草药是给女人用的，什么是给男人用的，什么是给孩子用的。有些时候你需要根，有些时候需要叶，有些时候需要植物内部的东西，有些时候需要外部的东西，有些时候需要整株。一段时间之后，她会让我根据描述去采药。妈妈时不时会跟着我，如果我没按正确的做法处理草药，她就会非常生气。她是看我的脚印跟着我的。对我来说，最为重要、最让我激动的部分就是根据不同的疾病把不同的草药混合到一起。【北开普省安德里斯维尔村村民接受采访时所述】

在我成长的过程中，父母亲一直教导我，让我知道：你得尊重你自己。如果你尊重自己，你就能清楚地知道自己想要实现什么；因为你尊重自己，周围的人也会尊重你。我妈妈一直对我们讲，尊重是一切事物的起源，因为如果尊重自己，就容易谅解对方。因为尊重自己，甚至能很容易实现目标。【东开普省布鲁利利丝布什一位成年学习者接受采访时所述】

（最有意义的学习）那一定是父母教给我一切。人做好事不光是为了自己，也是为了那些不怎么幸运的人。还有，人类犯下的错往往构成一个学习曲线，我们常常反思这些错误造成的损害，但大多数情况下，这些错误让我们成长，过上有意义的生活。【东开普省东伦敦市一名年轻女性接受采访时所述】

你知道，现在白人小孩和我们自己的小孩一起上学。有时候听到孩子说，"妈妈，我几个朋友想到这儿过周末，星期五来，星期天回去"，你会很震惊。然后你就问："你说的哪种朋友？"然后你会发现，比方说有四个人，这四个人里一个是有色人种，一个是科萨人，可能还有两个是白人。接着你就问自己，我该怎么招待他们？因为我们知道自己的文化和他们的不同，我们知道他们是如何生活的。然后我就问孩子说："孩子，你觉得我该怎么招待他们？"然后孩子会说："没事儿，妈妈，他们不在乎这个！"什么意思？"不在乎？"他们跟你说不在乎，可一天结束以后……然后孩子就跟我说："妈妈，你见过他们就知道了，他们很随和。别紧张，有吃的就好

109

了,他们不忌口。"之后孩子就把他们带过来了。作为家长,我当时很忙乱。他们第二次过来的时候,就帮忙一起干活了。他们说:"不,你妈妈给我们做了饭,我们得刷盘子。"然后我就觉得,哟!我学到了好多东西啊!他们会在自己家里做这些事情吗?后来我发现,天哪,我们的生活都一样,只是文化不同罢了。所以不必感到自卑。【东开普省布鲁利利丝布什一位成年学习者接受采访时所述】

图 4.10 普马兰加省奥斯胡克地区,学习制作草垫

家庭学习也并非总是积极的经历。它往往让孩子们顺应特定的性别角色:

> 他们总是这样一句开场:"把马桶刷干净。"就从这句话开始。你不能起床就去玩,必须打扫再打扫。他们还会说我干完活之后必须再做点别的。然后我才去洗澡,才能出门去玩。
> 我的一个朋友已经在家里做饭了,那其实也不是做饭,是炸薯条。我奶奶去看他们,看到她忙着做饭。回来后奶奶对我说:"那个谁都在家里做饭,你怎么不干呢?"天哪!这个女人!我不想干,我还太年轻,没法做饭。但是他们会说,那就削皮、淘米,我当年就是这么开始做饭的。于是我就明白了,起床之后,我要干的第一件事就是打扫卫生。你懂的,年轻的时候,打扫卫生是件很无聊的事儿。你希望别人而不是自己去干这事儿。可然后,显然我得去打扫,

还得去做饭。我知道就算出去玩,太阳落山以后,还得回家,还得做饭。我明白一个女孩必须打扫家里的卫生,明白一个女孩不能在外太晚,因为她必须做饭,必须开灯。哪怕现在,我还是要这样做。
【东开普省新布莱顿市一名年轻女性接受采访时所述】

图4.11 西开普省德多恩斯镇(De Doorns)社区修理工展示正在维修的汽车,他的手艺是小时候和父亲学的;他的同事也没有受过正规培训,手艺是从叔叔那里学的

我们采访过一名女性,她现在是"家庭种植者"的运营经理。她告诉我们,得到这份工作纯属意外(她认定自己不会得到这份工作,因为她上学只上到四年级)。她学会了开车,拿到了驾照。她说之前从来没学过开车,因为她丈夫喜欢自己开车,不愿意教她,理由是"开车不是女人的事情"。

人们也非常注重"从生活中"学习:

> 每一天都构成一个学习的时代,有让人成长的事件,让思维变得多元。不过最基本的一点是让自己走进大自然。种下一粒种子,培育,然后收获。还有蚂蚁,它们承认自己的不足,但却用尽所有手段早早筹谋未来的美好生活。这让我变得善于观察,从各种经历

中学到东西。【东开普省东伦敦市一位企业家接受采访时所述】

我在这群人中间生活。他们是我的前辈，我很荣幸能留在这里。今天我教他们如何加固螺栓。明天那位大叔给我看，这有动物印记，有猫鼬跑到那边去了。那有它尾巴的印记，它就在那儿坐过。大叔能从这些印记里给你讲个故事出来。可你要是给他一个机械修理的工作，或者让他修个管子，那就完蛋了，他对这些一窍不通。但是他能像读书一样，把大自然读给你听。我已经见识过很多次了，特别是那位老人，奥姆·卡拉斯（Oom Klaas）。我来到这儿的时候，他们在我们身边待了两年。我给他们在沙丘那里盖了房子。那个老人教会了我怎样观察地面。他说："你现在是个农民了。"记得那时我帮忙干农活，懂一些常识，比如怎么让山羊听话之类，但我没有追踪的经验。他说："你不能像个鸵鸟一样，要往前看，往远处看。你必须看着地面，因为所有的动物都能留下印记。这就是你发现动物奥秘的办法。"那位老人没上过学，但他教给我的是大学里永远学不到的东西。【北开普省安德里斯维尔村蔻玛尼和桑族（Khomani San）聚居区一位居民受访时所述】

人们也能从消极的经历中学习：

记得我上小学的时候，那时我还小，才10岁或11岁，就跟我朋友还有她奶奶说，我不要抽烟喝酒。就是我发现自己还是个孩子的时候就不喜欢某些事情。我自己没做过这样的事。我当时不理解为什么人们愿意抽烟喝酒，我猜是孩子看到了大人们做这些事，虽然未必能理解。现在我选择不去做这两件事，但我说了却也并不知道自己会不会遵守。作为一个孩子，你可以说你不会做某件事，但之后有可能却做了。我最害怕的是，醉酒或者抽了什么东西之后，会变得放纵。我一直都很小心，不放纵自己。还是小孩子的时候，你就经常能看到喝醉了的人走不了路，还随地小便，人喝醉时候的样子并不好看。就在最近，女士们带着听装啤酒，看起来很体面，但孩子们看到的是大人们烂醉如泥，瘫倒在街上，或者厮打起来，这会让孩子们觉得喝酒是错误的事情。【东开普省新布莱顿市一名年

第四章　学习经历

轻女性接受采访时所述】

虽然许多人都十分重视自己从非正规渠道习得的知识，但还是有部分人因为强调正规学习而低估了非正规学习的价值。在访问林波波省瑟库库内一个 AET 中心时，研究人员发现一位老奶奶坐在教室里，因为她是唯一一个学习 ABET 一级的人。老师鼓励她来上课，学习怎么写自己的名字，怎么读《圣经》。她隐约提到，没有教育将一事无成。研究员决定跟去她家里了解更多情况。

研究人员发现她家中的一个房间里其实蕴藏着丰富的知识。她家里有成堆自己制作的串珠首饰。制作这些串珠需要高阶思维，需要计算能力、色彩搭配能力，才能做出复杂的设计和图案，用在传统头饰、项链、全套婚服以及其他场合的服装上。她把这些传授给对传统首饰制作感兴趣的人，还帮助年轻的新娘们装扮成正宗的恩德贝勒（Ndebele）风格，每一件首饰都有寓意，都包含向新娘传递的信息。尽管她自认为没有受过教育，但却拥有丰富的知识。

正如这个例子中所讲的那样，不论是否正式受雇，不少人生活中一个重要的部分很显然是"工作"。因此，不出意外，许多人都向我们讲述了这方面的学习。

> 通过观察和实验，我学会了电工，这种活儿就是在工作中学会的，一边看别人怎么干，一边自己摸索。【东开普省诺普梅洛镇一位居民受访者口述】

> 我们互相学习烘烤食物的方法，像烤司康饼，还互相传授不同的烤法。【东开普省恩格伯扎那村一位社区居民受访者口述】

> 有人帮我卖。我把自己知道的都教给了她。我会的她现在都会。【东开普省恩格伯扎那村一位妇女受访者口述】

> 研究人员：那么，你是从哪里学到渔网制作技巧的？
> 受访者：痛苦的经历能让人学到很多。没有人教我怎么做渔网。我当时看到了别人在做，那是在 1982 年，不过我 2008 年才开始自己做。

第一编　体验：生活与学习

图4.12　东开普省恩格伯扎那村，学习烘焙

研究人员：那个人是谁？

受访者：是一个名叫姆贝瓦（Mbeva）的人。不过编渔网是2008年我自己琢磨出来的。有一次我看见那个人正在编渔网，还能靠这个养活家里人。我就突然想到，如果我试试的话行不行呢？我试了一下，发现可以。后来我回家之后，我有时会编一编，就能养活孩子们了。我的一个孩子，他在1996年出生，由于我没工作的缘故退学了，家里没办法供他。他知道自己的爸爸没法供养自己。如果我回到家能重新把编渔网的活做起来，我或许能赚点钱，这样我的孩子就能上学了。【东开普省恩格伯扎那村一名渔网编织者接受采访时口述】

我曾受雇于乌拉马萨戈工程公司（Vulamasango Engineering Company）做工程工作。之后在"发型力量"（Hair Power）做美发。我很享受这份工作，因为我学的就是这个。我在"Pick n Pay"超市[①]干了十天，因为时间太短了，没弄懂工作的性质。不过去年我在德维斯（Dwesi）吉雅布雅（Ziyabuya）镇的一家互联网咖啡店里找到

---

① 译者注：Pick n Pay是南非第二大连锁超市，于1967年由杰克·戈尔丁创立。

了工作。那家店是一个韩国人经营的。起初我很激动,因为我在学校学过电脑。他来自韩国,那里的人都是摸着电脑长大的,电脑是他们擅长的事情。我在那里学到了很多,我不想撒谎,但低等的工作是很难做的。你会被骂得很惨,虽然从中你能得到很多。必须要承认,我学到了很多关于电脑的知识,学会了找工作的新方法,因为有很多人来这里找工作。我还和那些询问我在这儿做什么的人建立了联系。其中有一位女士开导我,说我应该回学校去,这也是我所计划的。于是我不留在这个镇上了。这份工作并不差,不过这不是一份能让我安顿下来的工作,这仅仅是一个开始,意味着我有了工作经验,能跟别人说我曾经工作过。【东开普省新布赖顿市一名年轻女性受访时口述】

图4.13 东开普省恩格伯扎那村,编织渔网

作为此次研究的一部分,西塔调频的一档节目连线了多名听众,要求他们讲述教育在自己生活中扮演的角色。一名女性听众分享了她从一名清洁工人转变为前台接待员的故事。她对听众说,自己通过观察接待员工作,学到了前台接待技巧,接待员不在的时候,她会帮着顶班。

一名男性听众打来电话说,他现在所从事的工作是从一名常常误工的同事那里学来的。一天经理叫他顶替那人的位置,从那天开始他就一直在做这份工作。

这些故事告诉我们,非正式、非正规的学习同正规教育经历有着很大的不同。在非正式、非正规的学习中,"老师"通常是家庭、社区或者组织里的某个成员,懂得怎样去完成一个特定的活动,他们往往被视为辅助者,他们引导人们的学习过程,这样人们就能够以一个有利于学习的节奏来完成想学的内容。"评价"贯穿于整个学习过程之中,不一定是书面考试,可以通过观察,甚至只要学习者自己承认学习过程发生了就可以。这种学习被认为是有意义的,因为可以帮助人们积极创造生活。同时,这种学习也往往更为简单。

与此同时,人们对正式学习的看法往往十分消极。在东开普省一个青年人工作室,当被问及"教育带给我什么?"这一问题时,有一组人回答说:

> 使我更加贫穷。
> 使我感到仇恨、愤怒、嫉妒、贪婪,等等。
> 教育没有用,因为我可以自学到那些技能。【东开普省一群青年受访者所述】

正规教育往往问题缠身,这些问题让学习变得更加困难,下一章将会详细探讨这一问题。

第五章

学习助力，学习障碍

图 5.1　东开普省（Eastern Cape）职业技术教育与
培训学院一名学生的画作

我今年 23 岁，与祖母和哥哥同住在科瓦德维斯镇（KwaDwesi）①扩展区。我是由祖母带大的，母亲在艾丽斯镇【Alice（eDikeni）】②工作定居，平时几乎见不到面，但她假期时会来看我。

---

① 译者注：科瓦德维斯镇，南非东开普省伊丽莎白港镇区（Port Elizabeth Township）附近的小镇。
② 译者注：艾丽斯镇，南非东开普省城镇。

第一编　体验：生活与学习

我在兹威德镇（Zwide）① 的帕卡米萨中学（Phakamisa Secondary School）读高中，2010 年通过大学入学考试，但在第二年因为迷茫，荒废了一整年。我不知道该从事什么职业。妈妈坚持认为我不应该浪费那一年，至少在体育学校的那一年我也应该做些事使自己忙起来，然后再去做旅游管理。要知道，我去之前不知道自己要和那些在 10 年级就辍学的高中辍学生一起上课。我通过了大学入学考试，拿到了文凭。但后来我意识到，一开始就不应该去那里上学，于是我就退学了。

我记得从体校退学是在 2011 年 3 月，距离现在已经很久了。妈妈为我申请了福特海尔大学（the University of Fort Hare）②（主校区）。一切进展顺利，10 月左右我收到了录取通知书。福特海尔大学竟然录取了我，这简直太令人开心了。尽管我有些伤感，因为自己要离开所爱之人，会非常想念他们，但明年就要迈入大学的校门，这令我十分兴奋。说实话，我已经迫不及待迎接 2012 年的到来了。

2012 年 1 月 23 日，我去爱丽丝校区报到，一切顺利。我就住在学校。虽然妈妈住的地方离学校很近，但我对于即将到来的独立生活感到特别兴奋。我知道，她来之前肯定会知会我一声。

哇！大学生活简直太酷了！想做什么就做什么，没有父母在旁边告诉自己不要做错事。你就是你自己，你是独立的。其他同龄人做着之前从没做过的事情（他们喝酒、吸毒、一到周末就纵情狂欢）。同辈压力、毒品，各类事物应接不暇，就看你知不知道自己来这儿是做什么的。要知道自己来这儿是学习而不是为了做其他事情。我告诉自己来这里的使命，我不会什么事情都做。唉，好吧，我喝酒了，也在聚会上玩乐，但这只是偶尔发生（比如闺密之夜，朋友生日派对）。

那一年我过得很不错，顺顺利利度过了第一学期。遇到很不错的人，如今我可以自豪地称他们为我的朋友。他们来自全国各地，

---

① 译者注：兹威德镇，南非东开普省伊丽莎白港镇区外的小镇。
② 译者注：福特海尔大学，英文名为 University of Fort Hare（UFH），1916 年建校，是南非第一所黑人大学。南非前总统曼德拉和姆贝基的母校。学历教育包括学士、硕士、博士。有四个校区，分别是爱丽丝校区（主校区）、比索校区、东伦敦校区及全森特校区，是非洲最好的农业大学。

如西北省（North West）、利波德镇（Libode）、昆斯敦（Queenstown）、西泽—威廉王城（Xesi-King William's Town）等。能遇到这些好朋友我感到幸运极了。我攻读社会科学学士学位，他们中的大多数人都和我修相同的课程。第二学期，我也学得很不错，我是家里第一个上大学的人，妈妈为此感到非常骄傲。2013年，我在福特海尔大学读社会科学二年级。

起初，这一年波澜不惊，清闲舒适，但到了2月左右（那时我还在上课），我感觉不太舒服——头疼、呕吐、疲倦乏力，不想上课。结果发现我竟然怀孕两个月了。那一年对我来说是最艰难的一年。近三个月，每天早上我都会晨吐……我不想撒谎，我一周只上两次课，我在班里已经落后了，甚至没上过一节辅导课，这使得我乏力与担忧与日俱增。也有一些个人问题，这些问题严重影响了我，以至于我没有时间学习。我无法集中精力，最后，五门课程我只及格了两门。

怀孕对我影响很大。同时，我与孩子的父亲也分手了。我自顾不暇，想过自杀，想和未出生的宝宝一起结束生命，但我再一次告诉自己不能！一切皆事出有因，上帝不会使我处于无法克服的困难之中。相信上帝会为我安排妥当，我只需保持耐心，等待他创造我生命中的奇迹。10月，我在重重压力之下参加了期末考试。我尽力忘掉一切，只专注于课本——但我做不到，我伤得太深了。我整夜以泪洗面，希望上帝可以早日解决问题。第二学期，我再次挂科了，而且还没有达到国家学生资助计划（NSFAS）[①]要求的一半，因此国家学生资助计划不会为我提供2014年的报名费和学费。报名费是3500兰特，我全得自己付。2013年是我有生以来最艰难的一年，感谢上帝，我总算熬过来了。我把国家学生资助中心无法提供学费这件事情告诉了妈妈。妈妈是一名家政工人，付不起那么多钱。现在是一月（饥荒月），更是雪上加霜。奶奶享受着养老金，我们得靠着她的养老金才能糊口。今年没能回到校园，我非常难过；我希望自己明年能拿到学位，顺利毕业。在家待业真快把我逼疯了，在家待

[①] 译者注：国家学生资助计划（NSFAS），由南非政府设立，旨在为学生提供经济援助，以支付注册和学费，并为他们提供书籍、食品、交通和住宿津贴。

着什么事都不做真糟糕，我甚至熟知电视播放的每个频道。投过很多简历，都毫无回音。我甚至申请了军事基地（陆军），我一直在等他们的好消息。在我们这儿】[伊丽莎白港市（Port Elizabeth）]，找工作太难了。政府应该做点儿什么，对于有能力工作但失业的人来说，这种情况真是太糟糕了。【东开普省科瓦德维斯镇，一名青年研究、学习和倡导组织（YRLA）研究人员接受采访时所述】

在第四章中，我们了解了全国各地人们的学习经历。有些东西成为人们的学习助力，但也有一些因素加大了学习的难度，本章将介绍一些此类的经历。

求学路漫

从人们告诉我的情况来看，很显然，他们在接受正式教育时遇到的最大问题就是如何去学校。社区级的正规教育机构不足，在北开普省（Northern Cape）安德里斯维尔村（Andriesvale），唯一一所正规的教育机构是托儿所。孩子们乘巴士去16公里外位于阿斯克姆村（Askham）①的小学；中学在里特方丹（Rietfontein），就更远了，因此孩子们不得不住在寄宿公寓里，每个月最后一周周末才能回家。尽管阿斯克姆村有成人教育和培训（AET）中心，最近的中学后教育与培训（PSET）机构却位于远在221公里外的阿平顿市（Upington）。在加恩查贝伦（Ga-Nchabeleng），方圆100公里没有职业技术教育与培训（TVET）学院或大学。在东开普省布鲁利利丝布什（Bluelilliesbush），最近的中学和职业技术教育与培训学院位于40公里外的普利登堡湾（Plettenberg Bay）或120公里外的埃滕哈赫。一些社区现有的场所已经停用——例如安德里斯维尔村曾经有一个成人教育和培训中心，但已经停用了。在另一些地方，计划中的场所没有落成——例如在西北省的艾克梅伦地区（Ikemeleng），我们得知，计划建成一所中学的土地正作为住宅或商业用地分片抛售。

---

① 译者注：阿斯克姆村，南非北开普省的一个村庄。

图 5.2　普马兰加省（Mpumalanga）奥斯胡克地区（Oshoek），上学路上

图 5.3　普马兰加省奥斯胡克地区，上学路上

因此，许多生活在贫困的农村和工人阶级社区的人不得不离开家，或者在所在学校附近找住处。正如我们在第二、三章所述，许多孩子和非直系亲属住在一起，而这通常是为了便于他们上学或去学校。

> 我有自己的房子，已婚，有两个孩子。老大18岁，去年在西开普省（Western Cape）尤宁代尔高中（Uniondale High）参加了大学入学考试。他在寄宿学校读书，谢天谢地，我妻子的娘家人也在那儿。如果孩子周末休息，我可能没钱接他，正好他就可以和我妻子

第一编 体验：生活与学习

的娘家人一起过周末。【东开普省布鲁利利丝布什，一名成人学习者接受采访时所述】

当上学过于艰难时，孩子们就可能辍学——这就是一些人首先需要成人教育的原因：

我完成了学业，达到 8 年级标准。我在勾萨（Goesa）上学，达到了 6 年级标准，然后我们就要去成人学习中心上高中——那是唯一一所能上的高中。成人学习中心没有名额，所以我决定第二年再试一次。然而还是以失败告终了。【东开普省布鲁利利丝布什，一名成人学习者接受采访时所述】

正如一个年轻人在第四章中所说的，交通问题会导致人们辍学：

在有些社区，年轻人拿着 7 年级证书四处闲荡，无所事事，心灰意冷。有一个社区，最近的继续教育与培训（FET）学院离它足有 100 多公里远，最近的高中也在 30 公里以外。学习者和学生去从家去学校仍要花上一整天。大多学生辍学后很难再接受正规教育，这就形成了一个庞大的半文盲群体。【东开普省布鲁利利丝布什，一名成人教育教育者接受采访时所述】

图 5.4　西开普省德多恩斯镇（De Doorns），上学路上

第五章 学习助力，学习障碍

我们想在附近建一所计算机学校，但是由于大家都在工作，去普利登堡湾并待一整天不太实际，我们也很难在伊丽莎白港市待一整周，因为大家都要工作。【东开普省布鲁利利丝布什，一名成人学习者接受采访时所述】

交通费用增加了接受正规教育的总成本。据我们所知，在全国范围内，正规教育的成本仍然是人们面临的最大的教育问题。除了学费，还有交通费、住宿费、书本费和所需的其他学习费用。我们听到的许多故事都是关于人们努力进入教育机构，尤其是进入中学后教育与培训体系的。因为成本高昂，人们一旦进入，就想终生留在那里：

在其他地区，像瑟库库内（Sekhukhune）教育学院这样的废弃设施也加剧了这一问题，因为有些学生虽然通过了大学入学考试（12年级），他们的家庭却负担不起他们上继续教育与培训学院和大学的费用。这些高等院校收费很高，课本、学习材料、住宿、交通等其他费用花销也很大。然而，如果瑟库库内教育学院这类设施能够开放，大多数来自贫困家庭的年轻人就更有可能接受高等教育，因为这些地方距菲卡戈莫（Fetakgomo）的大多数村庄都比较近。年轻人表示，这将减少他们在住宿和交通方面的开支。

与此同时，阻碍年轻人接受适宜高等教育的另一个严重问题是学费。众所周知，大多数菲卡戈莫农村地区的孩子都来自贫困家庭，他们负担不起孩子上大学的费用，导致大多数年轻人感到孤立无助，他们无所事事、到处闲逛，对未来没有明确的方向。【林波波省（Limpopo）瑟库库内，一名年轻人接受采访时所述】

许多人对我们说，他们需要钱支付孩子的教育费用。显然，教育费用是人们需要钱的一个重要原因，也是人们完成第二章所述的那些事情的原因。例如，人们告诉我们，"这儿的生活并不愉快，但我们还是留了下来，因为我们想要更好的生活，在这儿我们能送孩子上学"。【东开普省诺普梅洛镇（Nompumelelo），一名女子接受采访时所述】

第一编 体验：生活与学习

图 5.5 林波波省瑟库库内，瑟库库内教师培训学校，1999 年关闭

"我有五个孩子，我靠这个生意支付他们的教育开销。"【东开普省诺普梅洛镇，一名女子接受采访时所述】

显然，获得财政支持至关重要，对某些情况特殊的学生更是如此；然而，我们一再被告知，现有的财政支持系统存在很大问题：

> 我是 2012 年毕业的，我考得还不错，但是没钱上大学。我本可以向国家学生资助计划寻求帮助，但国家学生资助计划未覆盖到勒斯滕堡①的大学，因为那儿没有住处。于是我去了莫各威（Mogwae）的曼科威大学（Mankwe College）。我报名是为了申请助学金，但我的父母为我支付了 2013 年全年的学费。那一年我通过了 N4 考试，得继续读 N5。然而，我被告知国家学生资助计划不会给我助学金，因为我父母前一年为我付过学费了。国家学生资助计划只资助从一开始就资助的学生。我解释了我的情况，他们还是不接受。后来，

---

① 译者注：勒斯滕堡，建于 1850 年，为南非西北省的一个小城市。

由于付不起住宿费和学杂费，我只上了一个学期的 N5。[①] 但是，国家学生资助计划为我付了学费。我的母亲失业了，父亲在一家救济院工作，收入微薄，他负担不起我和弟弟妹妹的教育开销。我的弟弟妹妹在上高中，他们往返学校和家也需要交通开销。【西北省艾克梅伦地区，一名男青年接受采访时所述】

正规教育的费用使人们认识到社会的不平等：

有时不需要钱也能感到快乐。家里什么都有，做饭、洗澡都不需要花钱。但有一段时间必须去上学，你会发现根本没钱上学，没钱。我们在学校也见过其他孩子，他们拥有我们在家里不曾拥有过的东西，这是令人难以接受的。【东开普省夸札赫勒镇（Kwazakhele），一名男青年接受采访时所述】

正如所解释的那样，人们拥有的机会经常受其经济能力影响；但这也与他们拥有的信息有关。许多人由于不了解自己有哪些选择或不知如何获取财政帮助而感到沮丧。

即便上了中学，年轻人也会时不时感到无助。这些年轻人因为无处获得财政援助计划和助学金的信息而更加沮丧。【林波波省瑟库库内，一名青年接受采访时所述】

这里的中学后教育机构不与我们（社区）沟通，不努力接触社区。他们应该改善自己的宣传方式——举行路演，开展宣传车进社区活动，邀请我们参加开放日和学校活动，这样人们才能了解更多关于课程、助学金等的信息。【豪登省（Gauteng）瑟迪邦（Sedibeng），一名职业技术教育与培训学院学生接受采访时所述】

[①] TVET 职业技术教育与培训学院提供一学期的证书课程作为国家技术教育认证证书课程的一部分。这些课程从 N3 开始，一直到 N6。要获得进入 N3 的资格，学生必须通过 9 年级考试。学生可以在一学年内完成 N3—N5 课程。

> 我们的社区机构和周围机构几乎从不与相邻的社区沟通。他们等着社区成员去找他们,从不主动联系社区成员。这些机构在社区有社区电台、报纸和图书馆,但不做宣传推广,一直悄无声息。【豪登省瓦尔三角洲(Vaal),一名青年研究、学习和倡导组织研究人员接受采访时所述】

> 农村的孩子们对继续教育与培训学院知之甚少。他们甚至不知道如果自己想在矿上工作可以学什么科目。【林波波省瑟库库内职业技术教育与培训学院,学生群体接受采访时所述】

这与一些人在心理上认为中学后教育与培训机构是"遥不可及的"有关,他们认为这些机构让人不舒服并且远离社区:

> 大学似乎是孤立的、远离社区的存在。你明白吗?大学不喜欢太显眼,或者在社区里不太引人注目。因为大多数大学的院系涵盖生活中的方方面面——法律、经济、艺术以及其他重要的方面。然而,当社区中发生一些不好的事情时,这些大学就仿佛销声匿迹,一言不发。因此,我希望大学能够被公众所看到,每个人都有学可上。因为当参观这些校园或继续教育与培训学院时,人们就会觉得不受欢迎,像是局外人。所以我希望人们可以接触到这些学校。他们可以和学生交谈,带他们重返小学时代、参观校园、让他们知道大学是什么样子的。学校可以定期为孩子们举办活动,让他们了解大学是什么样的,这样当他们上学时就不会感到不适应。【东开普省新布赖顿镇(New Brighton),一名男青年接受采访时所述】

相比之下,获得非正规教育往往容易得多。尽管非正规教育机会也不是到处都有(例如,我们得知林波波省瑟库库内没有民间社会组织提供任何形式的非正规教育或培训机会),但这些学校就在当地。

第五章　学习助力，学习障碍

何处安身

正如本章开头的故事和第四章的故事所述，即使人们确实能接受正规教育，他们也会遇到很大的困难。通常，付不起教育费用会导致人们辍学，他们要么付不起学费，要么付不起学习所需的其他费用：

有些人想要继续深造。也许教育费用过高就是许多人辍学的原因。他们的确想继续读书，但没有办法。如果政府能将免费教育延续到高等教育阶段，这将帮助那些无力负担学费的人，因为无力支付学费的确是一个大问题。【西北省艾克梅伦地区，一名社区居民接受采访时所述】

我妈妈是市长委员会的成员。2008年，她在威哥诺（Vergenoeg）（有色人种生活区）买了一辆汽车和一栋房子。我考上高中，所以就搬到了那里。后来，妈妈遇到麻烦，丢了工作。看到父母失业，我压力巨大。有几次，我空着肚子去学校，回到家，家里没电。我得了个"D"，不得不另寻学校。后来，CTI[1]/MGI［CTI集团，一家私营高等教育机构，与私立大学南非中兰德大学（Midrand Graduate Institute）[2] 合作］录取了我。我读了预科，学费高达47800兰特。母亲付了33 000兰特左右。第一学期预科班的平面设计令人兴奋，但第二学期，母亲付不起学费，情况发生了变化。我的学籍被保留。第二学期是最糟糕的，我甚至连一本教科书都没有。【东开普省诺普梅洛镇，一名职业技术教育与培训学院学生接受采访时所述】

政府在继续教育与培训学院上耍花招。继续教育与培训学院设

---

[1] 译者注：南非私营高等教育机构CTI教育集团。
[2] 译者注：南非中兰德大学，成立于1989年，最初命名为中兰德学院Midrand Campus。中兰德大学以其特有的创新精神和富有活力的教学和学习，使其毕业生具有竞争性且技能熟练，深受业界欢迎。很快中兰德大学MGI在南非私立高等教育中崭露头角，发展成为南非可授予学位的大学水平的一流教育机构之一，赢得了杰出的声誉。

127

第一编 体验：生活与学习

有助学金，然而只提供助学金，不提供课本及其他对我有帮助的资源也无济于事。【豪登省瑟迪邦，一名职业技术教育与培训学院学生接受采访时所述】

虽然我们对此知之甚少，但一些教育者和学生告诉我们，在有些情况下，寻求经济援助并不是为了学习，而是为了生存。例如，一些职业技术教育培训学院的教育者认为，有些学生入学只是为了获得助学金。一位教育者表示："他们来到这里，说自己是来报名的，但当你问他们要上什么课时，他们却一头雾水。这些人来这儿，只是因为知道这儿有人提供学费和生活费。"我们采访的一些年轻人也回应了这种批评：一小部分职业技术教育与培训学院的学生似乎把助学金当作一种社会补贴。

人们反复提到国家学生资助计划，其中既有支持感激，也有无奈愤怒——正如上文所述，事实上该资助系统对许多人来说是毫无用处的。在林波波省瑟库库内采访的学生（包括在读的学生和毕业生）中出现了一个问题，即没有遵守付款条件；大多数情况下，学生在约定期到来之前就把资金花光了，于是便陷入了资金困难、生活拮据的状态。那些有幸了解到助学金，并能被职业技术教育与培训学院录取的学生，由于离家太远，不得不离开家。如果没拿到助学金，他们又需要住宿费，这时生活就会变得复杂。正如本章前面的故事所显示的，国家学生资助计划有时也会使问题复杂化。我们采访过的许多年轻人都非常清楚，整个资助系统对贫困地区、工人阶级和农村地区的人是多么不利：

> 对那些没有钱的学生来说，入学后的教育费用问题简直是泰山压顶。许多人可能会说，有国家学生资助计划呀，是的，的确有。但是国家学生资助计划只解决了一半问题，它并不能涵盖所有内容。有人会聊到助学金。但是学生只有取得了好成绩才能获得助学金，这是个棘手的问题。然而，如果没有良好的教育体系，又何谈好成绩呢?! 学费从一开始就不应该是一个问题。20世纪七八十年代的青年大军便是为义务教育而战。
>
> 只要肯付钱，人人都可以接受高等教育。我可以肯定地说，多年来，教育已经慢慢地向资本主义方向转变。鼓励接受教育，但受教育者终生都将负债累累。教育系统已经变成了一个由贷款和债务

组成的赚钱计划，继续使学生陷入财务困境。因此，在基础教育和高等教育中推进优质教育和无障碍免费教育之前，还是会有那些本不必要进入学后教育院校的预科生。【东开普省，一名职业技术教育与培训学院学生接受采访时所述】

显然，对于国家学生资助计划被说成"免费教育"，这个学生感到非常愤怒，因为实际上该系统让人们陷入债务。林波波省加恩科瓦纳（Ga-Nkwana）公共工程拓展计划（EPWP）的工作人员说："在某些情况下，这些不算是真正意义上的助学金，因为学生需要偿还这笔钱。但是，如果他们找不到工作，又该如何偿还呢？"东开普省一所大学的另一名学生说："请记住，国家学生资助计划不是助学金，而是贷款。没有免费的教育。"这个学生还写了一首诗：

> 夜不能寐，因为我们欠政府钱
> 夜不能寐，因为我们欠政府钱
> 目光聚焦在课本上，只为一个美好未来
> 教育是贷款的傀儡
> 黑人无法偿还
> 获得自由时，我们知道
> 是时候了，该偿还了
> 是时候要回殖民时代所失去的了
> 我们被蒙在鼓里，仍被视为傻瓜
> 向国家要权 渴盼美国式黑人政府
> 一位黑人总统刚刚上任
> 他只顾自己腰包
> 贿赂下属，盼其忠诚
> 无视教育部长的违法行为
> 国家未来，岌岌可危
> 夜不能寐，因为我们欠政府钱
> 盗贼来临，闯入银行
> 西装革履，人模狗样
> 窃取后代教育资金

第一编　体验：生活与学习

我们不能坐视不管
教育政策如何形成
我们对此深感怀疑
政客所思所想，我们深感疑惑
成果导向教育（OBE）在第一世界以失败告终
娜莱迪①为何还要引进？
没有实验室，没有图书馆
教育系统如何与农村儿童沟通？
教育不能联系实际
为什么还要宣称免费？
宪法承认每一种母语
学习者为何不能使用？
当雇主把毕业生扔进讲习班和培训项目
接受教育意味着什么？
当毕业生待业在家，只能晒太阳
教育又意味着什么？
多希望雇主能给他们打电话
给他们一份工作吧
夜不能寐，因为我们与政府斗争
夜不能寐，因为我们欠政府钱

【东开普省东伦敦市（East London），一名青年研究、学习和倡导组织研究人员所作】

许多年轻人对这种资助的影响也产生了质疑：

政府或部门为学习者提供助学金，这样他们就可以数人头，并说2014年，共有2万名西伯肯镇（Sebokeng）年轻人获助在继续教育与培训学院学习。这些人不关心接下来会发生什么。这只是一个政治噱头。为什么他们不统计一下这些学习者中有多少人毕业了，多少人有技能，多少人有工作？政府部门必须要统计有多少人辍学，

---

① 格蕾丝·娜莱迪·潘多尔（Naledi Pandor）为南非前教育部部长。

并找出原因才行。【豪登省瑟迪邦，一名职业技术教育与培训学院学生接受采访时所述】

就算人们筹够了进入中学后教育与培训机构的资金，有时这些机构的条件也会使他们的学习变得困难。首当其冲的是设施和资源——这似乎是各个机构的普遍情况：

这条路上只有一个考试中心，对我们大多数人来说，它太远了。特菲科普（Tafelkop）有四所学校，但考试中心在莫特特玛（Motetema），我们要乘坐交通工具才能到那儿去。大多数人都没钱坐车，步行过去又太远。【林波波省瑟库库内，一名成人学习者接受采访时所述】

我们中心严重缺少可以反复翻阅和复习的书。大多数情况下，老师把我们的作业写在黑板上，如果你抄得太慢，就很糟糕。我们甚至连一台复印机都没有，老师根本没法给大家复印东西，即使要这样做，也意味着他们要自掏腰包。老师没有文具，我们也没有文具，所以大家只能用废纸写字。

我们在一所小学里上课，用的桌椅都是给小孩子用的，没有自己的教学楼。我们也有一些要求大家做实验的课程，但是没有材料，我们该怎么做呢？也许政府应该为开设成人基础教育和培训课程的学校分配预算，因为这些学校本身的预算不能满足成人基础教育和培训课程的需要，如共用文具和复印等。【林波波省瑟库库内，一名成人学习者接受采访时所述】

我在网上见过校园的美丽景色，有游泳池，网球场供人们休闲娱乐。这令我心向往之，但当我来到这里时，却发现这一切并不存在。

这所大学在很多方面都亟待完善，比如课本、教育者、器材、工作室、更优化的条件、更完备的机器、通风、实习、支付租金、改善厕所条件、提供充足的水。

人们都病了。病人不适合待在这所学校，待在这儿他们的情况会更糟，更别提残疾人了。住在校园里，没多久就想搬出去了，白

第一编 体验：生活与学习

天很容易产生这种想法。晚上就更难了，因为我们宿舍没有厕所，不得不穿过夜色，去外面肮脏无比的厕所。【林波波省瑟库库内，一名职业技术教育与培训学院学生接受采访时所述】

没有技术技能和实践工作的技术学院是什么样？你不能从理论上教我如何操作电脑——不，这不是技术学院该有的样子。我们没有资源，只学理论。我们在做工程，但只是读书。我们只学理论，但我们在继续教育与培训学院，一个致力于实践学习和培训的场所。有人教我们，然后我们在继续教育与培训学院、在书中读到计算机是如何工作的？！这是大学的最后一年了，而我们还没有接受过任何实践训练，没有为迈入就业市场做好准备。【豪登省瑟迪邦，一名职业技术教育与培训学院学生接受采访时所述】

部分教室需要更新换代；有时上课时会听到学生经过的声音。有些教室又小又冷，所以我们需要暖气；有些教室不利于学习。图书馆没有足够的书。我们参观图书馆时，听说一本书已经被人借走了。那样的话，我们永远都达不到质量标准。【东开普省东伦敦市，一名职业技术教育与培训学院学生接受采访时所述】

许多中学后教育与培训机构教育者都认为这是一个问题。成人教育和培训中心的教育者称，机构里没有打印课堂材料或作业的打印机，没有计算机和互联网，也没有图书馆。职业技术教育与培训学院的教育者表示，学院尤其缺少书籍或实践课程所需的设施：

这些在国家技术教育认证证书课程（NATED 550）和国家课程标准（NCS）或课程评估政策声明（CAPS）项目中的大多数人，都没有获得在材料或资源方面的支持，我们不得不为自己教授的课程购买教科书。[1]【豪登省瓦尔三角洲，一名成人教育教育者接受采访时所述】

---

[1] 国家课程标准（NCS）指的是 2006 年为正式教育引入的新课程。其提出旨在保证课程安排与 21 世纪的知识和技能要求相一致，并鼓励教育者参与南非社会经济发展。国家课程标准取代了 1998 年实施的成果导向教育课程。

第五章 学习助力，学习障碍

作为教育者，我们尝试着去做，但面临着一个挑战——我们缺乏书籍、工作室等资源。没有这些资源，我们要如何演示呢？所以我们只是看书本上的东西。年底，我们会在要求学生实践经验的"能力"框里打钩，这样他们就能拿到分数，获取资格。这导致继续教育与培训学院培养的学生不熟悉理论和实践；而面对工程学等课程，学生进入职场会发现这类课程颇具难度。【林波波省瑟库库内，一名职业技术教育与培训学院讲师接受采访时所述】

我们不知道的是，在我们不能提供的这一项目和其他项目上，他们是如何不断给我们认证通过的。【在谈到设备不足以运行课程的实践部分时，林波波省瑟库库内，一名职业技术教育与培训学院讲师接受采访时所述】

我们需要再次与图书馆和大学联系……因为我们没有与图书馆进行沟通。这是主要问题。【豪登省瓦尔三角洲，一名成人教育教育者接受采访时所述】

在林波波省瑟库库内，一些职业技术教育与培训学院的讲师指出，尽管学院的一些班级似乎配备了实践学习的设备，但大多数情况下，这些设备都不能用，甚至都不能用来做演示。因此，通常有人要对学习者不了解的东西打分。资源闲置情况也时有发生，例如，我们访问了瓦尔三角洲贫困社区的一个成人教育和培训中心，该中心有一个与豪登省在线项目相关计算机实验室，但从未投入使用。① 那里的计算机不是旧了就是坏了，实验室也停用了。

一些学生可以住在中学后教育与培训机构提供的宿舍。但这些也不一定有助于学习：

心理足够强大才能住在那种宿舍里，意志薄弱的人可在那儿住不下去。那里面太狭小了，连厕所都没有。我们只能用外面一个坏

---

① 该项目旨在为全省2200所学校安装联网的计算机实验室。

掉的厕所。这就是说我们必须叫醒宿管阿姨，穿过黑暗走向厕所，这很不安全。上完厕所回来，得再次敲门进入。【林波波省瑟库库内，一名职业技术教育与培训学院学生接受采访时所述】

然而居住空间有限，因为中学后教育与培训机构往往离我们很远，许多人提到了在机构附近寻找安全、实惠的住所的问题：

> 到那儿之后……起初让我们去办理住宿，但刚落脚，我们却被告知自己并不在系统中。据说没有学生宿舍所以我们必须找个住处。我知道，如果找不到住处，学习将难如登天。在校内找个地方住有难度，但在外面还是找得到的。【东开普省东伦敦市，一名职业技术教育与培训学院学生接受采访时所述】

> 出于对经济和健康问题的考虑，尽管在外面找住处并不容易，大多数学生还是选择住在校外。① 在校外能找到四人间，但是没有水；窗户坏了，也没人修。【林波波省瑟库库内，一名职业技术教育与培训学院学生接受采访时所述】

> 房子……我都不能称之为房子，暂且称它为一个出租地吧——这里没有住处，必须在周围找一个地方住。学校和住处的距离等……这些都是我们面临的挑战。你得步行。那些被要求遵守"191号报告"的学生，需要一大早5点到校，晚上9点10分才能离校，而且还得步行回住处!② 那么他们的安全谁来保证？没人关心他们的安全……没人关心他们的安全……【东开普省赫拉夫·里内特镇（Graaff-Reinet）职业技术教育与培训学院学生】

这种"不安全感"也会导致学生更难在正规的教育环境中学习。据

---

① 许多大学的基础设施存在诸如卫生条件差等问题，这些都不利于给学生提供健康的生活条件。我们没能了解到学生们所患的具体疾病，但显然人们对此十分担忧。
② "191号报告"（Report 191）是指南非高等教育与培训部技术学院教学计划、现行政策文件和技术学院教育手册。

一位与我们交谈过的人所述,在西开普省德多恩斯镇,学校一度被关闭。他说,"他们对这种校园黑帮行为有意见,孩子们互相捅刀子——这是前所未有的。我有一个朋友,他曾经因为相关压力去教左派了"。我们在东开普省采访的两名年轻人特别谈到了犯罪问题,这也是他们所在学校存在的一个问题。另一名豪登省瓦尔镇的高中生说:"我们并不安全,先生。当我们走在校内,步于街头时,吸毒的人会跨过栏杆偷我们的包。"

这段话引出了我们遇到的另一个突出问题——滥用药物,这在本章开头的故事中也已提到。显然,这影响了人们学习,尤其在(但不限于)学校层面:

> 另一个影响校内学生的因素是同辈压力,这可能导致青少年酗酒和滥用药物。这对他们的学习有负面影响,因为他们不能完全集中精力学习。【林波波省瑟库库内,一名青年接受采访时所述】

> 我认为社区中的年轻人面临的挑战之一是过度饮酒。他们不守规矩,再加上滥用药物,更别提了。我敢说,即使是我已故的儿子生前也在尽力完成12年级的学业。我让他坐下,跟他说话。他听了我的话,顺利通过大学入学考试。【东开普省诺普梅洛镇,一名女子接受采访时所述】

如第三章所述,许多人将滥用药物与青少年缺乏体育运动和其他娱乐活动联系起来。

家庭条件艰苦也使学习变得困难,对仍在上学的孩子来说尤其如此:

> 这个可怜的孩子爱自己的爸爸妈妈。他们吵架时,孩子处于两难境地。孩子上学时满脑子都想着这件事。他问自己昨天父母吵架了,今晚会发生什么,所以我认为每个老师都应该了解学生的学习障碍或导致这些障碍的原因。【豪登省瓦尔三角洲,一名成人教育教育者接受采访时所述】

> 我10年级时成绩不好,是因为我以前待的地方待遇不好。他们

不给我吃的,我还经常被同住的叔叔殴打——因为我是红眼睛,他就认定我抽烟。我加入了一个教会,这就像一棵救命稻草。因为他们经常给我一种不含酒精的玉米粉饮料,这样就不至于空着肚子了。小时候发生过一次事故,我睁着眼睛掉进了水里,从那时起眼睛就红红的了。【东开普省布鲁利利丝布什,一名无业青年接受采访时所述】

我们采访过的其他人也谈到了食物短缺的问题:

我过去常常等着别人寄钱给我,等到月底,那会儿食物都被吃完了。我会在家里等。你知道吗,即使去了学校,我也会感到恐慌。我倒希望我不用从学校回家,这样就不用去想那些事情,你知道,你只有在回家的时候才会饿。我只是不想回家。我希望我住在隔壁。当我看到其他孩子离开家的时候,我希望我能待在他们待的地方,因为他们睡觉的时候肚子里有东西,你明白吗?就像我没有吃东西就上床睡觉一样。这些事情让我感觉很糟糕。【东开普省夸札赫勒镇,一名男青年接受采访时所述】

看到父母失业,我很紧张。有几次我饿着肚子去上学;回到家里,家里没有电。我得了个 D。【东开普省诺普梅洛镇,一名男青年接受采访时所述】

当然,对于成人学习者来说,有一个横亘在其责任和学习之间的问题——责任常常使他们无法学习:

然而,如果让我们在工作和培训之间选择,大多数人会选择工作,不是因为我们不想学习,而是因为必须养家糊口。没有人能保证你接受了培训,就一定能找到工作。【林波波省瑟库库内加恩查贝伦,一名公共工程拓展计划员工接受采访时所述】

虽然我们采访的许多年轻人还在上学时就已经有了某种家庭责任,但许多人并不觉得这是特别繁重的负担,直到这一负担变得越来越重。

图 5.6　夸祖鲁—纳塔尔省（KwaZulu-Natal），捡柴火

例如，在东开普省的一个教室里，年轻人告诉我们，他们有"其他责任"。

> 整个星期都要做饭、洗碗、还要打扫院子，这没什么大不了的，也没有多难。【东开普省兹威德镇，一名女青年接受采访时所述】

> "在农村，做家务和放牧都是基本工作。这并不难。"【东开普省马瑟韦尔镇（Motherwell），一名女青年接受采访时所述】

> 还有人说："我要照顾我的弟弟和堂兄妹，那不算太难，但我放学后不能参加学校的其他活动，得直接回家。"【东开普省兹威德镇，一名女青年接受采访时所述】

> 然而，其他人背负着相当大负担，他们要照顾家人，这影响了他们学习；一些同班的人说，"要做饭、要打扫，在考试期间很难兼顾家务和学习。"【东开普省科瓦德维斯镇扩展区，一名女青年接受采访时所述】

> "做饭、照顾小孩、打扫卫生。兼顾这些有时很难，因为我可能

没时间学习，考试会不及格。"【东开普省科瓦德维斯镇扩展区，一名女青年接受采访时所述】

除了年幼的兄弟姐妹，许多人还得照顾家里的其他人。他们发现自己很难在学习和照顾家庭之间取得平衡，有些人在学习太难时就放弃了学业，尤其是当照顾家人的负担与距离或金钱等其他问题交织在一起时。

年轻人不想离开当地去追求梦想，接受教育。他们许多人肩负重担。家庭给今天的孩子们带来越来越大的负担。父母上班时，许多孩子必须照看他们的兄弟姐妹。我希望国家知道，这类社区多么需要教育。【东开普省布鲁利利丝布什，一名成人教育教育者接受采访时所述】

我照顾妹妹和父亲；既照顾家人又要兼顾学习简直太难了，这是一个相当大的挑战。【东开普省兹威德镇，一名女青年接受采访时所述】

我既要照顾我的堂兄妹，又要做家务。我无法兼顾，这太难了。即使我无法同时兼顾学习，我还是说服了自己和每个人，我可以的。【东开普省兹威德镇，一名女青年接受采访时所述】

我必须负责，姐姐去世了，我要照顾她的孩子，孩子还小，需要父母的爱。【东开普省兹威德镇，一名女青年接受采访时所述】

我毕不了业了，那会儿没钱，家里只有父亲一个人工作——我家有六个孩子，我是老四，后面还有两个弟弟妹妹。我们三个人都在上学，而我花钱最多，因为在佩迪镇（Peddie）[①]上学，那儿离家很远。所以父亲要给我饭钱、学费的和其他所有的花销；甚至在我必须回家的时候，他们还得寄钱给我，我才回得了家。我喜欢学校，我告诉自己，我想继续学习，但没钱的时候，我必须得回来照顾我

---

① 译者注：佩迪镇，南非东开普省城镇。

父亲。因为那段时间父亲病了,而我的两个弟弟妹妹必须得上学。【东开普省布鲁利利丝布什,一名成人学习者接受采访时所述】

我们采访过的一个年轻人告诉我们,他觉得自己有责任成为一个男人,找份工作,离开学校:

> 在去布鲁利利丝布什的启蒙学校上学前,我一直在读书;自那起,我认为自己必须辍学,这样才能找到工作,因为没有人会支持我,即使是在别的事情上。我想我必须离开学校。【东开普省伊丽莎白港市,一名男青年接受采访时所述】

然而,正如本章开头故事所述,照顾子女之责对妇女的影响显然是不成比例的,为人父母亦是如此。这也使得学习变得异常困难。正如菲卡戈莫青年研究、学习和倡导组织小组成员的这份报告所述,在某些情况下,怀孕与暴力有关:

> 有14人表示,他们被迫违背自己意愿发生性行为,并且由于照顾孩子未能完成学业。他们认为待在家里毫无用处,因为为人父母并不会阻止他们实现自己的梦想。他们中的大多数人开始享受育儿的乐趣,但也想回到学校,这就需要找个人来照顾孩子。把孩子留在家里不容易,这可是个大问题。【林波波省瑟库库内,一名青年研究、学习和倡导组织研究人员的年轻女性接受采访时所述】

女性认为怀孕会影响她们学习:

> 我在大学入学那年怀孕了,但还是通过了入学考试。我并不想以这种方式入学,但同样意义深重。一开始还好,因为我愿意照顾我的孩子。第二年,我告诉自己要照顾好自己和孩子,但到第三年,我打算继续深造。事情就是那样发生了,但最近开始享受做母亲的感觉。虽然我内心深处有点嫉妒,嫉妒同龄人以及和我同年录取的学生。他们在继续深造,我也想和他们一样。【林波波省瑟库库内,一名青年研究、学习和倡导组织研究人员接受采访时所述】

第一编　体验：生活与学习

正规的学后教育系统并不会照顾有孩子的妇女。年轻女性因怀孕而辍学，并且很难再回去。她们要么怕被人嘲笑，要么就是因为白天没有人可以帮自己照看小孩。布鲁利利丝布什的成人基础教育和培训学习者谈到了女性学习者，她们的孩子很小就在学校。一旦这些孩子被学校劝退，家里没人照顾他们或辅导作业，这些女性学习者就很难来上课了。因此，许多女性学习者不能按时上课。

相反，在以社区为基础的学习中，怀孕和养育子女并不会使学习更加困难。例如，对于生活在圣约翰斯港（Port St Johns）诺赫克瓦纳村（Noqhekwana）和夸卡村（Qhaka）的人们来说，经常可以看到孩子们和父母一起学习和玩耍。在奥兰治农场镇（Orange Farm），正是儿童保育问题促使伊托森妇女组织创办了自己的托儿所——一些妇女照顾孩子，而另一些在花园里工作（或者现在在回收项目工作）。

在正规教育机构中，许多学习者和学生告诉我们，语言障碍是主要的问题。他们经常被迫学习一门非母语甚至非第二语言的语言课程。当学习者和学生面临这种情况时，他们要么被迫不断学习、"赶上"新语言的内容，要么就放弃。在第一种情况下，一些学习者确实取得了成功，只是为了进入高等教育，他们不得不学说英语。例如，在布鲁利利丝布什的一次社区对话中，参与者回顾了他们在学校的经历。母语为科萨语的人告诉我们，他们必须在南非语环境中学习。如果他们想在大学继续深造，就必须学习使用英语。因此，语言是学生在学习过程中面临的一个严峻挑战：

刚进入大学会处于一个完全不同的环境中。从我的经验来看，不同的是语言。你在大学里会遇到不同的国家的人，所以必须用英语交流。学习中也多使用英语。如果不会说科萨语，最好用英语交谈。但考试时，我希望卷子是科萨语出的，也可以用科萨语作答。【东开普省新布赖顿镇，一名男青年接受采访时所述】

我们也要把当地语言考虑在内。我们习惯用母语，而如今要想学习，就必须先掌握英语。你也知道有关"辍学"的说法，那些辍学的学生并不想听南非教育者用英语授课。所以，如果语言问题能得到解决的话，我们感激不尽。【东开普省布鲁利利丝布什，一名成

图 5.7 由豪登省的奥兰治农场镇伊托森妇女就业项目（Itsoseng Women's Project）开办的托儿所

人学习者接受采访时所述】

然而，一些学习者更喜欢教育者用英语授课：

对于我们中的一些人来说，语言确实是个问题。并不是所有人都能说一口流利的北索托语（Sepedi），但是教育者却用这种我们不懂的语言来授课，也许他们应该改用英语。北索托语授课的弊端可能在我们的未来显现出来，因为到了那个时候，大多数的面试都是用英语进行的，工作中也往往都讲英语。【林波波省瑟库库内，一名成人学习者接受采访时所述】

对于某些曾帮助人们提高学习能力的事物，尽管人们并不总能明确描述其方式，但显然，通过与全国人民的对话可以得出，使用母语学习对于深刻理解学习内容而言是至关重要的。我们发现，非正式教育（以及非正规学习）的本质往往如此。例如，在圣约翰斯港附近伊斯巴亚发展信托（Is'baya Development Trust）工作的农民认为，语言在他们的学习中不成问题。他们用母语学习,用科萨语和英语学习资源材料(包括清晰的视觉材料)。

正如第四章提到的,许多学习者也发现,教育者的授课方式存在一些问题:

> 要是学校能雇用一些知识渊博、经验丰富的教师就好了,因为有的教育者明明自己都不知道如何解释知识点,却希望我们能听懂。你会发现,在大多数情况下,那个教你生意经的人自己压根就没开过公司,也永远不会让你去创办自己的公司。那么,他既没有自己的公司,也无一分存款,他要怎么教我做生意?又怎么教我理财呢?【东开普省,一名学生接受采访时所述】

> 在我们成长过程中,大人告诉我们,教育是很重要的,等等之类……惭愧的是,我们知道教育很重要,但有时教育会非常无聊(我们对此心知肚明)。如果机构继续不作为的话,相信我,一些学生很快就会辍学。(哦,不,宝贝)早上起床,坐在课桌前的椅子上,听教师讲课,(哦,不,讲课的人对讲课内容也不感兴趣,所以学生根本听不懂他们在讲什么)。现在,我是真的不想接着上下一节课了。【东开普省,一名学生接受采访时所述】

无论是学校教育还是中学后教育,学生厌烦教师是一种普遍的现象。一位东开普省的年轻人称,"在学校虽然很有趣,但我的脑细胞却不够用了"。

显然,在很大程度上,人们主要的关注点在教育者所使用的教学法上,但他们更多地关注教育者对学习者的"态度"。正式教育体系也似乎如此。人们称,有些教育者对学生的讲话态度很糟糕,有时还会用轻蔑的语言打击学生的积极性。学生告诉我们,他们常常害怕因为"愚蠢"而被教师嘲笑或者责骂,所以不主动提出问题:

> 实际上,这个问题出在教师身上。他们对孩子们说非常难听的话,就算在家也没人这样说过。你看,这对孩子来说真的是一种打击,让他们受到了严重的侮辱。有一天早上,我去学校找老师谈论我孩子演出的事情。当时,我正站在门口和那个老师说话,却听到他对

孩子们说了类似"狗东西!""你这个穷鬼,一个子儿都没有"这些极具侮辱性的话。他每天都吹嘘自己多么有钱,孩子们对此感到十分窘迫。【北开普省安德里斯维尔村,一名社区成员接受采访时所述】

在一次与东开普省职业技术教育培训讲师共同开办的工作室上,我们让讲师对首次入学的典型学生进行描述。一位教育者答道,"懒惰,只知道埋怨政府的投机取巧者"。他们画了一幅画来形容,画中,一名学生穿着时下流行品牌的衣服,耳朵里插着 MP3 播放器或手机的耳机(见图 5.8)。

图 5.8　东开普省,职业技术
教育培训学院讲师的绘画

职业技术教育培训学院的学生则画了另外一幅截然不同的画。

与讲师的画形成鲜明对比的是,图 5.9 描绘了一个没穿衣服、痛苦万分的学生。他因为画中列出的一些问题而忧心忡忡,这些问题(交通、住宿、课业、安全、娱乐、语言)让学习变得更加困难。

143

图 5.9　东开普省，职业技术教育培训学院学生的绘画

在一些情况下，由于缺乏教育者的支持或者教育者人数短缺，学生可能会辍学：

> 虽然阿斯克姆村已经开展了成人基础教育和培训，但是到了 7 月，学生还是辍学了。我们必须改善这一情况。我在成为一名社区发展工作者之前曾在成人基础教育和培训机构工作，帮助学生完成大学入学考试。但是，学生必须靠自己去主动研究。但除了登记注册，他们没有其他事可做，因此一无所获。要想通过考试，就必须翻阅之前的试题。由于无人帮助，他们只能靠自己。在那一组中，只有一个人通过了入学考试。而我要做的就是帮助他们整理试题，因为我也在做教育工作。那个通过了大学入学考试的人现在正在教其他人。和很多人一样，她想成为一名教育者。她在完成考试后就给自己定了一个目标——协助成人基础教育和培训。现在，她在一所学院里学习如何成为一名教育者。而在那时，成人基础教育和培训只有一级。【北开普省，安德里斯维尔村，一名社区成员接受采访时所述】

第五章　学习助力，学习障碍

我们得知，在 30 名登记了该中心成人基础教育和培训四级的学习者中，只有 9 人参加了年底的考试。

教育者应用的教学法和他们的教育态度关系到教育者培训的问题。许多接受采访的年轻人都表示，自己的教育者无法胜任这项工作。职业技术教育与培训学院的学生称，一些讲师并不具备某些课程的任课资格。举个例子，一个人是拥有打字证书的信息技术（IT）讲师，另一个人不熟悉职业技术教育培训课程的内容，但却被任命为小学教师。教育者自己也提出了适当培训的问题。例如，一位在成人教育和培训机构工作了 20 多年的成人教育教育者说道：

> 回顾 2005 年，推行成果导向教育①的时候我在场。② 我们参加了工作室，它被改为国家课程标准时我们又参加了培训。它被修订时我仍然在场。现在，它又被称作课程评估政策声明（CAPS）③，而我仍是见证者。换句话说，当他们调整这些体制时，就会发现我在那里，尽管所有的教育体制调整时，教育者并不会像在学员里那样接受培训，这实在令人不安。你只会参加几次工作室，而根据我的经验，这些工作室并不能培训出即将向后来人传授知识的人，因为你会发现，国家标准（National Statement）下的工作室的培训可能只有一个星期，这个时间太短了。而课程评估政策下的其他工作室，你可能只是有空的时候下午去听一听。有时，工作室还是由那些不了解他们究竟应该传授给我们什么信息的人来开办的。这同样会导致教师缺乏适当的能力或技巧来教授新的教育体系。【豪登省西伯肯镇，一名成人教育教育者接受采访时所述】

许多成人教育和培训中心的教育者都出身正规的学校教育体系。人们关注点在于他们是否接受过培训，是否在教育孩子方面有经验，而这

---

① 译者注：成果导向教育（Outcome-Based Education；OBE）源自 20 世纪 80 年代中期的美国，在 90 年代初期成为美国教育改革的重要思潮方案，也推广到澳洲、南非、中国香港等地区。OBE 的推动促使学校教育更重视学生的学习成果，并要求教师为学生的学习全权负责。

② 回顾 2005 的成果导向教育（OBE）是 1998 年南非新推出的以成果为基础的国家学校课程。该课程随后被国家课程标准（NFS）取代。

③ 译者注：课程评估政策声明（Curriculum Assessment Policy Statements，CAPS）。

145

第一编 体验：生活与学习

些并不总能传授给成年人：

> 即便在约翰内斯堡大学（University of Johannesburg）任教，很多老师可能会花时间在教室里，却没有花时间，或者说是花足够的时间在向学生传授实践经验上。我认为，真正值得关注的问题在于，既然很多学习都是从实践中获得的，那么如何才能学会实际的互动和学习过程呢？他们只是坐着听讲，然后意识到发生了什么，接着一位导师站出来说，我认为你应该这样做。我们需要对成人基础教育和培训中心的教师进行技能培训。例如，在南非大学①（UNISA）学会如何掌握不同的技能后，你会获得成人基础教育和培训的文凭，因为它专注于实践方面以及如何做技能培训。但是现在，我们缺乏那些有资格的成人基础教育和培训教师。现任的老师都来自主流体系，他们只是按照培训来教授你的孩子。【豪登省西伯肯镇，一名成人教育教育者接受采访时所述】

职业技术教育培训学院的教育者也对自己的培训表示关心。来自林波波省瑟库库内的一组讲师团队称，自己并没有足够的资格在学院授课，因此需要不断提高各自领域的专业知识。他们说自己并不喜欢那种只有两到三天的工作室（他们将其称为"微波炉式工作室"），而是希望学到对任教讲师有帮助的干货。

很多人告诉我们，由于上课学生混杂，他们在职业技术教育培训学院和成人教育和培训中心上课时遇到了一些麻烦：

> 我对继续教育与培训学院的期望是，我们这些通过了大学入学考试的人能与那些没有通过的人分开。我以为学院会在我们完成最后一个等级后询问我们的职业追求，然后在第四级将那些希望从事法律工作的人单列出来。【东开普省，一名青年接受采访时所述】

国内很多教育者都提到，为了在规定的时间内完成教学大纲，自己

---

① 译者注：南非大学（University of South Africa；UNISA）是南非的一所大学，为非洲最大的大学体系。

146

面临着巨大的压力，而这往往会影响他们与学生之间的有意义互动。他们花费了大量时间去做行政工作，而这通常不是他们的主要工作，这使得情况更加复杂。特别是许多成人教育和培训中心的教育者反映，为了给学生提供良好的教育和学习环境，他们付出了巨大的努力：

> 作为一名成人教育和培训教育者，我认为，学后教育体系可以做更多事情。成人教育和培训的作用十分重要，特别是在农村社区。但是在我看来，政府并没有把成人教育和培训视为首要任务，不重视其发展，也没有拨出足够的资金来购买成人教育和培训教育者所需的教科书、参考资料，进行技术和教育培训，并给他们提供工作保障。官员们称，成人教育和培训旨在创造就业。教育者基于合同工作，却毫无收益，他们的主要任务就是保住饭碗而非教育那些有需要的社区成员。成人教育和培训仍然不被看重。尽管很多人在成人教育和培训机构工作，但他们却缺乏必要的技能来有效完成工作。各个中心独立工作，其中的一些教育者缺乏重要技能，比如调动那些落在后面的中心的积极性。【东开普省布鲁利利丝布什，一名成人教育教育者接受采访时所述】

继续学业

人们一旦离开了正规教育机构，想再继续自己的正规教育之路往往很难。如上所述，这有时是因为他们不了解自己面临怎样的选择，或者没有足够的金钱；有时则是因为他们没有达到进入目标机构所需的水平。

对于那些离开学校，去职业技术教育培训学院或大学继续深造的人来说，以下内容可能令他们感到震惊：

> 刚上学第一年，我很害怕达不到父母的期望。大学的校园比高中大多了，我担心自己因为迷路而上课迟到，也担心听不懂上课内容。高中时，老师告诉我们，大学的教室能容纳300名学生，每个人都必须认真听讲。我已经习惯了一个班30人，而如今的300人实在是个大数字。我也习惯了和老师交流，而在大学，除了教授，还

有代诉人和其他人。如果他们讲的都是我听不懂的法律术语，我又不敢提问，怎么办呢？就像"这是什么意思？那又是什么意思？"【东开普省东伦敦市，一名大学生接受采访时所述】

我遇到了一些困难。和高中不同的是，大学的师生比例很低。我们班人数最多达到了 45 人，但是这个数目可能会根据需求变动。师生比例是个问题，特别是当一名老师必须面对一个班 68 名学生时。【东开普省东伦敦市，一名职业技术教育培训学院学生接受采访时所述】

总体而言，人们通常认为职业技术教育与培训学院比不上大学，许多想要继续深造的年轻人也更倾向于在大学学习，他们对于阻碍自己上大学的教育体系感到愤怒：

我认为情况的确如此。2011 年，我通过了 12 级的考试，但是由于没有达到理想等级，我失去了上大学的资格，但也不愿意去继续教育与培训机构。于是，2012 年一整年我无所事事。数学和会计对我来说太难了，我深陷其中无法脱身。我不得不将上大学的事先放一边，去继续教育与培训机构。我热爱大学浓厚的学术氛围，在那里我可以获得丰富的知识，大多数学校也洋溢着热情的氛围。2013 年年中，我不得不降低自己的标准，接受教育。虽然我觉得继续教育与培训学院和大学不是一个档次，但我仍然报了名。那时，我并不知道现在会发生什么，只知道自己重返校园，所以必须充分利用学校时光。我应该努力获得一份令人满意的工作资格，并成功找到工作。学院和高中不同，和大学也不同，学院只会提供给你工作的机会，而大学会帮你解放思想，提出疑问，获取知识，丰富思想，让你成为一个可以为自己创造机会的战略思考者。现在，我在继续教育与培训学院的梦想就是获得大学入学资格，只要是能让我做我所想——获得艺术学位或文凭的大学都可以。【东开普省东伦敦市，一名职业技术教育培训学院学生接受采访时所述】

虽然成果导向教育课程将入学通过率提高至 40%，但当你查看高等教育要求时，你会发现，入学要求非常之高。所以我想知道，成果导向教育课程给我们带来了什么？因为我们没有必要通过12级，但是却无处可去，无地可学。现在，我因为等级低，只能继续待在继续教育与培训学院。【东开普省东伦敦市，一名职业技术教育培训学院学生接受采访时所述】

有时，人们面临的困难仅仅是由于此前提到的各种交叉障碍导致的，这些障碍迫使学习者学习自己并不感兴趣的领域：

从高中进入大学或学院比我想象中的要复杂多了。数学曾经是我的一个短板，而如今我仍然和它纠缠不清。我通过了12级的考试，却唯独数学没过，所以我没有资格进入我想去的大部分大学，比如罗得斯大学（Rhodes University）、福特哈尔大学和西开普大学。因此，在尝试申请这些学校之后，我不得不过上了间隔年。我意识到，如果我想要去大学继续学业，就必须有所改变，这就表示我要放弃商学专业。我研究了一下其他的专业，试图寻找一门可以让我进入中学后机构的课程，而这样一来，我就必须放弃我的理想职业——商业。2013年7月前后，我进入了布法罗市的公立继续教育与培训学院学习。由于数学，我只能从为数不多的几个选项：人力资源管理、管理助理、教育和公共管理中选择了人力资源管理作为专业。【东开普省东伦敦市，一名职业技术教育培训学院学生接受采访时所述】

我最想学的是农业管理，其次是教师。我获得了卡吉索信托（Kagiso Trust）的奖学金，但是他们向即将进入研究型大学的学生提供助学金。于是我申请了自由州大学（University of the Free State），学校让我先去瓦尔理工大学（Vaal University of Technology）学习化学工程。但我发现自己并没有达到申请这个专业的资格，因为我的英语只有四级，只能去学无损检测①（NDT）。【豪登省瓦尔三角洲，

---

① 译者注：NDT（Non-destructive testing），就是利用声、光、磁和电等特性，在不损害或不影响被检对象使用性能的前提下，检测被检对象中是否存在缺陷或不均匀性，给出缺陷的大小、位置、性质和数量等信息，进而判定被检对象所处技术状态（如合格与否、剩余寿命等）的所有技术手段的总称 NDT 是指对材料或工件实施一种不损害或不影响其未来使用性能或用途的检测手段。

第一编 体验：生活与学习

一名理工大学学生接受采访时所述】

我申请了冶金工程（Metallurgical Engineering），这也是我的第一选择，第二选择则是化学工程。巧的是，我正好获得了化学工程的助学金，所以就去学了化学。【豪登省，一名理工大学学生接受采访时所述】

我呢，想去学医，但是由于成绩不是很理想，所以我来到了这里学习无损检测，但是我不大了解这个专业。【豪登省瓦尔三角洲，一名理工大学学生接受采访时所述】

10年级时，我开始思考自己想要成为一个什么样的人。也是在那一年，我的母亲去世了，我投奔了姑姑和表兄弟。长大后，我的梦想是成为一名律师，那是我从10岁就渴望的职业。高中时，我的朋友和老师就一直告诉我，有一天我会成为一名好律师。虽然现在我在布法罗（Buffalo）市立继续教育与培训学院学习电气工程，但是，我"成为世界上最好的律师之一"的愿望并没有消失，也永远不会消失。【东开普省东伦敦市，一名继续教育与培训学院学生接受采访时所述】

我们有些来自农村，那里没法上网，甚至学校也没法上网，我要去哪进行无损检测研究呢？村子里也没有人做过无损检测，我要何去何从？我能做的只是填写申请表格罢了。【豪登省瓦尔，一名理工大学学生接受采访时所述】

我本来是想学习电气（大功率），但当我来这里上大学时，我被电子和低电流搅得一头雾水，现在我觉得自己必须要多学几年，着重学习强电流。【东开普省东伦敦市，一名大学生接受采访时所述】

对于我来说，我的家庭中存在这样一种根深蒂固的思想：如果你在早期学习中有一次不及格，那么你就必须去学习商科；相反，如果你从未挂科，那么就要去学理科。我没有挂过科，所以现在不得不在学校学理。没有人告诉我科学界正在发生的事情。我的祖母只是告诉我，没挂科说明你很聪明，就得做一些与科学有关的事情。我不得不去那里上学，尽管我连自己想做什么都不知道。【豪登省瓦尔三角洲，一名理工大学学生接受采访时所述】

我深受茨瓦内科技大学（Tshwane University of Technology）[①] 折磨。我在高中时没有上过职业指导，因此，当我第一次踏入大学校门时，我一无所知。即使高中有职业指导，也没有导师面对面教授知识。那些学习商业管理的人也不打算经营自己的企业。【东开普省东伦敦市，一名学生接受采访时所述】

我认为，这就是高中要求学生必须参加职业博览会的原因，因为只有这样，你才能知道自己想成为什么样的人。【豪登省瓦尔三角洲，一名理工大学学生接受采访时所述】

虽然许多年轻人告诉我们，正是在家庭成员的鼓励和支持下，他们才得以继续学习。但是，他们中的许多人同样会被"引导"到特定的学习领域中，"引导者"大多是父母，或者一种要求年轻人在上学期间选择攸关自己未来学科的制度：

我压根儿就不喜欢学院的课，因为这并不是我想做的。我去上课一是为了让我的妈妈高兴，二是因为我很讨厌办公室工作，特别是做私人助理。【东开普省东伦敦市，一名女青年接受采访时所述】

我认为，父母在孩子8年级时应该检查一下他们的各科成绩。因为那时候，我的父母根本不在乎我是否想去学会计，只是一味让我去学理科。我最后不得不接受现实，走上理科的道路。所以我认为，父母应该扮演好自己的角色。【豪登省瓦尔三角洲，一名理工大学学生接受采访时所述】

[①] 译者注：茨瓦尼科技大学是南非最大的本地理工大学，成立于2004年，它是南非第一所包括企业家协会的学术机构。

高中要求学生投入时间和精力，并且认真思考。在高中，你可以评估自己的职业、学科选择以及自己的长处和短处。高中为你的就业指导提供了选择和帮助，但同时也是大多数人压力开始的地方。在面临职业选择时，我们往往不知道何去何从，脑海中不时回荡起父母对于我们未来的期望。大多数父母和家庭成员都将自己的想法强加给年轻人，让他们成为会计、医生、科学家，但却从未考虑过孩子的感受。我对此深有感触。高中时，我认为自己应该学习商科，成为一名经济学家，因为这样我就能赚很多的钱。【东开普省东伦敦市，一名职业技术教育培训学院学生接受采访时所述】

你会发现，虽然数学是我的强项，但我并不喜欢它，数学只能算作我擅长的一门学科。父母发现我的数学很好，所以他们认为我应该成为一名会计。但当我学习了数学和会计，我便知道自己更热爱艺术和设计领域。我在进入大学时就知道这一点，并且认定自己在两年后会追随本心，放弃数学和会计。我想说的是，重要的是你自己是怎么想的，因为这听起来就像是我们在很小的时候就被迫决定了自己的未来，而在16岁选择学科是一件大事，因为这会影响你的人生。【豪登省瓦尔，一名理工大学学生接受采访时所述】

学校确实为我们提供了帮助，因为我们在9年级进行了能力测验，但从我现在的工作来看，结果却有所不同。在家时，父母让我选择自己所想，但是我能听到父亲说："你的物理成绩不理想，但是还想学物理吗？"于是，我明白了，我应该按照他的意思，选择别的专业。【豪登省瓦尔三角洲，一名理工大学学生接受采访时所述】

我们在东开普省曾与一位年轻女士交谈，她告诉我们，有一对白人夫妇正在资助自己继续中学后学习。数学很伤她的脑筋，但她却因为担心失去经济支持而不敢放弃数学。

很多时候，父母给孩子的压力来自这样一种期望，即从事某些研究能为孩子带来安全可靠、薪酬丰厚工作,但是这些事例同时强调,当前的讨论(以及教育机构和课程的结构)将理科置于其他学科之上,而这往往对学生不利。因为这样一来,学生只能根据所掌握的知识来做特定的事情,对于自己要做出的选择往往缺乏指导或根本没有任何指导。

一旦进入中学后教育与培训体系,就很难去别的机构。对于成人教育和培训中心的学习者来说,继续深造可能特别困难:

> 成人基础教育和培训,国家学历体系(NQF)四级,现在变成了什么呢?我们牺牲了所有的时间,期末考试也不例外,然而什么也没有发生,这不公平。人们对此抱有希望。而在期末考试结束后,你会觉得自己像是高中的"辍学儿",因为你不知道在达到第四级后要做什么。【东开普省布鲁利利丝布什,一名成人教育者接受采访时所述】

> 最大的问题是,我们获得了成人基础教育和培训证时,却发现自己无处可去。继续教育与培训学院不需要我们,大学也不需要我们。【林波波省瑟库库内,一名成人学习者接受采访时所述】

一位来自豪登省瓦尔三角洲成人教育和培训中心的负责人告诉我们,"不知道为什么人们会弄混我们和继续教育与培训学院,我们现在是两个不同的机构"。他认为,职业技术教育培训学院排外成人教育和培训中心,不愿接受已经获得成人基础教育和培训四级证书的成年学习者。

而另一方面,职业技术教育培训学院的学生认为,大学并不认可他们国家职业资格证书[NC(V)]①,或者在选拔时偏爱统考生。"拥有

---

① 国家职业资格证书〔National Certificate(V)〕是职业技术教育培训学院于2007年首次推出的一项新的教育方案。国家学历体系下的国家职业资格证书共分为24级,面向公立和私立职业技术教育培训学院以及其他提供职业技术教育培训职业课程的机构的学生。该资格证书向学生提供由学术知识和理论课程,并与每个职业领域特有的实操技能和价值观相结合。学习者必须持有普通教育和培训证书(General Education and Training Certificate)和国家资历体系一级(9级资格或普通教育和培训:成人基础教育和培训)才能注册国家职业资格证书。持有国家职业资格证书四级等同于通过大学入学考试。

第一编　体验：生活与学习

证书的研究生碰壁了。"林波波省职业技术教育培训学院的院长告诉我们：

> 对于我们的学习者来说，上大学仍然是一个挑战。国家必须重新审查从学院到大学的过渡政策。我们仍在等待政府在政策上作出表态。我们的学生仍然很难取得大学入学资格。这反映出一种延续至今的思想，即技术机构是为没有学术能力的人设立的。【林波波省瑟库库内，一名职业技术教育培训学院的校园经理接受采访时所述】

在研究过程中，为了找出国家职业资格证书四级证书与大学学位课程的录取之间的联系，我们对约翰内斯堡大学和纳尔逊·曼德拉大学（Nelson Mandela University）进行了考察。各个机构的过渡有所不同。约翰内斯堡大学认为，该证书与学术课程之间的过渡因大学教职员工而异。纳尔逊·曼德拉大学则与当地的职业技术教育培训学院有着更紧密的合作关系，并为该学院学生提供了 24 个学术课程。所有持有国家职业资格证书的毕业生在去学习大学课程之前，必须通过以英语和数学为主的评估测试。职业技术教育培训学院与大学之间的过渡仍然是南非学后教育面临的主要挑战之一，当地需要做出解决方案，学院和大学之间也要进行广泛沟通与合作（Baatjes et al. 2012）。

终身学习

在对全国进行研究过程中，我们所了解到的最困难的事情之一可能在于，很多人根本不认为自己在非正式的中学后教育与培训机构中学到的东西与自己的生活息息相关，并对生活有所帮助：

> 尽管国家学生资助计划的确有其不正规之处，但是我们依旧很感谢它，因为它起码给我们提供了深造的资金。我们学到了一些东西，这些东西能让我们在学习结束后过上更好的生活。教育曾一度被称为成功的关键，但现在却不再如此了。【豪登省瓦尔三角洲，一名理工大学生接受采访时所述】

第五章 学习助力，学习障碍

按照规定，我们的教育体系通常与学生团体无关，因此，学生很难将学业坚持到底。【东开普省，一名学生接受采访时所述】

更糟糕的是，职业技术教育培训学院的学生（包括我自己在内）并不能达到最高等级，或实现自己的目标。继续教育与培训学院只提供培训，并不教你学习。这个体系旨在为你之后的工作领域做准备。我所在学院的学生正在准备国家职业资格证书。然而，九成以上的学生早已拿到了12级的证书，却仍要准备这个资格证书，这让我感到很难过。【东开普省东伦敦市，一名职业技术教育培训学院学生接受采访时所述】

我们学习了三年，毕业却找不到工作，那不就相当于我们一直在家待业。没错，你拥有证书，却没有工作经验，这和你从来没上过学是一样的。【豪登省瓦尔三角洲，一名职业技术教育培训学院学生接受采访时所述】

长大后，我们以为教育是唯一可以打开美好未来大门的钥匙，这也是我对上大学、获得毕业证书感到如此开心的一个原因，但我大错特错了。我以极短的时间获得了文凭，却发现找工作变成了人生最难做的事情。我给南非各地的单位都寄了简历，却没有收到任何回复。【东开普省兹威德镇，一名女青年接受采访时所述】

显然，在很大程度上，特别是在年轻人中伴随着一种强烈的感觉，即如果一个人获得了证书，学到了相应的技能，那么他就应该能找到一份工作。然而，正如我们在第二章中所述，我们发现，包括那些已经获得了某种正式资格的人在内，南非的失业率很高。在对全国进行研究时，我们从学习者和前学习者那里都听到过这样一句话：

我们的兄弟姐妹拥有学位、文凭和证书，却仍待业在家。工作何在？高等教育就是浪费钱，我们只能靠运气了，情况本不应如此。【豪登省瓦尔三角洲，一名职业技术教育培训学院学生接受

第一编　体验：生活与学习

采访时所述】

　　我不知道为什么那些待业青年赋闲在家，而如今越来越多的人却依然抢着去上学。每个人都有梦想，他们想更加成功。没有工作的人越来越多，却依旧选择去学校学习执业资格，毕业后，他们仍然找不到工作。【豪登省瓦尔三角洲，一名高中学习者接受采访时所述】

　　有些人处境艰难，但仍然想方设法上了大学。为了取得资格，他们努力奋斗，最终还是回到了这里，成为无业游民。有时，为数不多的孩子去外面学习是一件好事，他们可以学到一些东西，让自己继续前行。【林波波省瑟库库内，一名社区成员接受采访时所述】

图 5.10　林波波省瑟库库内，手持资格证书的无业毕业生

　　人们对这种情况的分析各不相同。对于一些人而言，这是因为他们接受的教育不够：

因为经济问题，我没能通过大学入学考试。于是我开始找工作，但只找到了三个月的临时工作。最后我意识到，重返校园可能是更好的选择，因为这样我就能找到一份更好也更稳定的工作。【林波波省瑟库库内，一名成人学习者接受采访时所述】

而对于另外一些人来说，这可能是因为他们接受的培训不够好，或者他们还没做好充分的求职准备：

为学习者做好进入就业市场的准备是继续教育与培训学院的职责所在，而它却没有做到这一点。我们还没有准备好进入就业市场，也没有进行任何实操培训，只是被告知事情是如何运作的，但却没有人给我们示范，也没有人给我们实践的机会。【豪登省瑟迪邦，一名职业技术教育培训学院学生接受采访时所述】

对一些人来说，这关乎工作经验，越来越多的年轻人发现这是就业的先决条件。因此，他们在面对困难举步维艰——工作需要经验，而经验无从获得：

想找到工作，就得有学位。有了学位，还必须要有5年的工作经验。【豪登省瓦尔三角洲，一名职业技术教育培训学院学生接受采访时所述】

大学毕业后的生活十分忙碌，更像是一场噩梦，因为那时你才真正迎来了艰难时光。你举步维艰，申请了工作，公司却因为你没有工作经验而拒绝雇用你。你会觉得上大学是浪费时间，因为那些没有读过大学的朋友都过着更好的生活。他们找到了工作，有些人的工作很不错，他们开着小汽车，过着你认为在这个时候自己会过的生活。【东开普省夸马格萨基镇（KwaMagxaki），一名女青年接受采访时所述】

因此，豪登省理工大学的一些学生提议，"我们在校期间需要多多接触行业，这样才能获得必要的经验"。但显然，有了经验并不一定就能找到工作。一位青年研究、学习和倡导组织的研究人员也参与了这项研究，他在西伯肯镇通过了大学入学考试，并被瓦尔理工大学录取。读了一年大学后，他在约翰内斯堡的一所私立职业技术教育培训学院修了为期一年的 IT 管理等级考试课程。该课程由六个月的理论课程和六个月的实践课程组成。实践课程是一项以青少年为重点对象的艾滋病预防倡议，由信息系统，电子和电信技术部的教育培训局（ISSET SETA）[①] 推动。但遗憾的是，这项实践课程与他的课程、证书以及后来的就业无任何关系。实践结束后，他并没有找到工作。他做了一段时间的志愿工作，而现在，为了养家糊口，他从事了一份与自己的资历不相关的工作。

在对一些人进行分析后，我们发现，人们接受培训只是为了那些实际上并不存在的工作。因此，一些学习者和学生越来越怀疑正式资格与就业市场之间的联系：

> 然后是失业问题，有些职业和课程在南非并不适用，诸如人力资源。仍然有很多人在学人力资源，上人力资源课程，但是几乎所有人，或者五分之三的人拥有人力资源学位，却找不到工作。然而学校告诉我们，学了这门课，你就可以成为人力资源，对此我无法理解。如果学生毕业后仍费力找工作，那么开办这门课程的意义何在？为什么不换一门课，或者对课程做出改变呢？【豪登省瓦尔三角洲，一名职业技术教育培训学院学生接受采访时所述】

> 对我来说，我所学到的学科知识在工作中并不被认可，所以那些持有证书的人只能在家中闲坐。【林波波省，加恩科瓦纳，一名拓展公共工程计划就业者接受采访时所述】

教育者也越来越怀疑正规经济中教育与就业之间的线性关系。他们的分析与学生相似。因此有些人认同，在充分培养学生，特别是为他们提供工作经验方面是存在问题的，尽管他们的理由可能各不相同。豪登省一名职业技术教育培训学院讲师说：企业并不想与他们合作，也不想

[①] ISSET SETA，现更名为媒体、广告、信息和通信技术教育培训局（MICT SETA），是 2000 年设立的 23 个部门教育培训局（SETA）之一，旨在根据国家技能发展战略来规划和实施特定经济部门的技能发展。南非现有 21 个官方授权的部门教育培训局（SETA）负责技能发展。

培训他们的学习者，另一位讲师说："技术学院应该为学习者提供贸易实践，我们必须教给他们贸易技能，我们必须产出匠人们，但我们却因为没有设备或资源而无能为力。"

我们采访过的一些教育者建议尝试打破学历与正式工作之间的联系。例如，一位来自瓦尔三角洲的成人教育教育者表示：

> 从心理学的角度来说，人们在成长过程中始终伴随着"我必须找到工作"这样的想法。要想抛开这种心态，就必须有能力独立做事，而不是总期望自己去城镇或企业谋职。人们会说，要是企业已经有了足够的劳动力，那让我去做什么呢？【豪登省瓦尔三角洲，一名成人教育教育者接受采访时所述】

对于许多人来说，获得正式证书的动力正逐渐受到正规系统内人员的质疑。正如第四章所述，与正规教育机构的许多其他学习者相比，那些认为自己的学习对生活有好处的成年学习者往往学得更积极。一位成人教育教育者指出，导致学习者辍学的原因之一在于，一些成人学习者真正想从成人基础教育和培训那里学到的东西与获得成人公立教育系统的正式证书的动力之间存在脱节：

> 一位妇女只想知道如何读圣经，我们现在却让她参加一个标准化的测试，这就是人们辍学的原因所在。【豪登省瓦尔三角洲，一名成人教育教育者接受采访时所述】

一名职业技术教育培训学院的教育者对此进行进一步的解释：

> 继续教育与培训证书是一张没用的纸，它并不会打开工作或者进修的大门，只能证明你浪费了三年时光去做你认为有用的事。【林波波省瑟库库内，一名职业技术教育培训学院教育者接受采访时所述】

一位待业的毕业生画了一幅画（见图 5.11），画中描绘了中学后教育与培训未兑现的承诺。

第一编　体验：生活与学习

图 5.11　一名失业的毕业生的画："整个体系都假装在培养学生。到了最后，持有证书的毕业生满怀喜悦地完成学业，离开学校，但满肚子疑惑：自己的未来会怎样？"

在林波波省瑟库库内加恩查贝伦举行的小组讨论中，人们告诉我们：高等证书毫无用处，因为它无法保证我们孩子的就业。农村地区没有高等教育机构，我们的孩子不得不搬到豪登省或其他地方接受教育。这导致他们无法为成年做好周全的准备。这些孩子中的大多数并没有像我们期望的那样毕业，而是最终怀着孕、生着现代疾病回到了家。【林波波省瑟库库内加恩查贝伦，一名社区成员接受采访时所述】

那些曾进行过非正规学习的人也对证书持有怀疑态度。例如，唱片骑师莫哈丘（Mochacho）（第四章讲述了他的经历）指出，太多人把关注点放在了证书上，而真正重要的问题是有所特长。他认为，教育系统已经将人们变成了满脑子"资格意识"的人。他告诉我们：

要知道，那些曾经在南非钢铁工业有限公司工作的老家伙并没有年轻人持有的工程学位证书，但是当管道阻塞时，你只能去找他们。拿着工程学位证书来？可以，但你要给我找一个经验丰富的老员工。他们可能不认字，不会算数，但仍然可以完成这些工作，拥有学历的年轻人却只能站在一边。年轻人的月薪是2万（兰特）？而老员工只有8000（兰特）。

贾曼是奥兰治农场镇的一名摩托车修理工，负责培训学徒。他认为，如果学徒因为没有证书证明是他的徒弟而不能自己独立作业，即便他们现在已经可以自己干活，那么他即使花再多的时间，向他们传授知识，也是毫无意义的。"四名我的学生已经懂得了相应的技能，却干坐着不动，因为他们无法用一纸来自合格服务商的证书证明自己。"

在政府、企业、学校和其他学习机构、媒体和社会中占主导地位的话语通常继续作为所有重要和全方位的证书。然而，正如前面引述的某些观点所证明的那样，人们越来越质疑那些没有用的学位、文凭和证书。随着正式工作的减少，人们对证书也提出了质疑。此外，重视证书也给学生们灌输了教育的目的是"获得证书或资格，而非学习"的思想。

正规中学后教育与培训体系带来了一个对人们的生活没有任何帮助的成果——许多年轻人对该体系感到失望和愤怒。林波波省瑟库库内加恩查贝伦的一群年轻人将自己的感受以诗的形式呈现了出来：

> 裂帛
> 我被撕成了碎片
> 我的心在流血，大麻①已经变成了我的一日三餐
> 家人和亲戚与我恩断义绝
> 我的父母拿着刀逼我上学
> 我获得的证书数不胜数，工作却说这些全不算数
> 市政厅！帮帮我吧！矿区！帮帮我吧！医院！帮我找到一份工作吧！
> 帮帮我吧！我的朋友们已经开上了豪华小轿车，快来帮帮我吧！

许多接受了正规教育的人都认为自己所学的大部分知识与工作无关，这和我们所遇到的非正规教育者形成了鲜明的对比，因为后者似乎更能

---

① 译者注：南非地区对大麻的称呼。国际通例使用cannabis作为大麻的泛指，包括毒品大麻和工业、医用大麻，而用marijuana指毒品大麻。

第一编 体验：生活与学习

迎合社区成员的迫切需要。例如，第四章中所提到坎尼萨创办的工作室通常被认为是对一些具体问题（与人们相关的问题）的回应。该工作室与参与者每日困难息息相关，而作为回应，工作室的部分学习内容是决定如何解决参与者的问题。

由于正规系统存在问题，许多人开始提议采取一种不同的教育：

> 这只是我的提议，我认为我们应该将教育整体化，孩子因为我们在谈论学术而感到沮丧。对于一些学习者来说，学术无聊至极。举个例子，有一个女孩英语和祖鲁语都拿到了A。我扪心自问，是否真的在帮助这个女孩，答案我也不知道。她和其他人又有什么不同呢？她都拿到了A。我相信这一情况印证了那句俗语"只工作不玩耍，聪明的孩子也变傻"。有的女孩想要加入国家女子足球队。我们既然有空余之地，为什么不建造一些园艺、体育或者音乐设施呢？你可以在索韦托看到来自世界各地的传统音乐团体。孩子会问道，"爸爸，我们什么时候去唱歌呀？"所以，作为一个民主国家，我们需要对此进行谈判。【豪登省瓦尔三角洲，一名成人教育教育者接受采访时所述】

> 如果一个国家的教育不以人们为参考标准，那么这种教育就是奴隶制教育。我们想从自己的参考标准开始研究。如果教育不把非洲主义，即我们作为非洲人的价值观作为重心，那么，不管最后的结果如何，这种教育都是奴隶制教育。【东开普省东伦敦市，一名青年男子接受采访时所述】

调查结果

研究强调，目前的正规中学后教育与培训体系不仅不支持这种整体化学习，反而有可能（而且经常）影响人们的自我意识及其学习愿望和能力。这是由长久地理障碍所产生的，这些障碍将农民阶级和工人阶级社区与学习机构隔离开来；这也是通过强迫学生不断贷款学习、重点专注某些语言特权来干扰学习者、轻视本地知识、偏爱市场经济而非社区需求所产生的。

进入中学后教育机构仍然是最大的挑战之一。各研究站的学生表示，由于没有上过大学，自己在社区中常常感到挫败，因此不得不长途跋涉去一些大学。许多学生反映，机构缺乏有效学习所需的资源和设施。职业技术教育培训学生对此感同身受。为了上学，学生需要步行很远的距离，学校附近也没有地方住宿，因此这个问题变得更加复杂。学生们解释说，自己害怕上晚课，因为下课之后他们要独自回家。

大多数受访者都提到了中学后教育与培训体系的成本问题，因为许多农村和工人阶级的人负担不起这些费用。这一问题影响了中学后教育与培训体系的入学率。缺乏资金、资源以及政府的支持（工作安全、有效动员和教学的适当技能）都是导致成年学习者学习问题的关键因素。一些教育者强调，同学院、大学等其他学习机构建立关系大有裨益。图书馆资源充足，但学生权限不够或者完全没有访问权限使得学习变得更加困难，由于缺乏本地资源，学生不得不前往其他城镇上课。这就意味着，为了继续学习，从业人员必须冒着丢掉工作的风险。而在那些已经受尽高水平就业困扰的社区中，人们不太可能做出这种牺牲。

英语授课，与社区隔绝，缺乏新生的信息，资金不足，学费高昂，缺乏家长的支持等，所有这些问题都会影响学生的学习能力。饥饿仍然是影响学生的问题之一，一些学生称，饿着肚子上课无法集中精力学习。

从研究中可以明显看出，人们对学习的渴望可以帮助他们过上更好生活。虽然目前对"更好的生活"的定义尚有争议，但是，所学的知识在关键时刻确有帮助。而就人们在正规中学后与培训的经验来看，中学后教育与培训并不能满足个人和社区的需求和利益。

然而，非正规学习者所讲述的经历却大不相同。用母语学习更加容易。人们还学习如何解决实际问题，或对所面临的问题进行建设性回应。学习是一个持续的过程，并不局限于任意时间范围。在整个学习阶段，人们都希望得到支持，而不是孤军奋战。许多参加了正规中学后教育与培训的女性称，怀孕或生育阻碍了她们的学习。在非正规学习中，我们经常看到父母陪伴着孩子，所以，边照顾孩子边学习是不可能的。人们聚在一起，讨论并思考解决方案，由此父母可以在照顾孩子的同时继续学习和工作。

人们发现，集体学习很有效果。我们寻访过的大多数组织都认为，实践和学习旨在促进机构的发展。许多人表达的总体观点似乎证实了这样一点,即当学习与人们的生活以及环境息息相关时,学习就会得到重视,并被认为是有用的。

第二编
反思与内化:多重启示

第六章

实践：参与、排斥、超越

研究人员：你们是怎么开始从事这份工作的？

农妇1：我丈夫失业了，他之前在约翰内斯堡（Johannesburg）工作。

农妇2：你看，我丈夫已经不工作了（他被矿场裁员了），但我可以继续干这个（农活）来养家。

农场女工3：用水是一大问题，夏天的时候很难熬，有些水坝都干了。你看到那儿了吗……（指了指）伊斯拉贝尼①？我们从那儿取水喝。

研究人员：去那儿有多远？

所有人：很远！

农妇3：那儿很远，因为你还抬着东西……还要爬山才能到，没有路走。【东开普省（Eastern Cape）诺赫克瓦纳村（Noqhekwana）农民接受采访时所述】

在上面的交流中，诺赫克瓦纳村的农民们讲述了自己为创造生活所做的努力。所到之处，人们都会讲述自己的生活，包括个人背景、个人经历、居住地、看重之物和所做之事等。本书前三章已经分享了我们的所见所闻。

人们向我们讲述了自己的生活，谈及满足基本需求、社区活动与家庭关系、同土地的关系，以及人类自我表达和活动的重要性（比如通过艺术、分享传统知识、烹饪、园艺工作、经营小生意、溪流中嬉戏以及运动

---

① 译者注：音译，应该是水坝名称。

等活动表达自我)。人们谈及所面临的苦难:所爱之人逝世、住房不足、安全方面的担忧、裁员以及绝望感等,并说到这些事情都是生活的重要部分。在分享经历时,人们也分享了自己关于"美好生活由何而来"的看法。基于我们和受访者的交流,本章将重点回答:美好生活由何而来?

针对"美好生活由何而来"这一问题,关于发展研究的权威文献提供了一系列的答案。不过和我们交流的大多数人却提供了不一样的视角。本章下一节将探讨当前占主导的发展模式,并分享人们对发展这一概念的批判以及人们是如何看待资本主义经济对自身生活的影响的。人们的观点包含对自己的生活境地深刻的阐释。失业率、社会和经济的不平等以及工作不稳定性的日益增长等方面的国家数据印证了我们的所见所闻。在这些批判的基础上,本章将继续运用"实践"这一概念来反映人们关于美好生活由何而来的一些看法。本章总结出一个初步的概念框架,用以帮助读者理解什么是"创造生活"。我们通过这个框架最大限度地诠释人们对美好生活由何而来的看法。

"发展"与资本主义

青年:聪明人会告诉你上学没意义,因为有人哪怕合格了,还是找不到工作。最痛苦的事就是为找到工作通宵达旦地学习,可最后却还是找不到工作。

大学研究人员:一直描绘悲惨的情景,沉溺在负面情绪中,没什么意义。

社区研究人员(看了看四周):房间里的沉默就说明了(那位青年)所言不假。【豪登省(Gauteng)西伯肯镇(Sebokeng)社区居民接受采访时所述】

德多恩斯镇(De Doorns)唯一的问题就是肺结核。得病的人太多了,原因是直升机给农场葡萄喷洒杀虫剂。冬天,鼻孔会破裂,就好像被刀片割过一样。这不是因为天气寒冷,而是因为那些化学药品。【西开普省(Western Cape)德多恩斯镇一位社区居民接受采访时所述】

第六章　实践：参与、排斥、超越

> 因为没有工作的厂房，我们就在后院工作，而社区里却盖起了一座座商场……企业都不想把生意开到镇上来，但是如果我也把生意搬到市里去，镇上情形会怎么样呢？【豪登省奥兰治农场镇（Orange Farm）的贾曼（Jahman）接受采访时所述】

> 政府和有关部门给学习者发助学金，这样就可以数人头吹嘘了，2014年西伯肯镇有两万民青年通过奖学金在继续教育与培训（FET）机构学习，但政府根本不关心接下来的事，这只是一场政治把戏。【豪登省瓦尔三角洲（Vaal）职业技术教育与培训学院（TVET）一名学生接受采访时所述】

南非主要的发展规划均将自由资本主义驱动的经济增长置于发展议程的中心位置，其中包括《增长、就业和再分配策略》（南非财政部1996）、《加速和共同增长倡议》（南非共和国2006）、《南非新增长框架》（DTI 2011），以及《2030年国家发展规划》（南非共和国2012）。这样的发展议程认为经济的增长和现代化可以为南非全国人民创造工作机会、改善生活。而中学阶段和中学后阶段的正规教育也让年轻人为进入该体系做好准备。

南非的这种发展模式反映出当今主导全球的发展模式：新自由主义。

> 新自由主义首先是一种政治经济实践的理论，即认为通过在一个制度框架内——此制度框架的特点是稳固的个人财产权、自由市场、自由贸易——释放个体企业的自由和技能，能够最大限度地促进人的幸福。国家的角色是创造并维持一种适合于此类实践的制度框架。（Harvey 2005：2）

新自由主义带来了一系列假设和信仰，它们以"常识"和逻辑的形式呈现于众。就葛兰西主义[①]而言，它们是统治阶级霸权的一部分。这些"常识"性假设尤其包括这一观点：经济增长对于"开发商"而言是

---

① 译者注：葛西兰主义认为物质实力、意识形态和制度体系是个体和集体行为的决定性因素。

必要的，增长的价值毋庸置疑——更多的采矿、钻探、建筑和制造对于经济扩张必不可少（Kallis 2015：1）。但是除此之外，还有其他一些相互关联的假设：生活的一切都可以且应该被商品化，消费是人类的终极目标；人类本质上是不同的，是利己的。因此，社会是"个体的集合，而非由关系构成的复杂网络"（Bhattacharyya 2004：17）；那种"科学的"、理性的世界观不仅在本质上"更好"，而且在意识形态上是中立的。因此，"不遵循资本市场逻辑的文化会被贴上'非理性'的标签"（Bhattacharyya 2004：20）。新自由主义的终极观点是新自由主义是"人性历史使命的唯一合理的道路"（Badiou 2015：6）。

新自由主义认为所有人都终将获益：

> 新自由主义国家让步给全球资本流"隐藏之手"的主权越多，经济体就会越高效，顶层积累的资源就会越多，最终流向底层的财富也会越多。（Schenker 2016：47）

新自由主义的出现标志着资本主义历史上的一个特殊时刻的到来，新自由主义自19世纪70年代便开始统治全球（Harvey 2005），当然新自由主义诸多核心理念的起源比这一时间要早得多。正如Badiou（2015：5）所述，"三十年来，我们目睹了资本主义全球化的胜利"。

正是在这种新自由主义的大环境下，南非获得了解放。许多人认为（如Bond 2000；Harvey 2005；Pithouse 2006），南非"选择了新自由主义的道路"（Neocosmos 2016：5），其发展规划也印证了这一点。

但是，接受采访的人们对这一模式均持批判的态度，并做出如下评价：该模式既没有解决结构性失业的问题，也没有解决普遍的不平等问题；它延续了正规教育是解决贫穷、不平等和失业问题的良药这一神话，也定义了什么是消费和精英主义，还造成了环境破坏。因此，该模式在本质上是非人性化的。受访人群还告诉我们，有四个问题十分突出：失业、非正式和无保障的就业、不平等以及对资本主义逻辑的坚信或怀疑。

第六章　实践：参与、排斥、超越

结构性发展

> 家里有兄弟姐妹取得了学历、学位和资格证，但是工作在哪儿呢？高等教育就是浪费钱而已。【豪登省瓦尔三角洲职业技术教育与培训学院一名学生接受采访时所述】

> 听政客谈论失业率上升的原因时，说的都是"教育和技能与经济不匹配"。当经济形势表明需要工程师时，政府就在工程教育方面投资。那如果两万人都排队等着拿工程方面的资格证，其中又有多少人能被雇用为工程师呢？我自己的经历是这样的，我先完成了国家学历体系（National Qualifications Framework，NQF）①第四级考试后，又在 2007 年完成了关于工程领导方面的课程，后来发现还是没有工作可做。【豪登省瓦尔三角洲一名青年接受采访时所述】

受访人群谈到了裁员、大规模失业和有限的正式工作岗位等问题，这些构成了他们日常生活的一部分。南非统计局（Stats SA 2014）数据显示，2008 年至 2014 年，南非失业人数从 430 万上升至 510 万，此后进一步上升至 620 万（Stats SA 2017）。官方统计失业率为 27.7%，而扩张失业率（即包括放弃求职人群）为 36.6%（Stats SA 2017）。换句话说，每三个处于就业年龄的人当中就有一个没有工作，这创下了南非十四年来最高失业率纪录。②此外，与南部非洲发展共同体（Southern African Development Community，SADC）区域内的其他国家相比，南非的劳动力参与率处于最低水平，每十个潜在成年劳动力中只有四人进入南非的劳动力市场。青年失业率居高不下，南非统计局 2017 年第二季度的《季度劳动力调查》显示，15—24 岁的青年中，未就业率为 56%（如按

---

① 译者注：National Qualifications Framework，国家资历体系由第一级到第四级共设置四个等级。

② 文章《更多毕业生加入失业大军》刊载于 2017 年 8 月 19 日的《星期日论坛报》（大学世界新闻国际版第 470 期），网络资源访问于 2017 年 9 月：http://www.universityworldnews.com/article.php?story=20170819065844962&query=jobless+queues。

171

照广义定义算，则为68%）。在所有15—24岁的青年里，有32.2%未就业（按照狭义定义算），也未接受任何正规教育和培训。受访者谈到"年轻人在街头闲逛"，他们讲述的是自己的亲眼所见，这与全国普查的结果一致——很多社区半数以上的青年都未就业（Stats SA 2016）。青年研究、学习和倡导组织（Youth Research, Learning and Advocacy, YRLA）的两名研究人员分别在瑟库库内地区（Sekhukhune）和西伯肯镇（Sebokeng）建立了青年发展组织，以应对社区内青年失业所带来的影响。

由于不能依靠雇主提供工作，许多受访者都强调拥有一项可以在当地赚钱的技能的重要性。这和由南非高等教育与培训部（DHET）资助的"劳动力市场情报伙伴关系"研究项目（Labour Market Intelligence Partnership, LMIP）的发现相似。该研究表明，只有很少的经济领域实现了近期的就业增长目标，并且在未来五年里，南非绝大多数领域的劳动力需求很有可能下降或者出现增长疲软（Bhorat et al. 2013；Bhorat & Tian 2014）。在"新兴之声2号"（Emerging Voices 2, EV2）的整个调研过程中，我们了解到原来在制造业和采矿业工作的人们都下岗了。据南非部门教育培训局（SETA）报告，制造业和采矿业近期的裁员现象不可能有所逆转（Balwanz & Ngcwangu 2016）；2016年第二季度至2017年第二季度期间，采矿行业进一步削减了1.3万个工作岗位（Stats SA 2017）。

南非经济仍在继续增长，虽然增长速度远远低于政策制定者声称要达到的速度；受教育程度在继续提高，但如上文所述，失业人数或者工作不稳定人数也在增加。许多评论人士认为，这并非是由于系统变异或局部错位所至，而是资本主义本身固有的结构性特征。资本主义的目标是追逐利润，而非完全的就业。因此，尽管劳动力对资本主义运作仍至关重要，但是雇主和行业依然在寻求提高利润的新干预措施，比如新的技术、廉价进口商品以及增加外包工作量和临时工等（Treat & Motala 2014）。以上各种变动均会导致劳动力需求减少，并加剧工作的不稳定性，尽管这一现象在全球范围内并不均衡，正如Munck（2013：752）所言，在南半球工作"一直以来都不稳定"。此外，雇主还通过削弱工会力量降低劳动力成本。弱化工会作用，减少工人，降低工作稳定性，以及保持大量待业人群（可取代焦躁不满的工人）等因素都削弱了劳动力的力量，反过来增加了雇主的利润

(Harvey 2011)。与此同时，资本主义全球化还吞并了非资本主义生产形式（比如，通过水资源私有化来分隔人们和其谋生方式），南半球尤为如此。这加速了无产阶级化，尤其是女性无产阶级化（Munck 2013）。换言之，人们被剥夺了其他谋生手段后只能出卖劳动力，但出卖劳动力也变得越来越难，他们已经成了"过剩人口"（Munck 2013：757）。针对这种情况，受访者应对方式不一，包括团结劳动者力量，抗议工作外包和在体制外谋生计等。

非正式和无保障的工作

镇里的这位母亲在卖炸面团，并且把所有孩子都送去了大学……一些孩子回到了家和她一起居住。【豪登省奥兰治农场镇唱片骑师莫哈丘（DJ Mochacho）接受采访时所述】

靠自己的双手工作非常重要，人们有必要靠自己的双手工作，而不应该把希望放在老板身上，人应当有赖以谋生的技能。【普马兰加省（Mpumalanga）奥斯胡克地区（Oshoek）社区居民接受采访时所述】

应该重新审查成人基础教育与培训（Adult Basic Education and Training, ABET）的课程大纲，确保课程里包括技能训练。目前为止，重点都是学术型科目，但是我觉得我们需要技能。成人基础教育与培训所教授的技能应该符合社区需求。看看我们居住的地区，就可以发现有很多建筑工程在施工，如果能教我们如何建楼，我想大家最终都能找到工作。还有一些一直能用上的技能，比如修管道，只要有需要就可以用上。我们还可以关注菜园种植，了解如何种植，养活自己和社区。【林波波省（Limpopo）瑟库库内地区一名成年学习者接受采访时所述】。

人们能把自己居住的地方利用起来很重要，我觉得人们应该更了解自己土地的土壤成分，了解该如何充分利用土地，学会在不依

> 靠金钱或超市的情况下生存，这些事儿很容易就能学会。【东开普省新布赖顿镇（New Brighton）一名青年接受采访时所述】

尽管许多人在寻求正式工作，但人们也向我们说到自己再也无法依靠"雇主"满足基本需求了。正如第二章所述，对于这部分人而言，显然南非经济未能创造充足的正式工作。因此，人们只能自行寻找维生之计，自行创造工作。许多人都在城市里或城市周边地区从事着非正式工作，比如卖食品和其他商品，提供基础服务，回收或者经营小店等。在许多社区里，同我们交流的许多人都依靠自己生活的土地生产食物。由于收入不稳定，工作环境不安全，从事非正式工作的人们的日子并不好过。如第二章所述，有些人通过性交易或毒品买卖来获取收入。

南非有 260 万到 300 万人在非农业领域从事非正规工作（Stats SA 2015b；Wills 2009）。该数据接近全国受雇用劳动力的 20%。全国数据显示，南非非正规经济领域正在增长，这与人们所述一致。同时，正规领域的工作也正变得愈加不稳定，雇用的临时工也越来越多。在调研部门教育培训局的四个行业时，Balwanz 和 Ngcwangu（2016）发现每个行业都将"雇用越来越多的临时工"视为影响本行业的一大趋势。根据部门教育培训局制造和工程行业的数据，临时或短期工作占南非制造领域内工作总数的 31%。虽然南非的经济发展在创造新工作，Stats SA（2015a）发现"2014 年和 2008 年相比，按职业类别划分，就业增长主要是源自销售（46.8 万）、经理（23.4 万）以及文职（11 万）等岗位的增加"。通常，文职和销售类工作薪水低且不稳定。批发零售行业教育培训局提供了说明这种不稳定性的例子，"燃油零售商（加油站）面临的最大风险是最终监管会放宽，如果监管放宽，该行业便会大幅裁员"（2011：27）。

非正规经济领域增长不仅仅发生在南非。自 19 世纪 80 年代起，非正规领域内的就业增速就是正规领域的 3—4 倍（Munck 2013）。Neuwirth（2012）发现全球有 18 亿人口在非正规经济领域工作，全球非正规经济总值超过 10 万亿美元（仅次于美国经济总量）。非正规经济领域的增长与全球资本主义的结构相关。虽然许多人想从事正规领域内的工作（基于对此类工作所能提供的收入、福利及安全感等因素的考虑），但是如果没有增加工作岗位，那人们就会寻找其他方式获取收入，满足基本需求。此外，正规和非正规经济领域的联系紧密，前者通常以分包的形式利用后者资源（Munck 2013）。顶尖经济学家最近的一项研究发现，财富集中在美国的"超级明星"企业手中，这些企业"越来越多地使用策略实现利润最大化，如使用合同工、特许经营和供应链等替代直接人工"（Hart-Landsberg 2017）。19 世纪 80 年代以来，尤其是在过去 20 年间，"超级明星"企业在裁员，将工作外包给小型企业，而后者雇用工人时所付工资更低，提供的福利和保障也更少。事实上，总体而言，非正规经济领域发展的基础是"缺乏正式雇用合同或不尊重劳动权利"（Munck 2013：755）。

因此，进入非正规经济领域工作并不是人们必须选择的道路。许多从事非正式工作的人们只能勉强度日；之所以如此，是因为他们别无他选。然而，另一些受访者告诉我们，非正式工作也曾是一种安全保障，帮助他们在遇到困境时能继续生活下去。还有一些人讲到，之所以选择非正式工作是因为尽管很辛苦，但他们可以遵循自己的价值观，更加自由和有尊严的生活和工作。比如，家庭种植者组织（Abalimi Bezekhaya）①里现在的一些农民，最初是为了当家政工才从东开普省搬去西开普省（Western Cape）的，但是在找家政工作的过程中遭遇种种困难之后，许多已经加入家庭种植者组织的人最终选择了留在组织里。

经济和社会不平等

人们讲述到"发展"延续了或加剧了经济社会不平等现象。根据一些调研网站的证据，商业发展项目（比如中产阶级住房和购物商场等）似乎只服务于很少一部分人的利益。和南非其他许多发展项目一样，这些新发展项目的建设地址靠近穷人居住的社区，社区里的居民住在棚屋里并且缺乏基本服务。许多地方的人们都讲述到，住房不安全感和土地所有权是一大问题。比如，在东开普省诺普梅洛镇（Nompumele-

---

① 译者注：家庭种植者（Abalimi Bezekhaya）是南非一家组织，该组织致力于通过农业现代化来发展和改善开普敦市社区的食品安全问题。

lo），人们说这种不安全感并非空穴来风，而是因为私人利益集团能够利用某些方式获得土地和房屋，而这些方式只维护中上层阶级的利益却让穷人流离失所（参见第三章）。在西伯肯镇进行的一次访谈中，一位受访青年提到政府政策似乎让那些有权有势之人变得更加富有，"当地政府工作人员开着豪车，住在郊区"，对穷人熟视无睹。在几次访谈中，谈及政府发展项目，比如公共工程拓展计划（Expanded Public Works Programme，EPWP）和建设房屋的重建与发展规划（Reconstruction and Development Programme，RDP）时，人们讲到在招聘工人时政府有倾向性，并且本社区居民并没有获得充分的就业机会。[①] 因此，尽管在南非"社会工资"方案使得新自由主义经济造成的不安全感有所缓和（Stats SA 2017），但是穷人们并未享受到这些好处。[②]

人们不止在一次访谈中表示担忧，担心高等教育与培训部关于社区教育的新政策会再次催生出一种不平等的学校教育体系，导致穷人和工薪阶层的学校资金最少、师资最差、管理最糟。人们认为教育不公平与经济社会不平等造成的问题存在内在联系：

> 我不是在贬低镇子，而是白人学校确实享受了许多权利，和乡镇学校拉开了差距。白人学校连课外活动都比乡镇学校丰富，这给了学生更多选择的余地，学生学习不好，还可以选择摄影，因为学校里有摄影这门课。【豪登省西伯肯镇一名年轻女性接受采访时所述】

> 就连我们的上课方式也和那边（一个更富裕的社区）不同。【东开普省诺普梅洛镇一名学生接受采访时所述】

人们向我们讲述的不平等遭遇，在全球和全国数据上均有所反映。全球范围内，新自由主义影响巨大，不仅没有带来所谓的"涓滴效

[①] 西伯肯镇 YRLA 组织会议记录，科荣道尔研究记录。
[②] 社会工资（social wage）指的是政府向困难家庭提供财政支持，包括养老补助金、儿童补助金和其他形式的社会救济如：失业保险、伤害补偿金和亡故抚恤金或残障福利。

第六章 实践：参与、排斥、超越

图6.1 东开普省，灯塔湾购物中心（Beacon Bay Crossing）的
现代化建筑与诺普梅洛镇的棚屋，对比鲜明的两个世界

应"①，相反，财富正在被不断吸收：

> 从19世纪70年代末（当时新自由主义成为主导模式）以来，在包括英国和美国在内的多数发达经济体中，最富有的1%人口的国民收入占比增长了两倍；最富有的0.1%人口的国民收入占比已增长了三倍。就全球来看，最富有的1%人口现在拥有的财富比世界上其他所有人的财富总和还要多，最富有的1%人口当中最富有的85个人掌控的财富比地球上最贫穷的那一半人（35亿人）的财富总和还要多。（Schenker 2016：48）

如Badiou（2015：12）所评论的那样，"发展不平等正处于前所未

---

① 译者注：自由主义观点，认为政府应该让商人做想做的事，减税降息让经济繁荣，孕育更多有纳税能力的企业，进而产生涓滴效应（trickle down，又作利益均沾论），即企业家创造的财富具有传递效应。

177

有的水平"：1%的人口拥有近半数的可用资源，全球50%的人口一无所有。Wamba dia Wamba（1996：15）称此为"有产者和无产者，有产者有权活着，而无产者则逐渐死去"。

南非是世界上财富分配最不平等的国家之一，这种不平等现象比比皆是（Stats SA 2017）。根据Stats SA（2017）最新的贫困趋势报告，2006年至2011年，南非贫困水平有所改善，自此之后贫困现象（从财政方面来看）便进一步恶化。到2015年，南非有二分之一（3004万人或者总人口数的55.6%）的贫困人口生活在贫困线上界（人均月收入992兰特）以下；四分之一（近1400万）人生活在赤贫中，处于食品贫困线（人均月收入441兰特）下。低于食品贫困线，意味着人们无法获取足够的食物确保健康发展。被划归贫困人口的大多数都是黑人、妇女和儿童。0—17岁的儿童"贫困程度更高，是南非第一大贫困人口群体"（Stats SA 2017：30）。事实上，多数儿童（51%）都生活在贫困线下界以下（人均月收入647兰特）。青年（18—24岁）构成了南非第二大贫困人口群体，超过五分之二的青年都生活在贫困线以下。

社会和经济不平等的持续存在反映了社会权力关系的不平等问题：

> 我们可以说，当今世界上有20多亿人都毫无价值，按资本算，一文不值（因为他们既不是消费者也不是员工），这意味着从世界结构性发展的角度来看，这20多亿人什么都不是，严格来说，就不应该存在，最好也不要存在。但是，他们依然存在。（Badiou 2015：13）

这些"毫无价值"之人得到的更少。在南非，当权者的发展模式和办事优先的权利凌驾于贫困的劳动阶层。学校财政立法赋予富人特权；富人社区的服务供应和升级会优先得到处理；贫困劳动阶层要获得政府基本服务和社会服务都很困难，而多数"针对"贫困社区的发展项目被概念化到贫困社区"之外"，通常是为了加强或巩固有钱有势者的地位。资本主义制度下的失业不仅加剧了不平等，也是不平等和贫困持续存在的原因（Klees 2008）。换句话说，在主流论述中，人们常因失业而受指责。主流逻辑认为，如果人们愿意工作，掌握适当技能，贫困现象就不会如此之多，不平等现象就不会如此之严重。

第六章　实践：参与、排斥、超越

"发展"的逻辑：坚信者与质疑者

作为本研究的一部分，卖烤制品和洗车的年轻人接受了采访，他们提到自己仍在寻找"真正"的工作。由此可见，许多人对资本主义制度所定义的"正当工作"的渴望仍旧根深蒂固。（CIPSET[①]2015：46-47）

我认为，高等教育或中学后教育是文明化的奴隶制，教一个人如何实现别人的梦想，而非教自己真正利用周边资源以适应非常独立的生活。【东开普省东伦敦市（East London）YRLA组织一研究人员接受采访时所述】

失业者的个人自豪感和尊严会受到负面影响，生活水平会下降。有些人转而从事不正当行业，比如有些姐妹卖淫、犯罪、吸毒和贩卖人口。失业率上升导致更多的自杀、谋杀、心脏病致命以及进精神病院治疗事件。【林波波省瑟库库内地区菲卡戈莫青年发展旅（Fetakgomo Youth Development Brigade）创始人接受采访时所述】

我们遇到了处于不同阶段的青年和年轻人，他们正从教育和工作之间关系的角度分析新自由资本主义逻辑。许多人上学，拿到了毕业证书，就可以去竞争工作。有些人毕业后一直失业，梦想破灭，失去希望。许多人觉得自己陷入了"瓶颈期"。我们偶遇的一群失业青年，正继续攻读短期课程，考取资格证书，以争取为数不多的工作岗位。而其他人则以积极或消极的方式逃避这令人沮丧的逻辑。

人们都说，关于发展的主流论述对自己如何看待教育和工作之间的关系影响巨大。人们还谈到了青年和失业毕业生因未受雇而受他人指责（并责备自己）从而遭受心理创伤。年轻人认为自己必须上职业技术教育与培训学院或大学，拿到毕业证书才能找到工作，这确实也是一直以

[①] 译者注：中学后教育与培训一体化中心（CIPSET）旨在与相关利益攸关方合作，制定并实施研究型战略，以改善区域和国家的中学后教育与培训部的战略、政策和教育影响。

来他人所告诉他们的——如果拿到毕业证书，应该就能找到工作。我们遇到的许多年轻人永无休止地堆积资格证书，以便在就业市场上更具竞争力。人们知道就业机会并不充足，但又无其他可行的生存方式，因此便陷入了主流发展论述的逻辑中：创造生活的唯一途径是找工作，而找工作的唯一途径是接受更多教育。正如豪登省瓦尔三角洲的青年所说，陷入这种循环的年轻人会问："是接受教育碰碰运气，还是干脆放弃？"

这种主流发展模式认为人们失业是他们自己造成的。例如，《国家技能发展战略》（三）[①]（DHET 2011：5）中写道："本战略重点关注未取得相关技术技能或阅读、写作和计算能力不足之人，帮助他们就业。"换句话说，缺乏技能被视为失业的原因。又如，"新兴之声2号"的调研显示，高等教育与培训部的部分职员认为成人教育和培训应专注于改变行为，并表示，学生的态度不佳是造成成人教育和培训失败的原因，也是这些学生无法过渡到就业的原因。在这两种情况下，当权者都将经济未能创造工作岗位归咎于学生，认为需要改变的不是教育制度或经济制度，而是人。对于陷入资本主义逻辑的人来说，如此解释"失败"，会大大打击士气。如果有人陷入贫困或失业，也只能怪自己。Esteva（1992：10）写道：

> 在经历两个世纪的社会建设之后，对于地球上三分之二的人而言，"发展"一词的积极意义已根深蒂固，其意义在于提醒自己缺什么，提醒自己正处于不理想、有失尊严的状态。为了摆脱这种状态，需要受制于他人的经历和梦想。

值得注意的是，这种发展观并不认可非正式工作。由于"工作"和"有工作"这两个词都已被资本囊括，许多人并不把自己每天所做之事当成"工作"。一位青名年组织领导人指出此问题：

> 父母经营着非正式生意，而且很成功，我们从中学到很多，也希望这些新职业技术教育与培训和社区学院能够认真对待非正式的

[①] 译者注：National Skills Development Strategy Ⅲ，《国家技能发展战略》（三）将高等教育、继续教育和技能发展合并为单一高等教育和培训部门，使南非教育培训一体化成为现实，http://www.nationalskillsauthority.org.za/wp-content/uploads/2015/11/NSDSIII.pdf。

行业技能，并以某种方式正式化这些技能，让父母的生意兴盛下去。

【豪登省瓦尔三角洲一名青年组织负责人接受采访时所述】

上述内容表明，"正式化"可以合法化，或带来更多已经合法且成功的相关活动和技能。不过，我们发现，许多人已经在从事与当地需求和重要事宜相关的工作，无须外部验证或专家验证。

资本权力简述为：在权力关系不平等的情况下，资本对利润的追求（高于一切）再次导致了社会和经济的不平等。在全球范围内追求利润（和促进消费），导致其他利益和价值观的边缘化，包括有意义的工作、环境、不可剥夺的人性表达以及多种形式的人类福祉。资本家根据资本主义制度的激励机制行事：把财富转移到海外，力图削弱劳动力、降低劳动成本，努力使政府政策与其利益保持一致。正如第三章所述，资本主义制度结构通过多种方式，让贫困劳动阶层的人们的生活变得更加艰难。Leech（2012：149）认为：

> 尽管每年有一千多万人死于资本主义的结构性种族灭绝，但仍有数亿人遭受非致命性的结构性暴力，如试图依靠无法支持生活的工资或在根本没有工资的情况下生存，缺乏基本住房、饥饿、疾病以及许多其他社会不公……结构性暴力的核心是权力和财富不平等，而权力和财富不平等确保了资本利益优先于大多数人类和自然界的利益。

自20世纪90年代以来，对新自由主义"发展"的批判和反对之声与日俱增。世界各地人民都在积极地以各种形式创造替代方案，提出许多"替代"发展模式，尤其是包括参与式发展或以人为本的发展（Youngman 2000）、减缓发展（Kallis 2015；Kothari et al. 2014），以及后发展理论家对"发展"这一概念的全盘否定（Rahnema 1997）。在世界上某些地区，本土化世界观已得到重塑；而在其他地区，新认识和新想法已得到发展——以下将对其中一些进行详细讨论。然而，值得注意的是，对新自由主义发展的批判，也导致资本做出一些真正的替代选择，或"错误"的替代选择，其中最主要的是可持续发展理念。出于对新自由主义发展的环境批评，世界环境与发展委员会在其1987年的报告中提出"可持续发展"一词。世界环境与发展委员会认为，"可持续发展是指既能满足当代人的需要，又不对后代人满足其需要的能力构成危害的发展"（WECD 1987：43）。

第二编　反思与内化：多重启示

因此，可持续发展力图解决新自由主义发展中最严重的问题之一——对环境的破坏性越来越大，也愈加依赖有限的资源。"可持续发展"是现在人们常提的发展口号。截至2015年，联合国千年发展目标（Millennium Development Goals，MDGs）未能如期实现，可持续发展目标（Sustainable Development Goals，SDGs）取而代之。然而，可持续发展根本无法实现，因为这一发展理念仍固存于新自由主义范式中。首先，可持续发展还是基于"常识"假设，即经济增长是发展的必要条件：世界环境与发展委员会在首次提出可持续发展的报告中写道，"满足基本需求部分取决于尽可能实现全面增长，且可持续发展显然需要在无法满足此类需求的地方实现经济增长"（WCED 1987：44）；可持续发展目标之一是经济增长。"换句话说，可持续发展是在某种程度上已经变得更加公平、更加注重环保的经济增长。但是，由于增长本身是不可持续的，可持续发展概念在措辞上就存在危险的矛盾。"（Douthwaite 1992：286）因此，可持续发展力图处理对新自由主义发展模式日益增长的批评，而事实上也已经"中和了环境保护与经济增长之间的矛盾，且去除了这一矛盾的政治色彩"（Kallis 2015：2）。

著名经济学家和政治经济学家指出，人性因追求利润而被边缘化（Krugman 2012；Picketty 2014；Vally & Motala 2014），"市场"力量解决不了该问题，相反，需要一种不同的社会思维方式。在本章下一节中，我们将回顾"新兴之声2号"的研究过程，以及它是如何帮助我们以不同方式思考创造生活的意义的。

研究替代方案：创造生活的更佳框架

"新兴之声2号"，即EV2项目的大多数研究人员以惯用的方法进行研究：我们先梳理理论和文献，针对发现的问题提出假设。文献回顾包括《2030国家发展规划》（NDP 2030[①]）（南非共和国2012），高等教育

[①] 译者注：南非国家计划委员会在《2030国家发展规划》中提出要在未来二十年内实现减贫和社会公平。根据该《规划》，南非计划在未来二十年内实现年均经济增长5.4%，创造1100万就业岗位，并在2030年南非失业率将从目前的25%降至6%，基尼系数由目前的0.7降至0.6，彻底消除贫困人口。

和培训部的政策和出版物，以及对这些文件的主要评论。基于这些理论框架，我们设计了研究活动和数据收集工具。甚至在实施这项研究之前，我们中有许多人就提出了自己对重新构想教育和中学后教育"应该做什么"的想法。由于这些先入之见和立场，我们很多人花了很长时间才真正听到，更确切地说，才开始理解人们所述之事。

第二组"新兴之声2号"研究人员反对指导研究的某些概念和方法。他们反对过多关注正规的中学后教育与培训，或者含蓄地说，从改良者的议程来看待问题。第二组研究人员认为，"可能性描述"（Profiles of Possibility）和"社区快拍"（Community Snapshot）访问应着重强调人们可以自由谈论生活，以自己的方式讲述故事。这种方法创造了更为广阔的概念空间，让人们向我们讲述创造生活和学习对自身的意义。当然，即使在这里，研究人员也发挥了重要作用：决定介绍哪些社区和组织，以及解释"可能性"的含义。

在各地调研过程中，受访者与我们交流，分享他们的视角，深化并转变了我们对创造生活和学习的理解。对于团队里基于《2030国家发展规划》（下称《规划》）开展"文献研究"的科研人员来说，访谈所述不仅凸显了《规划》的局限性和矛盾性，也展示给我们人们每天如何"对抗"和"超越"《规划》所提出的发展范式。在"可能性描述"和"社区快拍"访问中，我们看到人们在不停奔波，四处走动，创造生活。在考虑创造生活时，受访者谈到如何在资本要求的范围内工作，如何抵抗和超出这一范围。这种"实践"概念与主流发展范式形成鲜明对比，并成为本书的基础概念：我们将"实践"作为创造生活新框架的基础，该新框架与人们分享的观点和经历一致，本章后两节也会对此进行详细描述。

实　践

以下组图展示了南非各地的日常活动：社区居民表现出关爱，并参与艺术、体育、宗教和文化活动。

第二编　反思与内化：多重启示

图6.1.1　南非各地日常活动（1）

图6.1.2　南非各地日常活动（2）

第六章 实践：参与、排斥、超越

图6.1.3 南非各地日常活动（3）

图6.1.4 南非各地日常活动（4）

第二编 反思与内化：多重启示

图 6.1.5 南非各地日常活动（5）

图 6.1.6 南非各地日常活动（6）

第六章 实践：参与、排斥、超越

图 6.1.7 南非各地日常活动（7）

图 6.1.8 南非各地日常活动（8）

第二编 反思与内化：多重启示

图6.1.9 南非各地日常活动（9）

图6.1.10 南非各地日常活动（10）

第六章 实践：参与、排斥、超越

正如第二章所示，我们所到之处，人们均参与了某种形式的活动，从而创造生活。在一些情况下，人们的工作和工作观念被资本俘获。也就是说，他们难以想象在资本制定的定义和框架（即正式职业、赚钱、正式证书）之外的工作或从事某种职业。不过，人们也谈到"对抗"和"超越"资本的活动。例如，我们发现人们开展合作生产活动，表现出关爱，参与艺术、体育、宗教和文化活动。值得注意的是，受访者对"为别人工作"和"创造生活"持有不同看法。许多人想要一份"工作"，但却认识到，一份工作可狭义或广义地体现出人性。例如，职业技术教育与培训学院和大学的学生想找工作，但是几乎所有学生都在找能够表达人性且可与人交往的工作。此外，被引导走上并非自己选择的职业道路，这些学生深感不满。其他人将工作视为最终获得收入或经验的手段，而这反过来又能让他们拥有重要之物，去做重要之事。

人们所述让我们想起卡尔·马克思（Karl Marx）的观点。马克思在其著作中区分了有用劳动或具体劳动（生产人类生存和繁衍所必需的物品）和抽象劳动（生产以交换价值为基础的物品）。在资本主义制度下，使用价值（具体劳动的产物）被交换价值所取代，在这一过程中，劳动变得抽象。根据 Holloway（2010：91）的观点，"从交换角度来看，即从价值角度来看，关于劳动力，唯一重要的是其数量，而不是其质量或特定特征"。换句话说，对于人类活动而言，重要的是生产一件物品所需时间与其可交换价值有关。所以，一个人对自己创造之物投入的关爱和关注并不重要：重要的是其售价可高于其创造时间成本。这意味着，在资本的作用下，人类活动变得异化和抽象：因此，仅根据交换价值来衡量和理解，人类活动减少了，人性与社会关系也削弱了。"我生产的物品现在同我彻底疏远了，我不在乎它是蛋糕还是老鼠药，只要能卖出去就行。"（Holloway 2010：93）

然而，马克思认为，这种活动与异化劳动或抽象劳动截然不同，而是人类存在的一部分，也是人类存在意义的一部分。马克思写道："自由的、有意识的活动是人的特征……人即使在没有物质需要的情况下也会进行生产活动，而且只有在这种情况下，才能真正自由地进行生产。"（Marx 1844/1975，转引自 Holloway 2010：89）

借鉴马克思的论点，Holloway（2010）称这种"自由的、有意识的活动"是人类行为的固有部分。实践是人性的表达。Holloway 进一步指出，实践存在于结构之中，并对抗、超越结构，这些结构造成劳动与人性的疏远以及与他人和周围世界关系的疏远：

> 我们需要区分两种活动形式：一方面，如果愿意的话，一种活动形式可以纳入体系，并通常以金钱作为报酬。另一方面，在某种程度上，人们选择的活动形式与系统的逻辑背道而驰，并超越了系统的主导地位。（Holloway & Susen 2013：37）

Holloway 说："'实践'不是一个令人非常满意的词，但却是我能想到的最好用词。"（Holloway & Susen 2013：37）借鉴 Holloway 的思想，我们可以把这种"实践"定义为一种活动，是人类意义的一部分，与异化劳动或抽象劳动截然不同。实践是我们所做的一切，让自己成为一个完整之人，实现自己的潜能。照顾孩子，关心彼此，养活自己，拥有舒适安全的住所等事情让我们在家庭和社区中有归属感、感到关爱和尊重，这也关系到感受与他人和地球的深厚联系。

如上所述，Holloway 认为：

> 在资本主义制度下，活动处于从属地位，被引导为一种形式，将一切整合至资本积累总量中。然而，即使在这个体系中，具体劳动（即"实践"）也从未完全隶属于抽象劳动的逻辑。（Holloway & Susen 2013：29）

正如马克思所言，实践是本体论存有的固有部分，与本体论的存有不可分割，因此我们将继续实践下去，就像受访者一样。Holloway（2010：173）写道：

> 无论是教学、造车还是设计网页，具体劳动的动力是办好活动，这意味着要朝着自决的方向迈进：把事情做好意味着要对自己所做之事的好坏做出判断。

受访者通常了解此类活动，将自己的实践与异化劳动对立起来。唱

第六章 实践：参与、排斥、超越

片骑师莫哈丘告诉我们，"有个人毕业后一直在沙索（Sasol①）工作，他讨厌化学药品，厌倦了，干这份工作就是为了支付月底的账单"。与此相反，莫哈丘辞去了开铲车的工作，在社区广播电台做全职工作。接受采访的一位成人教育工作者说，我们需要消除"必须进城工作"的心态。在许多谈话中，人们表示："希望自己能被雇用，至于裁员，总有一天'会轮到自己'。"人们认识到，为了获取劳动的交换价值，自己牺牲了实践甚至人性。受访者在自决和社会自决方面，都讨论到实践。对他们而言，实践不是个人化的，而是相互关联的。

人们对创造生活的意义看法不一，我们和人们谈论实践与这一点密切相关。鉴于"新兴之声2号"的研究重点，我们特意前往南非各地的贫困劳动阶层社区。也就是说，我们和生活在高失业率、高贫困率、通常缺乏保障的地区的人们进行了交流。人们没有无所事事，也未遭遇不幸成为受害者（社会当权者中普遍相信这一神话），而是积极从事非正式活动，寻找正式工作，学习、领导和参与社区组织，满足基本需求。人们在资本主义的种种约束（即贫困、失业、边缘化）中创造生活，但也超越了资本主义。正如Holloway（2010：180）所言：

> 为了努力活下去，人们往往要更直接地受制于市场（例如，在大城市街头卖口香糖、气球、玩具等），但这同时也让家庭、社区或朋友之间形成相互支持的网络，从这个意义上讲，也导致了游离抽象劳动以及自主实践的发展。

因此，根据我们的理解，人们的实践与日渐流行的生计理念不同，这恰恰是因为实践超出了市场逻辑。尽管生计理念当然可以包括实践，也可以批判市场逻辑，但这并不是固有的理念。换句话说，生计同样可以很容易地包括异化劳动。Esteva（1992：20）写道："对于处于边缘的人来说，脱离市场经济逻辑或计划已成为生存的必要条件。"而Holloway则认为，发生在我们周围的实践不应被视为某种边缘化的"选择"。这些"服务生活而非商品生产"的活动（McMurtry 1999，转

---

① 译者注：沙索（Sasol）是一家国际能源公司，总部设于南非。公司成立于1950年，主要从事化工产品和液体燃料的商业化生产与销售，并致力于在石油及天然气勘探领域的发展。

引自 Federici 2012：91）可以理解为对创造和再创造资本主义日常过程的根本反抗。Holloway（2010：85）敦促我们从这些例子开始，"因为未能融入或拒绝融入压迫性社会，正是我们希望能够改变社会的基础"。

我们将"实践"作为本书的基本概念之一，因为人们与我们分享的现实和动机多种多样，且相互矛盾。许多人想找异化工作，部分原因是这类工作受到市场重视——除了劳动，他们一无所有，需要赚钱生存。其他人害怕成为下一个被剥削的工薪族，有时候也与这种剥削做斗争。然而，所有人的行为方式都超越了市场逻辑——其活动总是超越这种逻辑。人们的实践"在资本范围之内、对抗和超越资本范围"。实践的概念化让我们认识到人们创造生活的现状，同时也提供了概念空间来展示人们如何帮助我们重新构想创造美好生活的意义。

在接下来的讨论中，我们尝试充分考虑人们将什么概念化为创造生活：同时考虑优先事项和价值观，为创造生活提供了一个比主流发展论述提供的更为强大、更加内部一致的框架。

理论化"创造美好生活"

在许多谈话中，人们都分享了自己的人生哲学，并告诉我们，对他们来说什么是重要的，其中包括满足基本需求、处理好家庭和社区关系、过上"美好"生活。他们还提到自己创造生活的方式：建立友爱关系，工作上团结协作。换句话说，就是那些与实践密切相关之事。人们创造美好生活的理论涉及五个相关概念：实践、激进的人道主义、平等、先见、主观幸福感（包括 buen vivir 即美好生活，ukama 即卡玛精神，是通过他人获得的幸福）。图 6.2 提供了一个框架，该框架反映了概念彼此之间的相互关系，以及这些概念与人们分享的关于创造美好生活的想法之间的联系。上一节讨论了实践的概念，本节将讨论框架中的其他元素。

第六章 实践：参与、排斥、超越

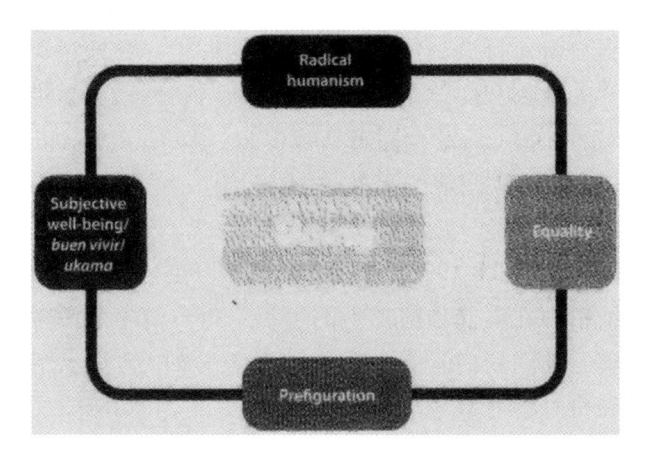

图 6.2 创造美好生活的框架

激进人文主义

人们再三争论学术圈所称的激进人文主义哲学。激进人文主义将人文（人类、人的需求和利益）置于市场之上；认为人文主义是整体性规划，反对将其个人化；强调"人类状况传承中的统一性"（Fanon 1952，转引自 Sekyi-Otu 1996：16）而非差异性；并且能在扭转压抑社会关系的进程中起到积极作用。激进人文主义哲学在实践中的样例包括待业人员运动（UPM）中的抗议和学习活动、马克胡杜塔马加镇家庭护理小组（the Makhuduthamaga Home-based Care Group）以及由西伯肯镇和瑟库库内当地领导的社区发展规划。这些例子都体现了人道精神，都优先满足人的需求，都证明了人们是如何将"谋生"视为一种公共活动，而非个人主义或市场主导的活动。Pithouse（2011）在转述 Fanon 的话时给出了激进人文主义的定义，他写道：

> Fanon 致力于激进人文主义，该主义坚持这样一种认识，即"开启每一个意识的大门"，坚持群体中的每个人拥有相同权利，应合力建设"共同的世界"，需要反复质疑和确认"拒绝接受当下具有绝对性"。

193

第二编 反思与内化：多重启示

一些个人和团体认识到南非在经济和社会发展方面的极端不平等，清楚地认识到自身对社会公正和社会转型的诉求，并通过集体活动来实现这些诉求。其他人和团体则通过自己的话语和行动将激进人文主义付诸实践。人们的所说所做，同 Steven Biko、Neville Alexander 和 Frantz Fanon 谈到的十分相似，他们聚集在一起抗争，争取自由，强调博爱、乌班图精神（ubuntu，即人道待人的精神）、尊严和人的价值（示例见于 Alexander 2002；Biko 1978；Fanon 1967）。在第二章和第三章中，关爱他人和团结精神在人们如何谋生的过程中得到清晰的体现。此外，在讨论教育和学习的问题时，人们常常谈及教育对社会、对变革的益处，而非对个人和自身学习兴趣的益处。正如第四章和第五章所说，这种认识与当下正规的中学后教育与培训体系给人以个性化、竞争性和人性化的体验不尽相同。接下来探讨的平等和先见的理念详细阐述了这一激进人文主义的课题。

平 等

在谈论社会和经济不平等的问题时，受访者向我们指出一个更加深刻和基础的争论：所有人都被赋予了同样的价值，或者用 Abahlali baseMjondolo 运动①的话来说，我们都是平等的（Abahlali baseMjondolo 2016），而因为众生平等，社会中的单个人不配享有凌驾其他人之上的地位。基于这一研究设计，我们经常请人们讨论教育不公的话题。在当地成人教育和培训中心和技术与职业教育培训学院的教师和学生都谈到了糟糕且不安全的工作环境，资源的匮乏，还有阶级分化，课程与测试体系给当地决策的负面作用。这就向人们传达出一个板上钉钉的事实：和大学相比，成人教育和培训，特别是成人基础教育和培训，并不重要，接受成人基础教育和培训的学生无足轻重，且成人基础教育和培训的学生需要让其他人来决定自己的专业。这些经历与"可能性描述"的情形有着天壤之别，也和我们走访"社区快拍"时人们所说的话有巨大的差

---

① 译者注：Abahlali baseMjondolo 是一个激进民主主义的底层社会运动，棚户区住户寻求在人们居住的地方建设属于人民的民主统治。

异。走访这两个组织的过程中，人们看到的是平等，是集体决策，是无阶级的社会关系成为核心价值与实践准则。另外，人们不会说"我们正努力变得更平等"之类的话，平等在这里与生俱来，社会关系在这里则围绕人们的兴趣、需求和知识组织起来。马克胡杜塔马加镇家庭护理小组就是这种采用了方法的典型案例，他们按照成员对彼此的了解分配工作。

朗西埃（Ranciere）关于平等的思想同人们所讲的内容相呼应。朗西埃提出，如果我们都持有这样一种立场，认为（在未来得某个时候）会实现平等，那我们也同时有着另外一种认识，即人与人之间不平等（尤其是人们的需求、思想等并不等价）。如果我们从这样的认识出发，那"发展"无非只是再造不平等权力关系和压迫的过程。这是因为众多的发展理念，还有散播这一理念的各个机构，都是由那些不平等的权利关系塑造的，这些权利关系给"其他群体"的预设就是"低等级"的社会地位。朗西埃认为，要跳出这种认识，我们要以一种不同的本体论假设作为出发点，即我们同等重要，平等思考。在这种意义上，平等指的是"人们被视作对话中的可靠伙伴，被视作理所应当的存在而获得重视之时所赋予的平等"（Deranty 2010：11）。这样的平等暗含着思想与行动：

> 较之社会科学家和外部观察家给予的赞誉，人们往往更为自由。人们应始终被认为具有思考和行动的能力。我们应当避免那些对社会阶层和政治的描述，远离那些对统治和压迫的分析，否则我们会得出这样的结论，即那些遭受压迫的人注定会被压垮，被迫接受压迫。（Ranciere 1999，转引自 Deranty，2010：184）

对朗西埃而言，因为资本没有把他们计算在内而被认为不应思考和有行为的人们的想法与行为才是真正的政治。这一点 Wamba dia Wamba（1996：14）也提到过："解放政治的出发点就是所有人都去思考。"朗西埃（1999：27）称，"政治的存在并非因为人们可以借助话语特权将自身利益转化为公共利益。政治之所以存在，是因为那些没有话语权的人可以让自己得到关注"。而使自己"得到关注"的前提就是平等：不论我们是谁，不论身处何地，不论背景如何，身为人类，我们都继承了同等的价值。对很多受访者而言，这一想法不算激进。

以拒绝剥削和拒绝人的差别化的价值为基础的平等的理念，与资本主义经济及其所塑造的教育系统格格不入。当前的教育和就业体系对人们（和技能）的重视程度是有差异的：相比在成人教育和培训中心学习、贫穷、不讲英语又是乡村居民的黑人女性学生，富裕、讲英语又是城市居民的白人男性大学生更受青睐。如果教育体系是以平等作为出发点的，那么想学习 X 科目的农村女性就应与想学习 Y 科目的城市男青年，得到同等重视。

先　见

平等所蕴含的假设有一点非常明确，即平等的经验是政治性的，是现实性的。正如前文所说，在走访"社区快拍"和"可能性描述"中，我们见到了许多正在创造民主、合作、专注于社区事务、非阶级性组织的组织和团体。待业人员运动和 Abahlali base Mjondolo 这类的社会运动寻求将这些理念付诸实践。其他组织，比如工人世界传媒制作（Worker's World Media Productions）和彼得马里茨堡社区社会行动组织（Pietermaritzburg Agency for Community Social Action，PACSA），则将组织内的工人同社会正义的斗争联系起来。我们接触过的其他团体专注于建设一种立足于新型的、非阶级性社会经济关系的社会生活。从某种程度上讲，以上这些示例，每一项都显现出先见的思路：不去等待来自外部的社会变革，而是在当下已然成形的社会关系中，让民众投入实践活动。这些先见的思路将理念与实践，激进人文主义与平等理念结合了起来。

先见的理论化过程关注两个方面：质问等级关系和导致这种关系的制度，以及致力于通过地方和集体机构实现民主化（Boggs 1977；Miettunen 2015）。先见概念指的是"在现实运动实践的范围内，创造和维系'预见'和体现理想社会的关系和政治形式"（Boggs，1977）。在一些情况下，先见从危机中产生。Federici（2012：111）讲道：

在战争、经济危机和货币贬值的形势下，周围的世界正在瓦解，而她们（妇女和母亲们）在废弃城镇的土地上种玉米，做饭，然后到对面街道去卖，创造出公共厨房（就像智利和秘鲁的奥拉公社（ola communes），继而形成了一套完全商品化的生活方式，开始再生产的再利用和重新集体化过程。如果我们要重新得到对生活的控制权，这样的过程是不可避免的。

对社会有用的工作

对技能、生活和工作加以思考的一种可行途径就是研究"对社会有用工作"这一概念。这种对于问题的思考方式将我们的焦点拉回到这样的事实中来：能为社会做出贡献的方式有很多，我们不应将为企业谋取利润视为唯一的途径，或最好的方式，甚至是必然的途径。

许多人拥有非常有用的技能，这些技能可以为自己和周围人的生活增添价值，比如照顾孩子的技能、建造或维修物品的技能、烹饪或清洁卫生的技能、写音乐或者讲故事的技能，还有数不尽的其他技能。人人都拥有技能是当今大多数"社区发展"规划的基石。很多人已经基于邻里互换的方式相互提供服务。也就是说，这些人在需要某些东西时，会遵循乌班图精神互相帮助。这些技能并非必需技能，企业并不能从中获取利润，所以这些技能就不被普罗大众所认可，或是在讨论技能、就业和生活时得不到重视（CERT 2013：18；关于此话题的更多探讨可见 Vally，Motala 2016）。

受访者经常会提及那些与失业和紧缩有关的危机，以及这些危机如何影响他们采取行动去建设一个更加注重关怀、平等、合作的可替代的社会关系。然而，在其他情况下，人们对"美好生活"或幸福的理解与现行的阶级性、剥削性、不自由的社会关系相矛盾。因此，为了更好地和他们理想中的社会相呼应，许多人建立了自己的一套发展道路和社会关系。基于这样的社会观，对美好生活的主观的理解（而不是约定俗成的理解）就形成了。

第二编　反思与内化：多重启示

美好生活，乌班图精神，卡玛精神及主观幸福感

　　我为家乡的农业感到自豪。我们什么都种，也卖我们的农产品。恩格伯扎那村（Ngobozana）以农业为生。这里有犯罪，不过不严重，因为我们离镇上很近。甚至这里的土地也很肥沃，足以支撑我们种地。能让人们开心的东西有很多——我有自己的家、可以种地、有自己的田、生活很平静、去教堂等。这里还有件不错的事，就是我们离镇上很近，很容易就能在镇上找到需要的东西。【东开普省恩格伯扎那村一位农民接受采访时所述】

　　我们有手艺，能靠自己的双手工作，这很好。那个人能靠那种知识立足，就算不上学，他也能靠那种手艺谋一个好生活。所以就算是本地的手艺，也是我们的本事。我们一定不能抛弃掉这些本地手艺，因为我们是唯一拥有这种手艺的一群人，本地的手艺很特殊，还有我们的传统。你能看到我们卡拉哈里（Kalahari）在这样的氛围下有多么漂亮，我们必须看到我们所拥有的，所以我会在这美丽的卡拉哈里陪伴下思考问题。这里有很多吸引人的地方，就像我说的，我的梦想就是我的村子。我就是这样看待家乡的，一个平静的蔻玛尼族村子。不管它是不是一个传统的村子，只要它能平静安宁，人们就很开心。【北开普省安德里斯维尔村（Andriesvale）一位村民接受采访时所述】

　　（在这个社区里）橄榄球这项运动广受欢迎。它能在周末把人们聚在一起。不过赛季结束之后就闲下来了。在橄榄球赛季，这里氛围很好，有友情，还有其他很多，人们会去户外烧烤。我对这项运动感到很骄傲。【西开普省德多恩斯镇一名社区居民接受采访时所述】

　　虽然很多人为了最基本的生活需求苦苦挣扎，很多人寻求额外的收入或是得到工作，但是我们没有见到有人单单靠工作或收入来定义生活

质量。人们从整体的视角来看待美好生活，按照自己的理解来定义美好生活，把美好生活理解为主观认识，认为它与自己的社会关系和背景密不可分。人们所谈到的内容与近期和早些时候南北半球对美好生活在学术和哲学方面的研究相呼应，且更加广泛。

以更整体性、价值性和关联性的方式对建立美好生活概念化，是南美洲许多人的本土世界观的基础。南美洲安第斯山脉地区的乡村广泛使用的一种土著语言凯楚阿语（Quechua）称美好生活为"sumak kawsay"，西班牙语称美好生活为"buen vivir"。这样的概念化强调我们彼此之间以及我们同这个星球之间的关爱。Waldmuller（2014）将"buen vivir"定义为一种社会概念和规范性秩序，与"mal vivir"的概念相对立。这里的"mal vivir""指的是一种极为个人化、物质化、去幻想化和去精神化的生活方式，针对的是失去了正确价值观的人"（Waldmuller 2014：21）。相反，"Buen vivir"包含个人化、物质化的美好生活，但其含义也扩展到同他人的关系，显而易见还有在一系列"正确的"道德与价值指导下的生活和行动："Buen vivir 之下，幸福的主题不是个人，而是所在社区的社会内容之下、特定环境状况之下的个人"（Gudynas 2011，转引自 Balch 2013）。①

"Buen vivir"经常被翻译为"美好生活"或"生活美好"，虽然这种更为西方化的视角引起 Buen vivir 研究学者的不满。Kothari 等人（2014）指出，近来新自由主义霸权带出了一种"攫取"美好生活概念的趋势。更接近西方概念的是所谓"福祉（well-being）"或是"主观幸福感（subjective well-being）"。这一概念描述的仅仅是个人生活质量，就如本节开头的采访节选中所述一样。参考 Rojas（2007，2008），Guardiola 和 Garcia-Quero（2014：178）提出的主观美好生活概念使得我们"将对个体自身的讨论放在中心位置，而非探究或推测是什么让个体满意……这一概念还使得我们免于这样的假设，即特定的驱动力能够提升或削弱美好生活"。

在非洲的语境下，类似的概念有"ubuntu"（乌班图精神）和"ukama"（卡玛精神），这些概念很接近上文提到的内容，强调要对美好世界进行全面的、价值主导的、关联性的理解。的确，我们采访的人之中有

---

① Balch O,《Buen vivir：南非的社会哲学启发运动》，摘自《卫报》（The Guardian）2013年2月4日。

一部分专门提到了乌班图精神：

> 我相信青年人的发展所走的道路应当是准备好领导明天的世界。青年人的发展应该将道德教育放在首位，重建我们"乌班图精神"的意识，学会改变以适应环境，塑造他们对学习的兴趣，营造一种向他人求教的文化，专注于纪律的持续性，将其视为一个不断发展的过程。【豪登省西伯肯镇 YRLA 组织一名研究人员接受采访时所述】

> 教育能推广乌班图精神的原则和价值，提升人类的自尊和生活，激发爱国主义，增进社区财富和健康，推动建立共识、增强社会凝聚力，推动言论和结社自由，促进以人民为中心的发展，（并）能推进宪政民主的理念。【豪登省西伯肯镇 YRLA 一名研究人员接受采访时所述】

在谈到谋生的话题时，人们通常谈论社会关系和社会联系所扮演的角色。与乌班图精神和卡玛精神联系起来看，生存的一部分被定义为展示一种关系或联系。在很多社区和组织里，关系这一概念扩展到了土地上。对很多人而言，土地就是美好生活的来源，也是生计的来源。关怀土地能让生活得以延续，比如我们在圣约翰港（Port St Johns）遇到的那些农民的经历；反之，浪费或者滥用土地会让人饱受折磨和痛苦，比如我们在汉基镇（Hankey）见到的农民所遭受的那样。

乌班图精神的概念中包括很多相互联系的理念，其中最为基础的或许是我们人如何在时间的流逝过程中与彼此、与我们的社会生活保持联系：

> 身为人类，我们依赖其他人以达到完全的美好生活。正是对彼此依赖的现实使得我们拥有了完整的人性。人性是生存过程中其他因素直接调节的产物。这些调节要素使得我们能够在过去、现在和未来存在于一个与他人共生的永恒状态。解释一下我这里所说的话，我当下的存在是由那些过去曾存在过的事物所促成，因此当我同前人一样死去后，我应当也能影响到未来。（Murove 2014：37）

另一个方面，即生活美好意味着人们能足够享受生活。通过援引广为流传的社会和经济不平等以及南非的消费文化现状，已故学者 Neville Alexander（2013）提升了"充足性"（sufficiency）这一概念，即"像盛宴一样丰盛"。Alexander 称人们应该足以满足基本的需求，然而要过上快乐充实的生活，超过这个范围的需求并不是必需的。受访者分享了对于生活美好的理解，大部分人的理解都在美好生活、乌班图精神、卡玛精神和充足性的概念中得到了体现。

创造美好的生活

正如我们所看到的，贫困的劳动阶层社区的人们告诉我们主流的发展模式并不适合他们，相反这种模式造成了失业和不平等，压抑了他们的自我意识，削弱了他们身上的人性。在受访者当中，有很多人找到了自己的方式去创造"美好的生活"，通常是非正式的工作和仅够维持生计的活动。但他们不仅生存了下来，而且是超越这一境界去创造生活。人们又进一步指出，主流的发展模式并没有响应对他们而言最为优先的事项和价值。虽然许多人为了找一份体面的工作而挣扎着，但寻找这样一份工作的原因并不仅仅是满足资本的需要。相反，人们想要创造的生活，所包含的是有意义的活动（包括工作），满足基本需求，又让生活更好的方式方法，还有营造一个平等且有意义的社会关系。这种创造美好生活的替代方案在下面这些概念中得到体现：实践、激进人文主义、平等、先见、主观幸福感、"buen vivir"、乌班图精神和卡玛精神。

异化劳动 →	实践
市场价值/人力资本 →	激进人文主义
结构性不平等和压迫 →	平等
独裁和阶级性 →	主观幸福感和"buen vivir"
个人主义及自我中心 →	班图精神和卡玛精神

图 6.3 创造美好生活的替代方案

本章讨论了人们如何将创造美好生活概念化，以及在新自由主义目标和价值基础上人们如何通过主流的概念体系实现这种概念化。我们在图 6.3 中总结了这两套不同的体系。下一章要讲的是人们如何在生存和学习之间建立联系。

第七章

生而为学，学而为生

第四章和第五章探讨了人们的多种学习方式，以及促进和妨碍人们学习能力发展的因素。

多数受访者表达的主要情绪说明，当学习同"实践"（如第六章所述）和实际情况相联系时，学习就是实用且有价值的。此类案例多发生于我们走访的非正式和非正规学习场所，正式学习场所的一些学生也有积极的经历，成人教育与培训中心（AET）的许多中年学习者就是如此，他们学到实用的技能（比如学会阅读圣经、辅导孩子家庭作业，或所学有助于生计）时，就会对自己的学习经历给出积极评价。

然而，正规的中学后教育与培训（PSET）机构的教育或学习往往未能同人们创造生活的活动相联系。不出所料，本研究发现许多人认为这样的学习毫无助益，在一些情况下甚至会为学习者的生存和生活带来负面影响，本章将详细论述这一观点。根据前面章节对现状的反思，本章将论证：当下人们接受的正规中学后教育与培训是为了满足资本的需求和利益，而非满足构成南非大众的"普通"社区居民的需求和利益。

鉴于研究结果，我们不得不对正规教育的初衷发出质疑：其究竟是为谁而设又服务于谁？答案不言而喻，正如"新兴之声2号"（EV2）调研项目所证实的那样，正规教育体系既不是为"普通"民众所设，也不为其服务，更未能建设性地响应民众所需、所想、所念、所望、所争等。以下是受访者的原话，引自第四章和第五章：

> 我后悔自己上了学，希望每个孩子都能在考试决定成败之前，就早早地找到自我，找到自己的天赋、梦想和坚持。【东开普省（Eastern Cape）东伦敦市（East London）一名职业技术教育与培训

第二编 反思与内化：多重启示

学院（TVET）学生接受采访时所述】

作为一个男人，你失去了尊严。你去了学校，家里人看到你一天天地跑去坐着，结果没做出任何实事。教育本应避免一个人沦落到那种地步。【林波波省（Limpopo）瑟库库内（Sekhukhune）一名男子受访时所述】

按照规定，我们的教育体系通常与学生团体无关，因此，学生很难将学业坚持到底。【来自东开普省东伦敦市一名学生接受采访时所述】

针对正规教育与培训机构的一个主要的批评观点（本研究已证实这一观点）是，正规教育与培训机构脱离了实际情况，脱离了所在社区本身，脱离了机构员工或学生上下学、上下班途经的社区，脱离了人们的现实生活。几乎没有证据表明，中小学教育、高等教育、职业教育、继续教育、成人教育或其他教育机构等正规机构解决了或试图解决南非大众或全球贫困劳动阶层人口[①]所面临的危机和问题。事实上，我们可以有力地论证，正规教育机构与当今世界面临的危机有着深刻联系，包括地球遭到破坏以及其他危机。

事实是，人类未来健康与繁荣所依赖的许多东西都正处于极度危险的状态，比如稳定的气候、自然生态系统的复原力与生产能力、美丽的自然景观以及生物多样性。值得注意的是，这样的结果很大程度上是拜这些人所赐：文学学士、理学学士、法学学士、工商管理硕士、博士。（Orr 1991）

---

① 本书提到的职业教育相较于主流的狭义（通用的）职业教育定义要更为宽泛。狭义的职业教育主要满足工业利益和需要，且未能考虑更广泛的社会目的，而这恰是职业教育能够且应当考虑的。我们用"职业"一词指代人类以巨大的奉献精神和决心所进行的有意义的众多生产活动，由此，职业教育将涵盖一系列技能（如认知技能、情绪技能和行为技能），从而得以创造有意义的生活。

教育带来帮助还是伤害

正如第四章和第五章所述，许多人都接受过正规教育，尤其是高中、职业技术教育与培训学院和大学的教育，但大都不尽如人意：

- 难以获得上学的机会。本地可能未设立教育机构，上学的地方一般很远，而且学费高昂，常常缺少资助（除学费外，还要负担交通费、食宿费、书本费等开销），有时有意向申请的学生甚至无法获取所需的学校信息。
- 就算获得接受正规教育的机会，通常也无法成功完成学业。"新兴之声2号"调研项目解释了造成这种现象的一系列原因，学生辍学的原因包括高昂的费用、校内外安全问题（如夜间必须徒步出门或难以找到安全的住宿环境）、语言障碍、功课辅导或支持条件不到位以及校园设施简陋（如第五章所述，许多职业技术教育与培训学院的学生说，他们本应学习实用的技能，但却没有实践机会，因而只能从书本上学习关于实践的理论）。其他原因还有：饥饿、怀孕、迫于生计赚钱养家、必须照顾家人、无人照料孩子、吸毒、家庭环境恶劣、校园霸凌、教师的冷眼以及无用的教学方法等。
- 多数情况下，学生所学专业并不是自己真正想学的。受教育程度的限制，他们只能学习在自己能力范围内的专业。选择学习某个专业的原因也可能是他们负担得起某个专业，或只有学习某个专业才能获得经济援助，又或者父母认为学习某个专业有助于就业，就鼓励他们学习该专业。学校课程设置往往与学生的需求和愿望无关，而与生意和"市场"相关，同时也未能体现或重视本土知识。"应该由谁来决定课程内容？"是许多受访学生都问到的一个问题。学生对未能学习了解属于自己的历史表达了失望。他们在访谈中引用了这样一句非洲谚语："除非狮子有自己的历史学家，否则，狩猎的故事永远只会歌颂猎人。"
- 哪怕学生努力从某个正规教育机构毕了业，通常也会因为信息缺失或正规教育不同文凭及其区别界定不清而难以过渡到下一阶段。这样的困难有些是直观可见的，有些是学生的感受。一个成人教育与培训中心的校长说，职业技术教育与培训学院将取得成人基础教育与培训

(ABET)四级证书的学生仍然视作"门外汉"。这与《中学后教育与培训白皮书》所强调的内容相去甚远。《白皮书》指出:"各个中学后教育机构之间存在巨大的合作互助可能性,整个中学后教育系统、学生以及其他相关者都能由此获益。"(DHET 2013:5)

- 即使学生成功过渡到了下一阶段的教育并获得了文凭,往往也并不能就此拥有"更好的生活"(而据我们所知,这很大程度上正是学生选择继续深造的原因)。如第六章所述,"教育和技能等同于就业机会"的坚定主张并未得到事实的支撑,受访者也深知这一点。

这样一来,结果就是:

1. 很多人日益觉得正规教育,尤其是中学后教育与培训与自己无关(尽管如前所述,研究中也发现了例外情况);
2. 很多人产生了强烈的挫败感,感到无望或处于"困境"中;
3. 很多人感觉疏离了生活中的重要部分,比如家人、家庭以及传统文化;
4. 很多人认为自己很失败——感觉自己不像"人"或者让家人失望了。

也就是说,正规教育不仅没有帮助到大部分人,反而在伤害他们。这与当今世界对教育的主流看法完全不同,主流看法认为教育对个体和社会均有益。Harber 和 Mncube(2011:233)指出:"理论上,教育与社会、经济以及政治发展之间的关系有三种可能的结果,即教育促进社会发展;教育让社会保持原样;教育让社会变得更糟。"

下文将关注这些不同的观点,以了解现在人们在南非接受中学后教育与培训的真实经历。

教育对个体和社会有益

Harber 和 Mncube(2011:233)称教育对个体和社会有益的观点"主导了国际社会关于教育和发展的讨论"。该观点涉及三个相互影响的层面:第一,教育有利于经济发展(教育培训人力资本,从而增加个体就业机会,由此促进社会生产力和经济增长,而这反过来又为所有人带来好处);第二,教育有利于社会,教育使人们的思想"现代化",比如，人们会以更加科学的方式看待世界，会更有动力实现更多目标，会用更加开放自由的态度看待问题（比如性别平等问题），这显然对个体和整个社会都有好处；第三，教育还有利于政治，教育能培养民主价值观念和行为。教育的普及，尤其是中小学教育的普及，为上述观点提供了基础（Harber & Mncube 2011）。"教育惠及一切"的观点并没有忽视教育体系中的潜在问题，相反该观点承认这些问题，不过关注的重点是个体，采取措施帮助"后进生"，补助由于家庭困难而处于弱势的学生，或解决学校和其他教育机构内部存在的问题（May 1994）。

自由论者的主要观点是，教育促进个体发展和社会流动，并赋予弱势群体政治经济权利，此类观点在主流言论中相当明显（Giroux 2006）。不过也有人认为，进步主义教育[①]同样也是在资本主义制度下运作的，并且促进了资本主义发展（见 Cozzarelli 2017）。正如 Schultz（1961）所说，"教育惠及所有人"的观点主要是基于人力资本理论。Schultz 认为，投资人力资本，比如以教育的形式投资人力资本，会带来回报，即个体会拥有更好的选择和收入，会带来社会经济增长，而社会不平等现象也可以通过提高受教育人士的收入和社会流动性得以解决。人力资本理论是当下主流的教育理论（Allais 2014；Kgobe & Baatjes 2014），在所谓的"发展中"国家尤为如此。只要粗略浏览一下报刊就可以发现该观点的盛行程度，各类权威报告也都包含该观点。例如，世界经济论坛 2017 年发布的《非洲竞争力报告》指出，技能仍然是非洲大陆目前的一大发展障碍："完善的职业技术教育与培训项目可以壮大国家的技术人才队伍，实现技能与正规就业的更好对接，从而真正带来生产性就业。"（WEF 2017：66）

非洲联盟的《非洲教育第二个十年行动计划（2006—2015）》也把职业技术教育与培训视为解决青年就业[②]的机制，同时认为职业技术教育与培训（以及整个教育体系）能惠及所有人这一观点是南非中学后教育政策的根基。当然，关于教育如何惠及个体和社会的三种说法在南非

[①] 进步主义教育是与传统教学方式相对的一种教学法，更加注重经历和理解，而非课本上的知识。

[②] Ligami C,《技能短缺仍旧制约发展》，新闻报道，2017 年 6 月 9 日刊载于《大学世界新闻国际版》第 463 期，网络资源访问于 2017 年 7 月：http：//www.universityworldnews.com/article.php? story =20170608084700584。

政治话语体系中占主导地位，正如 Harber 和 Mncube（2011）所说，后种族隔离时代的教育改革助长了这一观点。如第六章所述，接受更多教育和技能培训能够带来就业的想法十分有影响力。教育政策同时还强调教育能培养"新型""现代化"的人才，但同时也"过分强调教育在创建更加民主、和谐的社会中所发挥的作用"（Harber & Mncube 2011：235）。

从本章前文所引的受访者陈述可见，教育惠及所有人的论断显然存在问题。如果正视南非和全球范围内拥有文凭却仍无法就业的人数不断上升这一事实，那么教育体系为就业提供"相关"知识和技能的观点同样也没什么逻辑可言。例如，2014 年的一项研究预计，尼日利亚的大学毕业生失业率超过 23%，而肯尼亚的大学毕业生更是需要平均花费五年的时间才能找到一份工作[①]。第六章曾提到，正规劳动力市场失业率不断上升（即个体对自身的投资并未收到回报）以及不平等现象不断加深，使教育与就业之间的线性关系面临挑战，从而社会也不会得到"发展"。Balwanz 和 Ngcwangu（2016：4）认为，关于南非"稀缺技术劳动力"的讨论实际是"将教育与经济关系非辩证地、虚伪地概念化，认为响应市场的技能培训能够解决更广泛的发展问题，从而让高等教育扮演更加相关的指导性角色"。如果教育的本意在于为劳动力市场培养人才，而市场又无法完全吸纳人才，那社会危机加剧时，就不得不重新考虑这一"非辩证的、虚伪的概念化"了。Christie（2008：26）明确解释了"单靠学校是不能让经济焕发活力的"：

> 简单的实用主义观点并不能解释上学与工作的关系。正如米尔斯的《社会学的想象力》所说，个体在任何历史时期所遇到的机遇都是结构性的，个体总是在生活过程中做出选择并采取行动。性别、种族、居住地及许多其他变量都会对个体产生影响。我们需要进行更加动态的分析，把个体与社会结构和时间维度联系起来，在分析

[①] Trudeau S & Omu K,《毕业生准备好走向劳工市场了吗？》，文章重新思考了非洲的大学教育模式，2017 年 9 月 17 日刊载于《约翰内斯堡邮报》，网络资源访问于 2017 年 10 月：https://www.joburgpost.co.za/2017/09/22/graduates-prepared-job-market-rethinking-africas-university-model。

中考虑不同意义、主体和权力关系。

根据本书第一编受访者所述,许多人确实相信教育对个体自身和整个社会有着潜在的重要作用。然而,也有许多人质疑自己所受的教育是否真的有所助益,像许多学者一样,他们开始对上述理论提出质疑。

教育是对现有的权力关系的再生产

我们的研究证实,学习者和学生接受的正规教育其实是 Paulo Freire 提出的"驯化式教育"。Freire 和其他几位学者认为,教育永远不会是中立的:

> 教育的职能,要么是用于促进年轻一代融入当下体系、带来统一的工具;要么是带来自由的实践,是人类批判性地、创造性地面对现实的方式,让人们弄清如何应对变化的世界。(Frerie 2000:34)

根据激进教育者和学者的观点,多数教育实际上是为了教导孩子或成人适应社会、遵守规则、不要质疑现状。教育的目的是对已有权力关系的再生产,为当权者的利益服务,于是教育应运而生,为资本家的资本和利益(以及男性和白人等其他占优势地位的群体)服务。关于教育"失败"的辩论重心也就从个体转移到了整个社会,但激进教育者和学者并不认可这一转变的实现方式。Giroux(2006)根据教育即再生产过程的文献,总结出三种再生产方式:经济再生产模式、文化再生产模式、霸权国家再生产模式。下文将讨论上述三种模式。

经济再生产模式

教育体系正在延续社会不平等和"伤害"学生,第四章和第五章讨论了受访者对此现象的看法:

更糟糕的是，职业技术教育与培训学院的学生（包括我自己在内）并不能达到最高等级，或实现自己的目标。继续教育与培训学院（FET）只提供培训，并不教你学习。这个体系旨在为你之后的工作领域做准备。【东开普省东伦敦市，职业技术教育培训学院一名学生接受采访时所述】

不是我们不行，是教育体系导致了我们不行，而且这样的事情还在继续发生。乡镇学校没有配置电脑，没有科学实验室，资源缺乏，体育活动缺乏，也没有就业指导课，有的只是疲惫消沉的教师。社区没有投资于教育这一基本需求，没有改善教育。我们不需要通过教育部才能参与教育决策，我们也可以自己组织社区内的教育论坛。我上学的学校在普马兰加省（Mpumalanga）农村地区，很穷，没有科学实验室，我们只能把所有东西都用上。【东开普省东伦敦市一名青年受访者口述】

FET学院接收的都是贫困的黑人学生。不骗你，在校学生向我打听学院情况还有课程设置时，我都告诉他们，注册进入FET学院学习就是浪费时间，还不如待在家里直到筹够钱去上大学，因为上FET学院取得的资质并不足以支持继续深造。【林波波省瑟库库内地区TVET学院一名教师接受采访时所述】

对于我们的学习者来说，上大学仍然是一个挑战。国家必须重新审查从学院到大学的过渡政策。我们仍在等待政府在政策上作出表态。我们的学生仍然很难取得大学入学资格。这反映出一种延续至今的思想，即技术机构是为没有学术能力的人设立的。【林波波省瑟库库内，一名职业技术教育培训学院的校园经理接受采访时所述】

上述观点呼应了政治经济再生产模式研究者的理论。政治经济再生产模式理论大部分发源于Bowles和Gintis（1976），他们试图理解学校教育是如何导致社会劳动分工的，以及人们为何会接受该过程（Apple 1988）。Bowles和Gintis指出，资本家或资本阶层与教育之间有着直接且定向的联系，他们将此联系理解为：对于工厂工人而言，教育在教育机构内创造了种种相同的社会关系。学校向孩子们灌输观念，让他们"了解"自己的角色和在学校里的"地位"，让他们知道自己成年后的角色和地位。Bowles 和 Gintis 认为，学习者之所以学习，并不是为了收获将来可能有用、有意义的知识，而是为了得到高分、证书或其他资历。学习者无法掌控要学什么，同样地，工人也无法掌控要生产什么。因此，Bowles 和 Gintis 认为，学校和经济之间存在直接的对应关系，即学校再生了劳动力和生产中的等级关系。

> 我们认为，教育体系通过社会与生产之间的对应关系，帮助年轻人融入经济体系。教育体系中的社会关系结构不仅帮助学生适应工作场所的纪律，而且让学生养成个人行为方式、自我保护模式、自我形象以及社会认同感，而这些元素对于胜任工作至关重要。通过打磨学生，让他们适应与工作场所相似的整套社会关系，学校教育其实是试图让学生的个人需求符合学校要求。（Bowles & Gintis 1976：131）

学校实现上述目的的方式就是，基于学生的"种族"、阶层或性别差异，教给学生不同的知识、技能、态度和价值观，从而让他们"做好准备"并且"适应"未来要在生活中扮演的角色，例如，体力劳动者就不同于脑力劳动者。"隐性课程"发挥的正是这样的作用，Giroux 说：

> 构建隐性课程的社会关系为下列问题提供了意识形态和物质方面的支撑：什么是高级知识，什么是低级知识（即脑力与劳力）；什么是高级的社会组织形式，什么是低级的社会组织形式（即民主制度与等级制度）；当然，还有什么是高级的人际交往，什么是低级的人际交往（即个体竞争力主导的人际交往与集体共享式的人际交往）。（Giroux 2006：8-9）

除隐性课程外，还同时存在着二元体系，或者说并行体系。Carnoy（1974）曾试图解释为何教育的普及非但没能改变阶级关系，反而固化了阶级关系。他认为，尽管越来越多的人接受了更多的教育，但是在公立教育机构和私立教育机构、职业教育和学术教育等二元体系下，各种机构、考试系统和其他机制仍然维持着已有的社会结构。在新自由主义发展政策构建的环境中，该二元体系依然存在，且受到了积极的刺激。例如，2017年7月，投资新兴市场的英联投资有限公司①在非洲9个国家的30个城市投资了2.75亿美元，构建私立教育机构网络（Sawahel 2017）。②

前文引用了本研究过程中受访者的讲述，表明南非存在明显的二元体系。南非有私立学校和公立学校，公立学校被进一步划分为乡镇学校（包括一些"免费"学校）和超级示范C类学校（高收费），后者按照等级和"种族"划分学生。Harber和Mncube（2011：236）认为，"如今依据种族招生或许是不合法的，但收取高昂的学费也可以产生同样的净效应"。公立学校现在的情况不容乐观：90%的公立学校没有图书馆，42%的公立学校学生过多，另外还有许多公立学校的建筑是危楼（Vally 2017）。最近，部分是由于看到公立学校糟糕的现状，《经济学人》的一篇社论建议将南非更多的学校私立化，成立"低成本"私立学校或公私"合办"的学校，该想法或许受到了美国特许学校③和英国学院的启发。

> 当然，任何有能力的家长都会避开公立学校，因为在公立学校，教师积极性和出勤率都不高，班级人数过多，辍学率和重修率都很高，学习资料稀缺。但公立学校的上述问题并不能说明将学校私立化就是有价值的，而是证明了新自由主义对公立学校的冲击。（Klees n. d.，转引自 Vally 2017）

除了公立学校和私立学校的差距，南非教育体系内的"流派"也十分明显。南非教育体系内有"商业"／"职业"流派和"学术"流派，

---

① 英联投资有限公司由拥有超过55年投资经验的英联邦投资集团演变而来，在中国、马来西亚、南亚及非洲等地积极地开展投资活动。
② Sawahel W，《近距离观察学生的流失和迁徙》，2017年8月18日刊载于《大学世界新闻国际版》第470期，网络资源访问于2017年9月：http：//www. universityworldnews. com/article. php？story = 20170816194548180。
③ 特许学校（charter school），是一种接受政府资助，但独立于其所在的公立学校系统运行的学校。

政府考试和独立考试委员会[①]考试，家境好的学习者可以选择参加剑桥大学国际考试委员会设置的考试（主要为私立学校和家庭教育提供的考试）。中学后教育与培训体系包括职业技术教育与培训学院和大学，研究型大学和科技大学，一些富有的家庭还可以选择把孩子送到国外的大学。各阶层的人从事的工作不同，需要的专业知识和技能也不同，因而各类机构负责教授不同的知识和技能。因此，尽管上学的机会变多了，也有越来越多的人接受更多的教育，但人们接受的教育是"不同的"，是与阶级和财富挂钩的。如今，或许进入学校和中学后教育与培训机构学习的贫困劳动阶层学生多于以往，但是他们接受的教育质量依然不高，成功的概率也相应更低。《中学后教育与培训绿皮书》显示，2007年只有4%的公立职业技术与教育学院学生参加国家职业资格证书课程，而技术课程的通过率"持续保持低水平"，仅为12%（DHET 2012）。大学虽然也存在问题，但情况稍好，根据高等教育与培训部（DHET）的数据，近一半（47.9%）大学生未能完成学业。[②]

虽然南非进入"民主"时代已有20多年了，但现在学校教授的专业知识与技能很大程度上仍然是为了确保各阶层的人继续留在原有阶层（"种族"和性别也助长了这一现象）。这可从前文对学生、教师和学校管理人员的讲述中得到印证。通常，"技术型"技能或实用型技能是教给贫穷劳动阶层和中下阶层学习者的，而"学术型"技能或领导力技能则是教给资本阶层学习者的。尽管教育机构的年轻学习者数量现已达到历史最高水平，但绝大多数年轻人都会辍学，无法实现从贫困的学生变成中产阶级的梦想。

如第六章所述，南非民众的受教育程度提高了，出现了新的"黑人"中产阶级和一些"黑人"百万富翁，但失业人口比例和贫困人口比例并没有发生变化，"种族"造成的经济不平等现象仍然继续存在。南非的竞争性教育体系将不平等和贫困"合法化"，根据资本主义逻辑，成就不高之辈不配享受资本主义经济体制下有限的成果，即如前所述，

---

① 独立考试委员会（简称IEB），南非的一家独立评估机构，为各种各样的客户学校提供考试服务，其中大部分是私立学校。

② Sawahel W，《近距离观察学生的流失和迁徙》，2017年8月18日刊载于《大学世界新闻国际版》第470期，网络资源访问于2017年9月：http://www.universityworldnews.com/article.php? story=20170816194548180。

一切都归咎于受害者，教育体系没有问题。

某种程度上，我们可以说教育体系普及化具有民主意义，因为更多的人享受到了教育。但与此同时，由于教育体系让人们适应特定的角色，教育普及化发挥的其实是驯化作用和再生产作用，并未改变现行体制。教育机会增加还导致证书和其他资历的含金量下降，越来越多的人"取得"证书，然后拿着证书去找工作，而当今就业市场却没有多少工作岗位。随着就业竞争愈加激烈，为了与他人竞争为数不多的工作机会，人们努力掌握更多的知识和技能，但收效甚微。针对职业技术教育与培训学校毕业生的一项最新追踪研究显示，完成国家职业资格认证的毕业生中，找到工作的人不到一半（SSACI 2016）。

许多机制牵涉其中，包括"筛选"过程和"文凭主义"。"筛选"是指用人单位将受教育程度作为缩小应聘者范围的一种手段。Killeen 等人（1990：101）解释说，这可能意味着受教育程度是"可培训性"的代名词，或者意味着用人单位将受教育程度视为排除特定应聘群体的实用且显然很理智的手段。关于"文凭主义"的讨论由来已久，而且现在仍值得关注。20 世纪 70 年代 Berg（1971）曾讨论过"文凭主义"，还有 Dore（1976）写的《文凭病》（The Diploma Disease）一书，书名一针见血。"文凭主义"有几种不同的解释，但在本书的论述中，"文凭主义"意指"增加'过度教育'的可能性"，而"过度教育"指接受技能和知识培训的人才数量超过了人才需求量（Killeen et al. 1999：101）。近年来，特定的工作需要拥有"特定"水平或资质的人来完成的现象愈发常见。例如，南非越来越多的公司将只雇用预科生（学历不低于 12 年级）来做如包装等技术含量低的工作。

文化再生产模式

刚进入大学时，身处的环境完全不同于以往。就个人经验而言，我遇到的是语言问题。在大学里会遇见不同国家的人，必须用英语和他们交流，也要用英语学习。如果对方不会说科萨语，那就只好用英语交谈。但参加考试的时候，我还是希望能用科萨语答题，希望题目也是科萨语。【东开普省新布赖顿镇（New Brighton）的一位

年轻人接受采访时所述】

如前面章节所述,在我们的调研过程中,语言方面的问题多次出现。"新兴之声 2 号"调研项目证明英语(精英人士的语言)已经成为获得"机遇"的必需语言,从而也就(再次)使精英人士受到青睐。无法用英语交流、写作,或者无法很好理解英语的人,自然就处于劣势了,并且会感到低人一等。

除了语言方面的问题,某些文化和历史也更具优势:

> 中小学教育阶段均未开设关于先辈历史的课程,初中和高中都没有,我称之为课程缺失。必读书讲述的是别人的生活方式,而不是我们普通人的生活方式,不是那些因反抗体制而遭受折磨、被关进监狱的人们的生活方式。【东开普省东伦敦市一名大学生接受采访时所述】

知识、文化、语言,还有人与世界的关系等问题,不在资本阶层的考虑范围之内,因而上述问题被视作"弱势的异类,而非平等的差异"(Giroux 2006:14),这也是文化再生产理论的部分观点。一些学者讨论了文化再生产理论,包括 Bourdieu(Bourdieu & Passeron 1977)以及 Bernstein(1990),但二人并未关注资本与教育的直接关系(Bowles&Gints 1976;Griffiths et al.,2013;Klees 2017;Kumar 2012),他们关注的是权力的产生与文化、社会和象征意义有何关联,以及占主导地位的文化是如何不断被再生的。Bourdieu(1984,1986)解释说,这靠的主要是他所谓的"惯习"或技能等,也就是我们学到的用以引导自身行为和思维的东西。根据 May(1994:69)的说法,"惯习是文化在个体身上的体现,惯习实际上包括塑造个体的全部社会和文化经历。"学校的运作假定所有学生有着共同的惯习,即一种中立、公正的文化。然而,所谓的共同惯习其实是中产阶级的惯习。具有该惯习的中产阶级人群就被认为天生更聪明,而无此惯习者通常会被贴上"落后"这样的负面标签,因为他们未能顺应惯习或符合学校对"规范"或"正常"的定义。Bourdieu 称"学校传播的文化之所以同构成社会的各种文化相关联,是因为其巩固了统治阶级的文化,而否定了其他群体的文化"(转引自 Giroux 2006：13）。

　　Bernstein 侧重研究构成学校教育基础的各种信息系统，包括：什么才是有效的知识（课程），知识的有效传播（教学）以及所学知识的有效性证明（评价/评估）（Bernstein 1990）。上述各方面由特定的社会阶层（即统治阶层或群体）制定，并赋予他们特权。对于什么是重要的规则，有时很明显，有时又并非如此，而由于特权阶层的学习者天生就"了解"这些规则，他们便能从中进一步受益。因此，某些语言（如英语）、知识形式（如"科学"知识）、说话方式或存在方式被合法化，而其他的则被边缘化。正如第六章所述，这一过程对新自由主义的促进作用是显而易见的。

　　与意识形态和文化有关的再生产理论不同于经济再生产理论，Giroux 解释道：

> 学校并不与经济精英阶层的权力直接挂钩，而是被视为广泛象征性机构之一，这些机构不会公然强制他人服从和施加压迫，而是通过形成和分配承认教育意义的主流文化，更巧妙地对现有的权力关系进行再生产。（Giroux 2006：12）

　　与此相关的是使用的特定话语。为进一步理解这一点，需要考虑"技能"一词的含义，正如流行音乐节目主持人莫哈丘（Mochacho）所述，"要疏通管道，得去找老一辈人"；然后需要思考，如何在实现"民主"的同时，为所有人提供更多的受教育机会并能够切实维持现状。"技能"一词的含义已经在几十年间发生了改变。Keep 和 Mayhew（1999，转引自 Payne 2000：354）解释说，20 世纪 50 年代至 60 年代，存在着一种"传统的技能观"，坚持严格区分学术技能和"硬"技术技能。多年来该观点历经诸多变化，"几乎以爆炸式的速度扩展，现已真正涵盖'软'技能、'通用'技能、'可迁移'技能、'社交'技能和'互动'技能等一系列技能，这些技能在过去鲜少被认为是技能，而现在却难以将它们与个人特征、行为和态度区分开"。

　　如今，"技能"被描述为"一个人内在的、不变的、可量化的特质和能力"（Hull 1997：191）。"技能"的广义定义几乎已被许多组织和个人盲目接受。Ainley（1993，转引自 Payne 2000）称，"个人"技能和

"可迁移"技能实际上是"社交能力和通用能力",他对所有人都能平等地"获得"这些"技能"或"能力"这一点表示质疑,他认为:

> 将脱离其文化背景的态度和习惯表述为可以在实践中零散获得的技术能力,不仅使这些态度和习惯脱离赋予其原本含义的文化背景,而且意味着所有学生都能平等地获得这些态度和习惯,不论其阶层、文化背景、性别或种族。(Ainley 1993,转引自 Payne 2000: 363)

这种方式还使得某些技能被"去政治化",或被资本"占有"。例如,最近一篇关于非洲大陆毕业生失业问题的文章指出,大学没有教给学生雇主所需要的东西,包括批判性思维在内的"新"技能。

这个例子还说明,使用上述技能的定义意味着可以更轻而易举地告诉求职者,失业是他们自身存在"不足",不具备"合适"的技能是他们的错,而实际上,问题是出在体系上,是体系无法提供足够的工作岗位。Krugman(2012,转引自 Balwanz & Ngcwangu,2016:7)将"技能"看作一种"僵尸话语",即哪怕早有种种证据表明其不可行,仍然坚持采用的解决方案。

霸权国家再生产模式

第三种再生产模式关注国家与教育体系之间的关系,试图了解教育如何对现有的权力关系(特别是阶级关系)再生产。然而,关于国家是为资产阶级利益服务,或是相对独立于资产阶级,或是一个斗争的场所,学者们理解不一。同时,关于国家在多大程度上能够控制学校和其他教育机构,换言之,这些教育机构在多大程度上也是一个斗争场所,他们的理解也存在分歧。

许多学者认为国家与统治阶级资本家之间有着直接关系,认为国家代表资产阶级行事,并以这种方式控制教育,包括"维持资本主义社会的基本经济和意识形态结构"(Giroux 2006:22)。McLaren 和 Farahmandpur(2005:51)使用了"资本主义学校教育"一词。如前所述,

Bowles 和 Gintis（1976）的部分想法也包含这一观点，这一观点也是二人作品中大量评论的基础。"对于他们对国家与资本主义之间关系提出的相对机械的论述，存在一些批评。"（Apple 1988：233；应指出的是，这种批评往往过分强调 Bowles 和 Gintis 作品的缺陷，事实上，二人的决定论观点远未达到许多批评家不能容忍的程度。）在许多支持 Bowles 和 Gintis 观点的人看来，"学校仅仅是国家意识形态工具的一部分，其作用是确保对资产阶级的霸权控制并维持资本主义生产方式"（Whitty 1985，转引自 Apple 1988）。

因此，虽然一些学者已经形成了更为复杂的理解，但还是认为国家在很大程度上代表资产阶级行事。例如，Carnoy 和 Levin（1985，转引自 Apple 1988：234）认为，"教育体系不是资产阶级的工具，而是统治者与被统治者之间冲突的产物"，并非仅仅是"工作场所的对立面"。

然而，从广义上讲，尽管国家声称为所有人的利益行事，为穷人行事，但各国采取的方式截然不同（例如，南非的方式是社会补助和免费学校）。在绝大多数情况下，国家采取的行动是为了维持现状，确保资本主义生产关系得以维持。因此，尽管国家既是资产阶级的工具，也有可能是斗争场所，但基本规则是，国家在很大程度上是为了资本阶层的利益而行事。

> 因此，在将政治利益、部门利益和社会利益分离的话语背后，隐藏着阶级统治的规则和结构性不平等。统治阶级可能会因军事预算规模、削减社会服务预算以及税收结构的本质而争斗，但他们不会挑战基本的资本主义生产关系。（Giroux 2006：22）

国家通过多种方式对教育体系施加控制，例如，注重某些课程，忽视其他课程（例如，重视科学和数学课程，而非人文类课程）；设立特定的资助对象和资助方式；控制文凭（与此同时，鼓吹文凭的重要性，说文凭可以确保就业或"就业能力"）。如此一来，教育就是为适应资本需求而量身打造的。相应地，教育体系避免儿童和青少年流落街头，确保他们不会干扰教育体系的正常运作，同时强调个体权利和自由代议制民主，从而做到为国家服务（Giroux 2006）。

关于该过程在南非是如何展开的，许多学者都进行过思考。例如，

Hyslop（1987）研究了从传教教育到"班图"（Bantu）教育的转变，展示了20世纪50年代南非在国家领导下发展大众教育的过程与其他地方的进程相呼应：

> ……它表明南非与世界其他地方一样，在努力实现大众教育的目标。同其他地方一样，南非向大众教育的过渡伴随着垄断资本主义工业化的发展，南非也力图解决与其他地方大众教育过程中的相同问题，包括新的劳动力需求、管控城市青年、建立必要的统治阶级政治霸权以及重建劳动阶层家庭。（Hyslop 1987：12）

当然，在种族隔离制度下，这种大众教育（以"班图"教育为形式）具有"显著的种族主义和阶级歧视的特点"（Hyslop 1987：12）；但从根本上讲，大众教育是为了满足新兴工业资本的需求。Christie 和 Collins（1982：65）也赞同这一分析，他们描述了从农村到城市的迁移，以及这种迁移与学校教育之间的联系：

> 城市化意味着需要把不再参与部族结构和社会控制形式的人吸纳进资本主义社会关系。在资本主义模式中最广泛的教育形式是促进这种吸纳的学校教育。同样重要的是，学校教育在劳动阶层的形成过程中起着关键作用。黑人不仅学到了参与资本主义生产方式所需的技能；通过接受为黑人提供的特殊教育，他们还获得了一种意识形态倾向，养成恰当的工作态度，例如勤奋、守时，了解了肤色种姓制度的运作方式以及黑人在南非统治和被统治的社会关系中的从属地位。

南非学校教育制度很大程度上是代表统治阶级，而南非其他教育机构纷纷响应，例如 David Webster 在20世纪80年代初就指出：

> 在南非，大学总是反映着南非社会的主要偏见和矛盾……南非大学整体上就以性别和种族为由进行歧视，尽管一些冠冕堂皇的原则否认了此说法。更严重的是，大学存在阶层歧视。劳动阶层接受高等教育的情况极为罕见。相反，南非的高等教育机构旨在培育下

一代管理人员、官僚、监管者和剥削者,而且其中大多数人都来自目前占控制和统治地位的中产阶级。

　　大学延续了将脑力劳动与体力劳动分开的阶级划分,并将脑力劳动描述为某种程度上更"具有价值",给予这些人剥削劳动阶层的"权利"和能力。(Webster 1983:9)

　　如上所述,南非目前的主流话语仍然是"教育将惠及所有人"。Harber 和 Mncube(2011)讲述了后种族隔离时代的南非如何进行教育(课程和管理)改革,以使其"符合"所谓"教育有益"的观点。正如《2001 年全国修订课程》和《中学后教育与培训白皮书》中所述,南非政府政策强调"教育在提供全球市场经济竞争所需技能中的作用"(McGrath & Akoojee 2007,from Harber & Mncube 2011:234)。随着失业率上升,该观点明显存在内在矛盾,政府政策试图通过改变论调来克服困难,称技能培训有利于自主创业、谋生和正式就业等(Maluleke & Harley 2016)。政策还强调新课程希望培养"现代人",正如上所述,同时强调教育在创建民主社会中的作用——通过新的学校管理制度来树立典范(Harber & Mncube 2011)。Hyslop(1987)表明,南非教育的历史性转变部分是为了应对教育体系内部新出现的矛盾及学生骚乱事件。随着时间的推移,经济需求发生转变,教育体系中的矛盾可能会浮现,如学生动乱。然后,由于需要学校和教育体系不断发挥再生产作用,统治阶级将致力于教育体系改革。后种族隔离时代的教育可被视为对新自由资本主义(与工业资本主义略有不同的资本主义形式,后者要求向"班图语"教育转变)所需变革的响应,由此,后种族隔离时代的教育也截然不同于 20 世纪 80 年代解放运动所要求的、后又被非洲人国民大会(African National Congress)在 1994 年后很快放弃的"属于人民的教育"(Harley 2015)。再看看最近的"学费必须下降"(FeesMustFall)运动,Hyslop 的理论同样适用:学生要求免费、优质、非殖民化的教育,当权者的回应是:一开始展开一系列讨论和进行调解,然后采取强制措施,推行"校外"教学和"线上"教学,从而"一切照旧",恢复"正常"景象。

　　正如第四章和第五章所述,很多来自偏僻农村地区劳动阶层的受访者认为,自己接受的教育在很大程度上延续了现有的不平等现象,对于消除不平等现象并无助益。他们讲述了接受教育的困难，说有机会进入学校接受教育，也难以顺利完成学业，因为面临着语言、课程、教学、学费、交通和其他方面的困难。他们的经历为再生产理论提供了有力支撑。

再生产理论清楚地表明，总体而言，教育体系服务于统治阶级（特别是资产阶级）的利益。资本主义本质上就不利于人类和地球，因此，显然这样的教育体系不仅不会惠及所有人，反而会使一些人处于弱势地位，从而引出了 Harber 和 Mncube（2011）关于教育与社会之间关系的第三种理论，即"教育可能贻害无穷"。

受访者的观点也是如此。正如第五章所述，许多人质疑教育是否在本质上有利于个体和社会，也认识到教育可能是为其他利益服务的，有些人甚至更进一步认为他们的教育经历实际上对自己有害。

教育对个体和社会有害

Harber 和 Mncube（2011：234）认为，"教育可能贻害无穷"是相对较新的理论观点。据此观点，"教育不仅从根本上再现了社会的本来面目，而且使个体生活变得更差，对整个社会也带来危害"。考虑此观点（他们也同意该观点）时，Harber 和 Mncube 研究了南非的学校如何"延续学校之外的暴力并造成新的暴力"（2011：234）。我们将把 Harber 和 Mncube 的分析扩展到中学后教育与培训机构，并将除身体暴力外的心理暴力也包含到暴力的定义内。

Freire（2000）认为，教育与我们的人性问题息息相关：如上所述，驯化式教育使我们失去人性，让我们无法充分发挥潜力（借用职业技术教育与培训学院学生的说法："退而求其次"）。以 Freire 的理解来看，人性本质上意味着为"变好"努力，成为关爱他人、关爱自己的人，成为尊重和善待他人的人，成为相信人人平等的人。换言之，也就是要做到第六章中所讨论的创造生活的各个方面。在 Freire 看来，人性也代表着一种使命。因此，虽然有人试图再生产现有的统治与被统治关系，但抵制这一进程才是人的本性。在第六章中，我们已经论证了这一点，通过本项研究的受访者，我们发现，尽管当今新自由主义背景有着消灭人性的性质，人们仍积极地采取行动，保持自己的人性。

第二编　反思与内化：多重启示

反　抗

由访谈内容显然可知，尽管经历着艰难困苦的日常生活，人们确实还是会发起"抵制"行为，并且表现出韧性和能动性。引用第二章中受访者所述：

这些都是我在尝试的东西。【东开普省诺普梅洛镇（Nompumelelo）一位居民受访时口述】

这是我自己做的，不是我丈夫做的。【东开普省诺普梅洛镇一名女子接受采访时说】

我以这园子为生，我让大家明白这样也可以活下去，因为现在的年轻人实在是太懒了。我想吃肉的时候，我就抓只鸡来吃，家里过去就是这么过的。我不喜欢出去买菜，等到家菜就不新鲜了。我喜欢从园子里摘菜，立刻就能煮来吃。【普马兰加省奥斯胡克地区（Oshoek）一名居民受访者口述】

我一辈子没上过班，但我有自己的生意，做草席，卖草席。以前都是手工制作，不过现在用"马机"（一种特殊设备）来做，可以做得更快。以前我每个月做14张草席，小席卖40兰特一张，大席卖50兰特一张。【夸祖鲁—纳塔尔省（KwaZulu-Natal）马胡泽尼社区（Makhuzeni）一名百岁老奶奶受访时口述】

再生产理论学者认为主流体系非常全面，造成了人们的被动和一成不变。人们的实际行动向这些再生产理论学者提出了新的课题。人们在创造生活之际，每天都在不断抵制当下的教育体系，而许多再生产理论学者都不承认这一点，并且倾向于否认人的能动性，所以这些学者遭到了批评。同时，再生产理论也受到了其他批评，因为该理论不认同人类希望拥有与众不同、更加美好、公正公平的生活。反抗论者在认同教育作为统治阶级运作方式的同时，认为学校（和其他教育机构）是备受争议、充满斗争的场所（Giroux 2006）。Giroux 称，学校、职业技术教育与培训学院和大学是相对自治的地方，其运作方式不单单取决于职场逻辑或国家政策。资本主义价值观和意识形态可能会设定议程，但是并不能保证是否能成功完成议程，因为人的主动行为和斗争无时不在。据 May（1994：73）所说，反抗论"强烈批判冲突论中明显的决定论"，并"主张恢复个体作为积极参与者的地位，让个体有机会反抗，也有机会接受结构性约束"。反抗论者还明确指出，希望是促成人们反抗行为的重要因素。正如 Freire（2004：8）所述，"心存希望很有必要，但这还不够，单靠希望不能成功。但是，如果没有希望，人们奋斗时就会变得软弱和犹疑不定。我们需要的是一种审慎的希望，就如鱼儿需要未经污染的水一样"。

关于能动性的更广义的观点称，当权者的控制从来都不是万能的，它可以被挑战，事实上也在被挑战。反抗论者借鉴了上述观点（Biko 1978；Fanon 2001；Gramsci 1971）。学校层面的反抗有多种形式，包括以下几种：

微观层面的反抗：例如，现有正规教育机构中，教师讲授"违反或超出"课程规定的内容，或是学习者采取"死记、通过、忘记"的学习方法。即使该学习者没有这样分析自己的行为，这种"方法"的唯一目的或许只是成功进入下一阶段的学习，而重复所学知识亦是同理。学生认为课堂内容对自己来说毫无意义或一文不值，自然也不会过多关注。课程内容与个人生活、需求和兴趣脱节的问题在本研究中多次出现（参见第四章和第五章）。

一个很好的反抗案例是 Willis（1977）谈到的有意拒绝上学的"小伙子们"，还有"努力工作，就会成功"这句箴言。书中的劳动阶层男学生意识到上学对他们来说没有用处，因为资本主义下不会有平等。因此，无论在学校多么努力地学习，他们的生活都不大可能得到改善。在案例中，Willis 指出，教育体系没能成功为资本主义培养出逆来顺受的工人。小伙子们和他们的反学校文化（扰乱课堂、逃课都是为了抵制课堂和学校内的特权和控制）证明他们早已看穿资本主义的谎言。

中观层面的反抗：关闭一所或几所学校，抵抗学校的艰难境况（如师资匮乏）。

宏观层面的反抗："学费必须下降"运动。

鉴于本章探讨了再生产理论,有人会质疑正规的中学后教育与培训机构是否能真正发生变革。然而,反抗论认为,虽然教育机构主要是为了再生产现有的不平等社会关系,但同时也是一个斗争或抗争的场所。因此,教育机构也可能会进行"解放性教育"。Holloway(2010)指出了新自由主义资本大厦中的一条"裂缝",即老师一边进行着批判性思考,一边却又为市场提供劳动力。激进的教育传统,尤其是激进的成人教育,仍坚持这一观点,同时也探讨在相对非正规的场所进行解放性教育(如国民教育)的可能性(例如,参见 Connolly et al. 2007;Greene 2015;Haworth 2012;Hooks 2010;Von Kotze & Walters 2017)。

"新兴之声2号"研究发现,正规和非正规场所中的很多人提倡并试图提出替代方案,特别是在"可能性描述"(Profiles of Possibility)和"社区快拍"(Community Snapshots)研究项目中,例如林肯社会科学中心(免费合作高等教育之一)、职业学校运动等。职业学校运动开展的基础是,交换人们觉得"真正有用"的知识和技能(如下所述)和其他事物。本项工作始于对教育体系的批判性反思,如南非社会运动倡导人士所述:

我们明白,教育主要用于掌控民众,为权贵保留权力,但我们可以打破这一点。这就要求我们分析现行的教育,它是为了让我们成为"好人",还是为了帮助质疑事物,由此为改变世界而奋斗?(Figlan et al. 2009:20)

正如我们所见,研究过程中,进行批判性反思的受访者比比皆是。

为希望和可能性而学习

如果将"新兴之声2号"项目在正规机构之外进行的研究纳入考虑,我们可以说正规机构以外发生的学习和教育是"有效的"。如第二章中诸多实例所示,那里的教育与人们的生活息息相关,为人们的生存和实践提供支持。在走访的非正规机构中,人们在创造生活,且在创造生活的同时也在学习。但是,我们绝不能美化这些实例,必须认识到人们仍然生活在艰难困苦的环境中。

调研过程中,我们目睹了许多在实践中学习和为实践而学习的实例。Ledwith 和 Springett(2010:196)将实践中的知识称为"参与世界而不疏离世界"。正如Schugurensky（2011：210-211）所言，"许多社区群体、教育机构和社会运动每天都在从事艰苦的工作，其动力是来自Paulo Freire所说的，坚持人性化事业"。采访过程中，我们见证了许多这样的实例，很多受访的个体和组织都在帮助他人、传道授业、关爱他人或参与其他非营利性且对环境无害的有益活动。

这项事业并非一帆风顺。待业人员运动（UPM）是"可能性描述"项目的组织之一，参加该运动的Ayanda Kota解释了参加社会运动和斗争的难处：

> 谈到为人性而战的事业，并不是什么短途赛跑，而是漫漫征途。我们看过了前路行人的经历，可知一路上就算不是危机四伏，也是艰难坎坷。我们知道，走上这条征途需要付出一定的代价，但我们已准备好付出一切代价了。[①]

我们确实知道的，也是"新兴之声2号"研究所证实的，是有关反抗、能动性和希望的实例很多，主要发生在非正规的场所，而且规模不等、形式多样。这些实例证明，其他选择是有可能的，而且现在已经显现出来了。

正如第四章和第五章所述，有些学习者向我们讲述了自己觉得有意义的学习，即对生活有用、积极正面、带来欢乐的学习，也就是与实践相联系的学习，而不是异化劳动。此类学习有可能在正规教育机构发生，但更多的是发生在非正规场所，或仅仅发生在生活中。与此形成鲜明对比的是，从资本的角度来看，许多正规学习都是对主流意识形态进行再生产。正规学习是用于再生产压迫和剥削关系及意识形态的教育（Foley 1999：74），或者用Freire（2000）的话来说是"驯化式教育"。

因此，大部分正规教育恰恰不是为了让我们充分认清现实状况，相反，是为了隐藏现实。然而，正如本研究所示，许多人已经意识到了这一点，也知道他们接受的教育（多为正规教育，但也有非正规教育）是

[①] De Waal M，Ayanda Kota：《不愿道歉的非国大叛徒》，2012年2月7日刊载于《独行者日报》，网络资源访问于2017年3月：https：//www.dailymaverick.co.za/article/2012-02-07-ayanda-kota-unapologetic-anc-apostate/#.WJHe4vKmQm0。

第二编　反思与内化：多重启示

为了限制他们，是为了对现有的权力关系进行再生产：

> 据我所知，我们（在教育中）根本不注重批判性思维，但为了应对现代世界的挑战，绝对有必要引起重视。事实上，要想过安宁平静、充实高效的生活，需要时刻询问自己为什么这样做，该怎样做。【林波波省瑟库库内地区一名青年受访时口述】

> 很多人正在学习与自己身份不符的东西……我们需要学习符合自己个性的东西。【豪登省（Gauteng）瓦尔三角洲（Vaal）青年研究、学习和倡导组织（YRLA）一名研究人员受访时口述】

> 艺术应与传统教学相结合，在传统教学中，学生可以用艺术形式表达见解、构建理解。艺术让我们认识到社会中存在的问题，提高学习成绩，促进社会、情绪和精神的发展，加强参与批判影响人们的社会问题。【东开普省东伦敦市一名青年受访时口述】

> 我们是谁，我们是怎样的人，如果能在这些问题上得到更多引导，那么我们就会更多地拥抱真实的自己，活出自己本应该在这个世界上的样子，而不是成为复制品，试图做自己永远无法实现的事情。我还认为，引导事物发展的力量是那些决定世界事态发展的人。好吧，这赋予了资本家权力，削弱了社会效益，而这些制度只会赋予那些可以成为企业家的人权力。归根结底，能通过做极少的事情而收获很多的只可能有一个人。历史在这其中发挥着巨大作用，因为这是一种策略，迫使人们相信工作是获得成功的唯一途径，让人们在你手下工作，他们汗流浃背，倾尽全力，而你身居高位，得到很多，却什么也不用做。【东开普省东伦敦市职业技术教育与培训学院一名大学生受访时口述】

> 我认为教育体系中存在的问题或弊端在于，它没有教会人们自力更生、自强自立。这种教育体系保证我们能找到工作，说我们应该外出找工作，但当我们离开高等教育机构，回到自己社区时，却发现自己甚至都不能与人好好交流。家不再是你的家，你无法真正

第七章 生而为学，学而为生

与人们交谈，满脑子只想着找份工作。你得确保自己的安全，得找到工作，你现在与人交谈时，不能表现得像没有受过教育一样。你觉得自己好像情况好些，但其实在城镇或偏远农村地区，每个人的情况都是一样的。【东开普省新布赖顿镇一名年轻人受访时口述】

显然，人们完全能够看清自己的现实生活与预想生活差距巨大，也清楚正规教育在其中发挥的作用：

批判式学习的过程需要人们将自己的经验理论化，运用权力、冲突、结构、价值观和选择等概念，从经验中抽身而出，重新整理经验。这也表明，批判式学习不是由正式课程而来，而是通过经验、实践以及在实践中反思而获得的。（Foley 1999：64）

马克思、葛兰西、弗莱雷、法农、卡布拉尔、格瓦拉等诸多从实际斗争出发、积极参与斗争的思想家都认同"人类具有思考能力"这一事实。他们研究了人们如何从有清楚认知自身所遭受的剥削，过渡到了清楚认知更大范围内的压迫。他们都认为，现实经验和霸权意识形态之间总是存在一道鸿沟。同时，有些人认为，被压迫者并不能清楚认识到这一点（因为霸权力量塑造了他们的理解），所以需要局外人帮助他们看清这一点。另一些人则认为，所有人都会反思自己的经验，因此能看到这一鸿沟：

获得独立后，领导者要求人民铭记那段殖民时期，回顾已经取得的巨大成就。

现在必须指出，广大群众完全不知道现在取得了多大的成就。不论有多少节假日，不论旗帜多么鲜艳夺目，多么焕然一新，那些靠种地糊口的农民和找不到工作的失业者，都无法让自己相信生活确实发生了变化。（Fanon 2001：136）

正如第六章所述，这正是许多受访者在研究过程中向我们讲述的。诚然，有些人仍提到了自己希望接受更多教育，以便找到工作或找到更好的工作，认为"更好的生活"是基于物质财富的生活（用霸权主义的话来说），但许多人对此表示质疑：

> 在资本主义制度下,穷人总是被边缘化。【豪登省西伯肯镇(Sebokeng)社区居民接受采访时说】

> 腐蚀人们的是金钱。刚开始人们不知道金钱是什么。人们用牲畜来交易,没必要发行货币。如果有人想要面包,就给他面包,没必要给他两兰特说去莱特购(Shoprite①)买面包吧,你懂吧?但是,自从有了钱,情况就变了。不过,关爱是非洲特有的东西。不管你来自哪里,如果需要睡觉的地方,就能有这么个地方,需要帮助时,也能感受到家人般的温暖。所以说,关爱是非洲特有的,这也就是为什么我们要用"乌班图"这个词,即人道待人的精神,要保持谦逊。【东开普省新布赖顿镇一名年轻女子受访时口述】

> 挑战是在那些镇子,那里的铺张浪费很严重。那我们能负担得起这种支出吗?归根结底,它又能起什么样的作用呢?【豪登省瓦尔三角洲一名男子接受采访时所述】

研究期间,我们偶然接触到一些除学习正式课程外,自己阅读过法农等人作品的人,比如,青年研究、学习和倡导组织的一位研究人员曾说:

> 法农等人的思想和经历可在南非儿童的心智培养工作中起到关键作用,无论是白人儿童还是黑人儿童。想象一下,如果我们在年纪还小的时候就能阅读、学习 Es'kia Mphahlele 的著作,Credo Vusamazulu Mutwa 博士、Raj Patel、Dambisa Moyo、Don Mattera 等人的作品,以及 Ngũgi wa Thiong'o 的《思想的去殖民化》(*Decolonising the Mind*)并且有能力强的老师和更好的学校教育制度,那将会怎么样?这样的话,我们的智力水平将前进一大步,进一步推动非洲大陆的发展。【东开普省东伦敦市青年研究、学习和倡导组织的一名研究人员接受采访时所述】

---

① 译者注:莱特购控股公司是南非第二大企业,以零售和快餐业务为主。

然而，在没有这种外部论述来源的情况下，人们也越来越注意到自己的生活与所听到的故事之间的差距，他们希望这种差距得到承认：

> 我想跟（政府的）部长说，在采取任何措施之前，最好看看处于弱势地位的人。那才是最先要做的事情，去落实那政策的地方看一看。还有，要我说，部长必须坦诚地跟社区、非政府组织，还有社区组织（community-based organization，CBO）进行协商。这样他们就会告诉政府要做什么，要做出什么样的改变。【豪登省西伯肯镇一名青年接受采访时所述】

人们一次又一次地把话题带回到生活体验的重要性上来。人们通过对话和反思培养自己对所接受知识做出评价的能力，并开始质疑和消解那些广为流传的说法。更重要的是，在消解这些说法的过程中，人们寻找到了创造生活的要素，意识到了创造生活的多种手段，摆脱了正规教育桎梏，人们更加清楚，生活和学习的重点是不同的。

我们发现，人们在谈及有意义的学习时，"好的"学习似乎具有以下几个特点：

- 体验式：与真实体验直接相关，并以此为基础展开；
- 场景化：不仅考虑人们所处的实际环境，也考虑人们在生活中的地位，因为学习者是青年人还是成年人、住在农村还是城区、是男性还是女性、是黑人还是白人，等等，都很重要；
- 实践性：帮助人们创造生活，与人们的生活直接相关；
- 由价值观驱动：强调与实践相关的价值观，例如关爱、共享、乌班图精神（人道待人精神）和卡玛精神等。

接下来，我们将从以下几个方面审视上述特点，反思受访者关于上述特点的看法。

体验式学习

每一天都构成一个学习的时代，有让人成长的事件，让思维变得多元化。不过最基本的一点是让自己走进大自然。种下一粒种子，

第二编　反思与内化：多重启示

培育，然后收获。还有蚂蚁，它们知道自己的不足，却用尽所有手段早早为未来的美好生活做准备。这让我变得善于观察，从各种经历中学到东西。【东开普省东伦敦市一名青年接受采访时所述】

人类犯下的错误往往构成一个学习曲线，我们常常反思这些错误造成的损害，但大多数情况下，这些错误让我们成长，让生活更有意义。【东开普省东伦敦市一名年轻女性接受采访时所述】

正如本书第一编所述，在与受访者的交谈中，我们发现了关于人们了解什么、学到些什么的许多实例。比如居家护理小组一开始对居家护理一无所知，但还是开展了工作，在工作中学习；很多小企业的创办者不得不一边忙业务（卖牛肚或烤饼，或者修鞋、修自行车、理发等）一边学习。这些都属于体验式学习。

体验式学习理论认为，人们通过反思自己的体验进行学习。该理论的创始人 David Kolb（1993）认为，体验式学习有四个构成循环的阶段：具体体验（获得实际体验）、反思观察（对体验进行深度思考）、抽象概念化（将体验与其背后的理论或概念联系起来）和主动实践（在新的场景下测试所学内容）。学习过程可始于该循环的任一阶段，但需同时具备以上四个阶段。不过，其他学者，如 Jarvis（1987）和 Rossing（1991）则认为，人们不必按顺序把四个阶段都经历一遍，可能会跳过某个阶段，或一次性完成多个阶段。某些阶段，特别是反思（反思观察）阶段，其实可能并不是简单的一个步骤，或者也有可能完全跳过该阶段，因为某些知识可能不需要反思的过程（比如记忆）（Jarvis 1987）。

不过，以上观点的出发点一直都是体验。Jarvis（1987）认为，所有的学习都始于体验，尽管在之后的研究中，他也将学习纳入一个既有的框架中，"学习是基于体验的，但包含在一个已有的框架中"（Jarvis 2004：105）。体验可以是经过计划的，也可以不经过计划，可以是内部的，也可以是外部的；但关键在于，体验总是发生在特定的环境中，而这种特定环境既塑造了体验本身，也影响了我们对该体验的反思。体验"由具体的社会环境所塑造"（Brah & Hoy 1989：71），也受到意识形态的影响。因此人的体验是社会性产物，人们对不同的体验有着不同的反应。Jarvis 认为，"正是人们体验社会状况的方式影响了学习的过程"

(Jarvis 1987：63)。而这反过来也受其他人的影响,"任何体验的价值并不完全取决于体验的主体,尽管主体很重要,但更多的是取决于如何诠释和定义体验,以及由谁来诠释和定义"(Brah & Hoy 1989：72)。

我们所有人都能随时收获体验,这是显而易见的,然而,大部分经验论者都认为若要将体验转换成有用的知识,反思必不可少(Boud 等人 1985b; Kolb 1993)。有时候,我们可能根本不会对某种体验进行反思; Jarvis 认为有些体验发生得十分频繁,变得没那么有意义,人们也就习以为常了。不过,可能需要对其他的体验进行反思,由此一段学习的过程就开启了。因为我们的大多数体验都发生在教育机构以外,所以我们的学习很大程度上是反思日常生活体验的结果,而非来自为了让我们学习而特意创造出来的体验:"对于成年学习者而言,或许大多数能让人进行反思的事件都来自日常生活中的平常事。"(Boud et al. 1985b：19)

那么,为什么我们会对这些体验进行反思呢?我们对某一特定体验进行反思的原因,可能是感到"内在的不适",美国教育家杜威称其是一种怀疑、犹豫、和心理障碍的状态,或者是感受到一种更加积极的心态,比如,做到了别人认为不可能完成的事,就会促使反思行为的产生(Dewey 1933,转引自 Boud et al. 1985b：19)。根据 Jarvis 的说法,是社会因素造成了这种"差异",所以反思的原因才会因人而异。这种差异存在于学习者的过去体验与当下体验之间,也存在于过去体验与理想化的预期(比如,有资格证就能找到工作)之间。正如上文所述,正是宣传与事实(现实生活体验)之间的差距造成了人们对现今中学后教育与培训体系的质疑。我们还了解到一些非正式学习中发生的关于反思的具体实例,例如第四章中制作渔网的人的故事。

Boud 等人(1985a：7)将反思称为"主动探索和发现的过程"。在反思的过程中,人们会再次回忆特定的体验,对其进行思索、考虑和评价(Boud 等人 1985b)。部分学者将反思视为高度理性、高度受控、高度自觉、高度自愿的活动,而另一些学者则认为,情绪和过去的体验同样重要,它影响人们看待世界的方式。(这一定程度上解释了为何本研究表明接受正规教育会对人的学习产生消极影响;而人们总是将家庭教育或在集体中学习视为有意义的学习。)

Boud 等人(1985a)在他们的著作中极大发展了反思的概念,提出了反思过程的三个不同阶段:回顾体验、联系感受和重评体验。他们总结认为，反思是一种重要的人类行为，但反思能力因人而异。正因如此，有些人能比其他人更有效率地从体验中学习知识。反思能够（而且的确）发生在无意识层面，但却并不能帮助人们主动、有意识地做出决定。他们同样认为"如果反思没有与实践联系起来，就失去了反思的部分意义"（Boud et al. 1985b：35）。

Eraut（2000）认为，回顾自身体验，同时联系其他事情进行反思也同样重要。他指出，要真正理解涉及若干人的特定场景，审视场景本身（此前发生了什么，当时的大背景，场景与其背景间的相互影响）和场景与参与者之间的相互作用以及场景在参与者的学习过程所发挥的作用同样重要。这样，就能了解到学习过程的复杂性，个体与他人关系的重要性，以及个体与其所处环境的关系。Eraut认为，由于实践性的学习理论往往只关注个人，所以经常造成这些内容的缺失。

不过，Jarvis（1987：108）认为，很大程度上，我们进行反思的能力还受到更宏观的政治、经济和文化背景的影响：

> 重要的是认识到反思发生在一定的社会环境中，社会的精英势力早就定下了某种社会习以为常的且已为社会各成员所内化的主流意识形态。的确，同样重要的是要注意到这些意识形态已成为教育机构的一部分，这样，在正规机构学习的人就将这些主流意识形态接纳进自己的亚文化中。葛兰西将这一过程视为霸权的表现。

Jarvis据此认为，体验式学习可分为三类：非学习反应、非反思式学习、反思式学习。非学习反应（如擅自认定、不加思考、和排斥）与社会结构和文化背景密切相关：

> 擅自认定是指人们对社会状况抱有特定的假设，并且假定自己是完备的，能毫无问题地胜任自己的社会角色；不加思考是指在一些情况下，人们不会对自身的体验加以思考；排斥是指在特定情况下，个体明确做出不学习的决定。（Jarvis 1987：133）

非反思式行为（前意识、实践、记忆）"在机制上基本上是反复发生的，不断对已有的知识、能力、态度以及社会和文化体系进行再生产"

(Jarvis 1987：165)。另外，反思式学习"有望成为一种变革性力量，换句话说，反思式学习会一直是极具潜力的颠覆性力量"（Jarvis 1987：189）。Jarvis认为，社会结构和学习类型之间的联系是：社会机构脆弱时，反思式学习更有可能出现，而社会结构稳定时，反思式学习出现的可能性更低：

> 人们同样认识到的一点是，非学习反应根本不会扰乱社会稳定。的确，这种类型的反应对社会稳定至关重要，为了使社会秩序不被破坏，也不必将权力公之于众。与此相比，隐含的权力可能以权威的形式表现出来，甚至会在灌输和洗脑的情况下更为明显地体现出来，以此鼓励非反思式学习，以确保社会结构不受影响。（Jarvis1987：188）

很多体验式学习理论关注正规学习和非正规学习。Kolb（1993）的理论基于正规的教育环境，该领域的很多其他研究认为体验式学习环境下的教育有正式程度等级之分。Rossing（1991）专门研究了偶发性学习，采访了很多旨在改善学习本质、内容和过程的社区团体领袖和成员。在研究中，他发现了三种学习的"模式"：直接体验、替代体验、经指导所得的体验。在替代体验中，"学习是通过观察他人行为的结构和影响发生的"（Rossing 1991：51）。他认为该模式的学习可在任何群体中发生，比如伊托森妇女就业团体（Itsoseng Women's Group）或待业人员运动（UPM），但当所做的事情是自己一直希望学习的时，个体最有可能有所收获。

我们看到了很多这种形式的学习：观察他人，然后向这些人学习。在经指导所得的体验中，有些人试图通过展示或精心安排信息或体验来促使个体学习。我们还见到了数不胜数的类似实例：父母教育孩子、人与人之间教与学等。整体而言，Rossing发现，人们从自身体验中学到的更多是行为策略，而非意识、思想或感受。人们更容易从直接体验中学到意识（也愿意认同这种学习方式），从直接体验或经指导所得的体验中学到感受，同时从以上三种体验中学到思想。然而，人们往往并不将感受和思想学习看作学习。Rossing的观点考虑到，人可能通过非正规的方式进行自我学习，并且这种学习也包括意识和思想的习得。

在 Rossing 完成其研究的几年后，Carter（1995）和 Menard（1993）（from Marsick & Watkins 2001）的研究显示，非正式和偶发性的学习通常是没有计划、意料之外的（可能与杜威提到的"不适感"和 Jarvis 提到的"差异"类似）。第四章提到一位母亲看到儿子带白人小孩到家里玩的故事，我们也发现了很多与之类似的实例。比如，家庭种植者组织（Abalimi Bezekhaya）的农民迁往西开普省（Western Cape）找工作的体验，不过，在成为农民后，他们却重新思考为他人工作的感受和对当农民的看法。Marsick 和 Watkins（2001）基于研究提出了自己的模型。在他们的模型中，学习从特定情境下的日常体验中产生，与此同时，带来学习机会的体验都发生在更广泛的个人、社会、商业和文化背景下。这种更广泛的背景影响着人们理解自身处境、选择、行动和学习的方式。因此，Marsick 和 Watkin 的模型与 Boud 等人及 Jarvis 所提出的体验和反思的情境性之间的联系就清晰明确了。

情境式学习

> 通过观察和实验，我学会了电工，这种活儿就是在工作中学会的，一边看别人怎么干，一边自己摸索。【东开普省诺普梅洛镇一位居民受访者口述】

> 我们互相学习烘焙食物的方法，像烤司康饼，还互相传授不同的烤法。【东开普省恩格伯扎那村（Ngobozana）一位社区居民受访者口述】

正如本书第一编所述，在与受访者的交谈中，我们了解到许多事例，关于人们是如何通过观察他人劳动而学习技能的事例，包括接待员、做渔网的人，还了解到其他人则通过不断尝试和犯错而学习，如木工、摩托车修理工和修鞋匠。我们见到了一些特意向母亲、叔父或朋友学习的人，或是特意向他人传授知识的人，如那位卖菜的妇女，她将自己所知全都教给了帮工。我们还了解到了许多发生在各个团体中的学习，包括居家护理小组、救济厨房、公共花园、青年组织等。上述大部分的学习形式都是情境式的。

情境式学习将学习视为一种社会过程,而非简单的个体认知过程。在该观点看来,所有人时刻都在参与社会实践(即使是独自一人),"个人行为被视作更宏大的社会实践系统中的一个元素或一个方面"(Cobb & Bowers 1999：5)。所以,我们所处的位置,也就是我们的社会背景,是我们学习过程中的重要组成部分。从这一层面来说,社会背景并不仅仅包含地理空间上的位置,也不仅是进行学习的具体环境,而是我们周围复杂的关系网络以及我们在关系网中的位置。这就涉及了权力问题,"因为与权力相关联,所以学习行为被理解为既受权力驱动,又受其控制"(Contu & Wilmot 2003：283)。情境式学习与体验式学习之间的联系清楚明了,但情境式学习不同于其他形式的体验式学习,正如 Stein (1998)的解释：

> (1)学习扎根于日常情境中的行为;(2)知识的习得是情景式的,仅能迁移到相似的情境;(3)学习是除陈述性知识和过程性知识外,包含思考、观察、解决问题和互动方式的社会过程;(4)学习并未同世界上的实践分隔开,而是存在于由参与者、行为和情境组成的富有活力且复杂多元的社会环境。

这种理解学习的方式解释了为什么我们每时每刻都在学习,"学习本质上是从日常真实活动中创造意义的过程"(Stein 1998),正如我们在普通的日常生活(包括学校、大学、或学校讲堂)中与他人互动一样。由上可知,情境学习的概念仰赖对知识的特定理解,"学习者与他人和环境的互动创造和产生了知识"(Stein 1998)。

许多理论家将日常的、实用的知识与学术知识做了区分。而在情境学习的概念中,日常的实用性知识是随机获取的,没有体系,往往因人因地而异,且通常与具体的情境或背景有关。学术知识的获得则是系统性的,学术知识的结构往往从简单到复杂、层次分明。因此,必须先学习某些内容,才能去学习其他内容。学术知识通常会将知识整合为更加抽象的概念,并且多数情况下能得出正确的论断。学术知识通常以书面形式保存,因而能长期延续下去。同样,不仅学术知识与日常知识之间存在二元对立,学术知识与实用知识也是二元对立的,实用知识也就是前文提到的职业知识,即"行业内的、实践性的知识,其目的是培养更熟练、更可靠的工人,也是当下专注培训工作的原因"(Thompson 2007:30)。然而,判断不同种类知识的价值及特征,是充满意识形态色彩的工作。Bernstein(1975:85)认为让社会决定何种知识应当受到重视具有重要意义:"一个社会如何选择、分类、传播、评价其所认为的公共教育知识,反映了其权力分配和控制法则。"

正如上文所述,这是正规教育再生产性质的重要方面之一。设立正规教育场所的一个方面是设置正规课程和确定"何为有用的知识"(Bernstein 1975:85)。通常而言,在这一过程中,学术知识与日常的实用性知识之间的隔阂被放大了,学术知识凌驾于日常知识之上,甚至在学术知识范畴内,部分学科更为受重视(相比人文学科,科学和数学更受青睐)。尽管1994年之后,南非教育体系采取了必要的措施以制定促进社会正义的课程,但Hoadley(2011:143)称,"随着时间的推移,社会公平这一最终目标的关注点也发生了改变,从关注知识接收者和接收过程、或学习者和学习过程,转而关注知识或是应该学习什么知识"。1994年后启用的课程体系有意尝试打破教育和培训之间、学术知识和日常知识之间(以及不同学科之间)的隔阂。尽管如此,这套课程体系还是遭到了诸多批评。其中之一就是,一旦如该方案所说打破这些隔阂,将会导致贫困劳动阶层人群处于弱势地位:"倘若忽视学校知识和日常知识的界限,激进的教育模式会使得劳动阶层的孩子更加难以获得发言权。"(Taylor & Vinjevold 1999,转引自Hoadley,2011:149)因此,南非当即重新审查了2002年的全国课程大纲(National Curriculum Statement, NCS),审查意见主张设置以知识为基础的课程体系(Hoadley 2011)。该转变在中学后教育与培训机构中也尤为明显,且在成人教育与培训中心最为明显。当然,大学"学术"课程和职业技术教育与培训学院的"职业"课程之间仍然存在严重的割裂。

很明显,在主张情境知识的同时,人们也呼吁对"何为有用的知识"这一问题给出更广义的解释,强调知识可在日常情境中学习运用,而非简单地将学术知识视为有用的知识。不过,我们也观察到,人们提及了知识的另一种概念:

> 成人教育的激进传统,会结合某一知识对推动社会和政治变革

所作的贡献，特别是在社会、物质和政治等方面都遭受压迫、不公或剥削的社会，来判断该知识的"有用性"。（Thompson 2007：30）

激进的成人教育对"表面够用的知识"（即维持现状让人们各司其职的知识）和"真正有用的知识"（即让人明白造成自身境况根本原因的知识）加以区分。"真正有用的知识"这一概念起源于19世纪英国劳动阶层争取受教育权和投票权的抗争活动（Johnson 1979）。"真正有用的知识"的概念是从众多个体和团体反思自身体验而来，该概念推动了更深刻的看法和理解，使得理论能与带来变革的策略共同发展。"真正有用的知识"观点还认为，人可以从斗争中学习，不论是为自己还是为他人的斗争，从中学到的可以是政治、情绪或是实用的知识（Thompson 2007）。这意味着，我们需要思考人们认为什么才是"真正有用知识"，同时要思考人们在创造生活时的不同境况。正如 Hoadley（2011：156）所说："关于对公民而言最具价值的知识是什么这一点，如果课程结构的任何改动都会对其产生决定性影响，那么，对知识及其受众进行深思熟虑就十分重要。"

具有实用价值的学习

这是我们在大学的最后一年，但一次实训都没有过。我们还没做好进入就业市场的准备。【豪登省瑟迪邦市（Sedibeng）职业技术教育与培训学院一名学生口述】

需要有人教成年人一些实用的知识。机械工程（课程）就很好，因为这是谋生技能，学会就一直都在，就不会挨饿了。如果把这技能教给孩子，就算老了，他们也能继续靠修车挣钱养家。【西北省艾克梅伦地区（Ikemeleng）一名矿工接受采访时所述】

很多受访者谈及自己在正规中学后教育与培训体系的经历时，都在抱怨学到的实用内容不够，或是接受的教育和自己的生活或工作没有直接关系。正如第四章所述，例外的一个情况是接受成人基础教育与培训的部分成年人，他们讲到了能数清养老金、能判断出是否被骗、能读圣经、能和民政部员工说可以自己填表而不用忍受无礼对待等经历，他们说这些经历让他们感觉非常好。相比之下，在非正规或非正式环境中，大多数学习都和人们息息相关，且都具有实用价值，但从狭义上来看，这并不意味着这类学习都是基于"技能"的。比如，实用的、有相关性的学习涵盖了前文提到的"真正有用的知识"和"日常知识"，甚至很大程度上可能涉及情感因素。

我们清楚地知道，南非农村地区贫困劳动阶层社区都在技能方面有着深厚基础，掌握的技能多种多样（包括认知层面、情绪层面和行为层面的技能等）。通常情况下，人们自己或其他人并不认可这些技能，因为这些技能不是由正规学习而来，也无法取得相关证书，但靠着这些技能，人们得以创造精彩的生活。鉴于此，使用诸如能力（Powell & McGrath 2014）或"正规劳动市场之外、对社会有用的工作"技能等替代概念，会对探索中学后教育与培训新体系有所帮助。

由价值观驱动的学习

> 在我成长的过程中，父母亲一直教导我，让我知道：你得尊重你自己。如果你尊重自己，你就能清楚地知道自己想要实现什么；因为你尊重自己，周围的人也会尊重你。我妈妈一直对我们讲，尊重是一切事物的起源，因为如果尊重自己，就容易谅解对方。因为尊重自己，甚至能很容易实现目标。【东开普省布鲁利利丝布什（Bluelilliesbush）一名成年学习者接受采访时所述】

我们认识到，多数受访者都谈到自己的学习与态度和价值观有关系。人们提到遭到无礼对待时，或者自己感到失败的时候，学习有多么困难，还谈到了在创造生活的同时，大家会关心他人，关注集体。创造生活的过程中，多数人珍视的态度似乎符合第六章描述的乌班图精神、卡玛精神、"美好生活"（buen vivir）等概念，而不同于新自由主义资本所宣扬的个人主义、追求竞争的价值观（由此也与前文所述的正规教育体系大相径庭）。

第七章 生而为学，学而为生

为生活而接受"教育"

可以看到，人们讲述了自己认为有用的、有意义的学习，而其中多为与所谓"教育"相对立的非正规学习，本章的大部分内容都在反思受访者的感受。由第四章和第五章可知，也如本章开篇所述，人们提及的教育，特别是正规教育，多为"驯化式教育"。不过，同样清楚的是，仍有实例表明，存在"解放性教育"，特别是在非正规的教育环境下，即为帮助人们理解压迫的本质，教化人民的教育。具体实例包括 Freire 启发下的"反思"训练，该训练已由伊斯巴亚发展信托（Is'baya Development Trust）项目旗下的社区发展从业人员（Community Development Practitioners）项目所采用；此外还有坎尼萨教育和发展信托（Khanyisa Education and Development Trust）运营的，专门面向妇女群体的，应对压迫、剥削和挑战的研讨会；以及由待业人员运动成员深度阅读法农等人的著作，并运用到自己的生活工作中：

> 我们中有一些人在棚户区和破旧的 RDP 房①阅读和讨论法农（Frantz Fanon）的著作。不过很显然我们需要新的政治。全国和全世界的社会运动和进行抗争的社区给了我们启发。我们需要一种有作为的政治，扎根于人民生活的民主的政治，民有、民享、民治的政治。②

"解放性教育"反映了上文所列的多项原则，从日常体验，特别是日常的斗争体验（通常由参与者决定要解决哪些问题）出发，专注于特定的时间地点和特定的人群，也就是情境。"解放性教育"还具有实用性和相关性，比如在伊托森妇女就业项目中，菜园就成为妇女探讨社会

---

① 译者注：南非重建与发展规划，即 Reconstruction and Development Programme 为贫困人口建造的房屋。
② 摘自待业人员运动发表的新闻公报，《贫困者的反抗来到格拉汉姆斯顿镇》，发布于 2011 年 2 月 13 日，网络资源访问于 2014 年 10 月：http://abahlali.org/node/7794/。

241

问题和尝试寻找解决方案的场所，又或者工人大学对学生已有的实践知识和技巧所进行深度评估，并有效地将学习内容与工作上的问题和斗争对接起来。

这些接受非正规教育的经历表明，"解放性教育"是完全可能的，不过我们需要一种完全不同于现有中学后教育与培训体系的制度。这就回到了本书要着力回答的问题上：什么样的中学后教育与培训体系最能为人民和国家服务？本书的最后一编将思考人们的回答，探讨这些答案对重构中学后教育与培训体系有何意义。

第三编

行动——南非中学后学习新愿景

第八章

民众心中的学习

只有身在其中的人们才能发现并满足自己的日常需求。因此，正是这些人才能提出或者产生新想法。也"正是因为有了这些需求，我们才觉得有必要做点什么"。【豪登省（Gauteng）西伯肯镇（Sebokeng）一位成人教育者接受采访时说】

我们必须从过去的错误中吸取教训，为将来打算，着眼未来。展望未来的画面，想象未来应当如何。比如，我在这儿没看到很多建筑或摩天大楼，我看到的是村庄，一个安静的村庄，这就是我看到的。我每天晚上都在为之祈祷，但是要实现愿望，太……（受访者陷入沉默）【北开普省（Northern Cape）安德里斯维尔村（Andriesvale）一位蔻玛尼族和桑族（Khomani San）居民接受采访时说】

我们此刻知道的只有艰难和饥饿，所以很难试着想象最好的中学后教育会是什么样子。【林波波省（Limpopo）瑟库库内区自治市（Sekhukhune）一名青年接受采访时说】

第四章和第五章汇总了人们讲述的关于自己中学后教育和学习的故事。人们对正规的中学后教育与培训（PSET）持极度批判的态度，认为当下的体系未能满足他们的需求，也未能针对他们的关切。第五章着重描写正式教育体系实际上可能会对人们造成何种程度的伤害；第六章和第七章则表明教育体系辜负了贫困劳动阶层社区的人们，既未能解决资本主义带来的问题，也未能关照贫困劳动阶层社区人们关注的事情和兴趣（因为该体系本身就无法做到这两件事）。

第三编 行动——南非中学后学习新愿景

本章将讨论人们想要什么样的学习模式。在有些案例中，人们直接讲述了自己想要什么样的学习模式，而在另一些案例中，调研人员根据人们对其现在或者过去喜欢的学习经历的讲述对他们心目中的学习进行了推测。

"新兴之声2号"调研项目设计的一个调研问题便是询问人们想如何重构中学后教育和学习体系。因此，许多研究活动，包括个人访谈，青年研究、学习和倡导组织（YRLA）活动与"社区快拍"（Community Snapshots）和"可能性描述"（Profiles of Possibilities）相关的实地调研活动，学生交流以及教育者工作坊等，均向人们提出了以下问题之一：（1）为更好地满足个人和社区需要，你会如何改变现有的中学后教育与培训体系和学习？（2）你想如何重构中学后教育体系？

图8.1 东开普省伊丽莎白港市（Port Elizabeth）工作坊

本章分为两节，以下第一节题为"人们想如何学习"。几乎所有和我们交流的人都强烈地希望能有不同于当下教育学习体系的学习方式和环境。第二节题为"人们想要学习什么"。接受我们访谈的人们都表达了自己的具体兴趣所在，或者自己学习的理由。在"可能性描述"活动走访期间，人们经常谈到自己看重何种类型的学习。

在此说明，本章是按照特定的主题撰写的。例如，我们会在不同的主题模块分别阐述人们对塑造品格的兴趣和对发展实用技能的兴趣。这样按主题划分内容结构，有助于对特定主题提供细节信息，但也有其弊端。第一个弊端是，不同主题之间通常会有所重合（比如，政治教育与实用技能和"通过实践学习"也有关联性）。第二个弊端是，在许多访谈中，人们并不是孤立地讨论自己的关切，而是将其融入自己对谋生和学习更广泛的想法中。诸多学术领域推崇言简意赅，要尽量用最少的变量解释现象。正因如此，解释数据的过程通常会变成做减法，即努力用尽可能简洁的语言将研究发现阐释清楚。然而，在采访过程中，人们不仅分享了自己广泛的兴趣，还讲述了兴趣与兴趣之间、兴趣与当地环境之间的关联程度。本章也涵盖了这些多样的观点。

人们想如何学习

几乎所有受访者都表示，在中学后教育阶段，自己想要新的学习方式和学习环境。他们总结了自己的想法（见图8.1），即摒弃现有的中学后教育与培训体系，再试行新的中学后教育体系。具体而言，人们对以下几点表现出了兴趣：

- 共建的、关注本地需求的学习方式；
- 关注通过实践学习和积累实用经验的学习方式；
- 根植于以人为本价值观的学习方式；
- 认识到知识和技能情景性和关联性的学习方式；
- 通过同伴互学和学习共同体促进学习的学习方式；
- 灵活的、共情的以及能更好支持弱势背景人士的学习机会；
- 积极包容的、充满热情的并且珍视和融合人们不同经历的学习环境；
- 体面且配备有充足资源的学习场所。

下面我们将进一步讨论上述的各个方面。

人们想要这样的学习方式：

共建的、关注本地需求的学习方式

| 关注通过实践学习和积累实用经验的学习方式 | 由同伴主导的学习方式 |

| 因境制宜且全面的学习方式 | 能负担得起且体面的学习方式 | 人性化的学习方式 |

图 8.2　人们想如何学习

共建的、关注本地需求的学习方式

总体而言，受访者都希望能重建学习方式，使之更能响应个人和社区的兴趣和需求。一位受访者认为：

> 孩子们缺乏去上学的真正动机，这个问题需要我们关注。这也是为什么我告诉你们，我想在这儿为孩子们设立一个中心，捕捉孩子们感兴趣的学习方式。因为在我看来，孩子们好像对西方的学习方式并不是真的感兴趣。【北开普省（Northern Cape）一位蔻玛尼族和桑族居民接受采访时所述】

人们反复表达了这样的情绪，并且讲述了正式学习与非正规、非正式学习之间的差异。在几家"可能性描述"组织内，学习日程很大程度上取决于人们重视的事情和动机。关注儿童照护、种植和回收的伊托森妇女就业项目（Itsoseng Women's Project）和布隆古拉创业服务中心（Bulungula Incubator）①均围绕人们和社区的重点事项和动机安排学习日程。伊托森组织很大程度上依靠自学学习新知识和新技能，而布隆古拉

---

① 译者注：译者音译，布隆古拉是位于南非东开普省的一个社区。

的学习日程和方式则源自社区自主制定的发展重点事项。

正如第五章所述，人们对现有体系的等级性和僵化有所不满。成人教育与培训中心（AET）过分注重考试，许多从事成人教育的教育者对此表示了担忧。豪登省瓦尔三角洲（Vaal）的一位成人教育工作者讲述说，"有一位女性只想学习怎么阅读《圣经》，而现在我们却说需要参加标准化的考试……这就是人们不愿意继续学习的原因"。有些项目可以让成人教育工作者满足人们的实际需求和兴趣，成人教育工作者对这些项目给出了积极评价，但却对正式的考证制度持高度批判态度。就同一问题，职业技术教育与培训学院（TVET）的一位讲师说道，"学生上什么职业课程，应该基于学生的选择，而不能因为一门课具有学术意义，就强制要求学生上这门课"。豪登省西伯肯镇的一位成人教育工作者回应了这种担忧，建议应该"深入社区，去探索，或许做点调研，发现人们真正的需求所在"。在此次对话中，另一位教育工作者谈到了现在做得好的方面，"已经有医疗领域的辅助医疗保健了，学生现在能学习更多关于医疗保健的知识，除此之外，还有缝纫、管道修理和时装设计等"。

另一个相关问题是年轻人表达的一种担忧，即他们总是被父母、老师或其他权威人士告知告诉自己"要做什么"。第五章也谈到了这个问题。许多年轻人是家里第一个上大学的人，因此会感到有压力，觉得要选择"正确的"职业，也就是能展示自己才智的职业（即科学教育背景，从而印证了第六章和第七章论述的新自由主义话语体系），这样的职业可以获得丰厚的薪资或者能使家人感到骄傲。学生们谈到了自己有意愿学习某个专业，但是迫于压力必须专注学习别的。这些经历和流行音乐节目主持人莫哈丘（Mochacho）的故事相似：别人告诉莫哈丘，说他数学很好，应该去当会计。莫哈丘在这个方向上尝试了一阵子，但后来发现自己真正的热情所在是做社区广播电台的流行音乐节目主持人。

"共建"和"关注本地需求"这一问题包括两个方面。第一个方面是，人们兴趣、特长各异，因此想采取（或建立）的学习道路也可能不同。第二个方面是，拥有选择和建设自己学习道路的自由和责任，对自身发展负责，从理论角度而言，是人的本质中不可或缺的一部分。我们的诠释认为，这种"共建"并非"个体化"的担忧，而是在社区内、通过社区以及为了社区而产生的担忧。比如，工人大学的学生都是由各自的公司选拔,这些公司也支持个人去上大学。然后,这些学生再和公司内的其他人分享学习内容。在工人大学接受教育和取得学历是为了培养个人能力,从而让个人去建设公司。一个人不是为了自己而学习,而是为了其公司而学习。

通过实践和实用经验学习

不管身处何种处境,几乎所有人都希望能花更多时间进行"实用"学习和通过实践学习。关于如何理解通过实践进行学习,方式之一是思考一下"学习护理"和"通过实践成为护士"的区别(Hirst 1974)。一名学生可以通过书本学习,然后在考试中取得好成绩,但是,该学生可能并不知道如何施针或是用药,如何写病历,或是自己是否喜欢在医院工作。学习护理和通过实践成为护士二者之间的区别正在于此。通过实践学习,学习者或学习小组利用知识和技能在真实的场景中工作。豪登省瓦尔三角洲职业技术教育与培训学院的一名学生总结出了第五章中所强调的对正式中学后教育与培训的批判。该学生表示:"不教技术/技能的技术学院,算什么技术学院?不能指望光讲授理论,就能让学生学会电脑操作。"

接受我们访谈的人们说到想通过实践和经验学会以下内容:领导力、耕种、体育运动、电气工作、组织工人、汽车修理、电脑修理、批判性思维、辩论以及与不同背景文化的人相处的能力。通过实践学习实用经验的倾向,与现在正式中学后教育与培训体系内占主导地位的做法(比如"填鸭式教学法"、教师主导的教学、抄写笔记和考试等,过多标准化考试造成的影响见第五章)形成了对比。在实行"可能性描述"的大多数地方,通过实践学习是常态。其他研究表明,若职业技术教育与培训学院能提供大量实际培训并进行实践教学,学生会对这段学习经历感到满意(Balwanz 2015;Needham & Papier 2011)。

尽管通过实践学习常常与传统意义上的生计或营生联系在一起,许多人分享的经历表明大家现在对实践教学法的成果有了更为全面的认识。比如,受访者谈到,通过实践,自己学会了更高阶的认知能力(比如评估能力、判断能力和批判性思维)以及和集体行动、领导力及政治相关的技能。上述看法和本书第二编所探讨的理论一致，即围绕人们的实践和生活经验组织学习。

学习以人为本的价值观

受访者经常明确提到，学习和动机、价值观密不可分。人们认为以下价值观很重要：尊重（尊重个人和社区）、民主参与及发声、集体努力（团结）、尊严、信任、关怀和爱。如第三章所述，正是上述的价值观帮助人们在社区中创造生活，与他人、与环境和谐共处。第四章和第五章表明，以上价值观并非许多人正规教育经历的一部分。第六章谈到，当人们的实践转化为异化劳动时，上述价值观会被推翻。

与之不同的是，有几家机构将价值观放在比学习更重要的位置上。也许，开展非正规和非正式学习的机构对上述价值观重要性的阐述是最为明确的。比如，伊斯巴亚发展信托（Is'baya Development Trust）认为，要寻求乡村发展的解决方案，应将人的因素置于发展的核心。以伊斯巴亚发展信托为例，学习和生存活动被视为表达人类价值观的一部分。彼得马里茨堡社区社会行动组织（PACSA）和待业人员运动（UPM）的领导者提出"当下社会公正方面的问题是什么？"这样的问题，并由此出发设计植根于核心价值的组织结构和学习（行动）项目。比如，之前彼得马里茨堡（Pietermaritzburg）及其周边地区的工厂工人开始失业时，作为响应，彼得马里茨堡社区社会行动组织开展了经济公平项目。待业人员运动的观点是，权力不平等问题和社会公平问题影响着针对服务供应的抗议活动和工人权利运动的进程。

据许多受访人所言，不仅仅是学习目标应该植根于人类价值观，人类的组织方式和学习方式也应该反映这些价值观。这一观点与第六章所讨论的平等话题和预测内容贴合。在我们所走访的替代性非正规学习项目中，以上价值观体现得尤为明显，人们以民主的、参与式的方式决定学习重点，并支持项目发展。

许多参加正规中学后教育与培训项目的学生谈到了希望自己的学习能植根于价值观、以价值观为导向。参加正式项目的人们表达了以下的学习动机：更好地照顾家人、更加自由、更加独立自主或者从事能表达自我价值观的活动或事业。比如，谈及自己的教育—就业轨迹时，许多人都把照顾家人（父母、子女或者其他亲人）作为优先考虑的事。几名学生表示有兴趣学习法律，因为他们敬重保护大众的人。东开普省新布赖顿镇（New Brighton）的一名年轻学生对我们说："我梦想成为一名社工，去帮助需要关爱的孤儿。目睹孩子们的处境之后，就会想当他们的妈妈。如果能继续学习的话，我希望学习社会工作相关的专业，我的愿望是建立一所社会工作中心。"在"新兴之声2号"项目的多数访谈中，人们谈到学习时，总是将其视作自己动机和价值观不可或缺的一部分。显然，也有年轻人谈到了想变富有，或者想开好车，但是，表达这类价值观的只是个例，而非惯例。

因境制宜且全面的学习方式

受访者表达了想要一种因境制宜且全面的学习方式的愿望。我们说的因境制宜是指人们希望学习能和当地情况、自身经历和兴趣结合起来。现在，诸多中学后教育，不论是从生理上还是心理上，都远远脱离了人们的生活现实。本书第一章探讨了南非环境的多样性和异质性。比如，如果在农业和通信技术领域采取因境制宜的教学方法，便可形成基于社区问题、与当地情况相关并能对当地优先事项做出响应的教学日程，这不同于把农业和通信技术作为抽象领域教学。许多"可能性描述"机构颠覆了教学与"学科"分离的思维。相反，学习日程正是由人们重点关注的问题和实际问题决定的，而非由"学科领域"参数指标决定。

"全面性"这一概念是对因情境制定学习日程的延伸。我们说的"全面性"是指人们想要一种学习日程，一种能认识到各教学领域和话题与情境、其他知识体系以及更广义的创造生活理念相互联系的学习日程。例如，大部分受访者都经营着非正式的生意或者家庭式商铺。据他们所述，经营家庭式商铺涉及以下情况：（1）赚取小额收入；（2）能够同当地其他商铺合作或竞争；（3）担心社区内的犯罪活动和暴力行为；（4）学习不同的知识和技能（如记账、在银行存钱、集体储蓄等）；

（5）使用科技（如怎样使用 WhatsApp 和供应商沟通）；（6）分析为一些客户提供信贷的风险和收益；（7）注册小公司的利弊和困难。在所有案例中，当地的实际情况——而不是正式课程和教科书——都是创造知识的源泉。

我们采访了豪登省西伯肯镇一位成人教育工作者，此次采访涉及学习重点所具有的因境制宜的性质。该受访者说：

> 我认为（学习）木工手艺很有必要。因为政府一直在实施重建与发展规划（RDP），新建房屋，这样木工手艺就会变得尤为有用。新建的房屋需要厨房用具和衣橱等……第二，我们还需要裁缝，建好的新房屋需要窗帘，这时候裁缝就派上用场了。裁缝还能做价格合理的服饰衣物。如果去沃尔沃斯超市的话，东西都卖得很贵，而如果自己购买材料，能自己在家制作的话，就便宜得多。但是，要把这个作为收入来源，还是……电脑知识，现在所有的事物都和电脑相关。还需要手机，因为不能读写的人们需要使用不同的通信系统。有人用手机打电话，有人用 WhatsApp，还有人用 Facebook 等，这些工具都很有用，通信交流障碍正在减少。还应该教人们做饭，做营养健康的食物，而不是随便做做，人们应该知道不同食物的菜谱。人们应该改进或开发自己的菜谱，以前的母亲们，我记得我的母亲，就能把菠菜和粥混在一个锅里煮，这道菜还有一个方言名字。
>
> 【豪登省西伯肯镇一位成人教育者接受采访时所述】

几家"可能性描述"组织，包括伊斯巴亚发展信托、待业人员运动和坎尼萨教育和发展信托（Khanyisa Education and Development Trust），均强调因境制宜的学习方式，并且遵循全面的发展模式，统一处理卫生、历史、贸易、基本烹饪、教育和基础设施等，这与第六章所述的为大众福祉"创造生活"的框架相契合。

学习社区和同伴学习

许多受访者都将同伴学习和学习社区作为首选的学习方式，这两种学习方式为人们创造了空间，让他们可以批判地接触新信息，进行相互学习和对话性学习，并强调新知识和新技能的共同构建（第七章讨论了这些方面以及批判性体验式学习的其他方面）。我们走访了许多组织，包括家庭种植者（Abalimi Bezekhaya）、坎尼萨教育和发展信托和伊托森妇女就业项目，这些组织利用学习社区、同伴学习活动和辅导。伊托森最初是一个菜园，妇女可在此种菜，但后来发展成为妇女讨论社会问题并尽力共同寻求解决方案的地方。由于无人照看孩子，一些妇女把儿童和婴儿带到菜园，因此组织又开办起了托儿所：一些妇女负责照顾孩子，其他人在菜园里工作。在参观了滕比萨镇（Tembisa）的回收项目后，伊托森有了回收的想法，于是开始收集玻璃瓶。从种菜到儿童看护，再到回收利用，每一步都是伊托森的妇女通过学习社区和同伴学习活动自学和互学而完成。我们所遇到的学习社区不仅自给自足，还为"外来者"提供进入社区学习的机会。例如，汉基镇（Hankey）的农民（与坎尼萨教育与发展信托有关）已经开始教福特哈尔大学（University of Fort Hare）和德班理工大学（Durban University of Technology）的学生种植农作物。

正如20世纪60年代罗本岛（Robben Island）上的政治犯创建的"罗本岛大学"一样，待业人员运动也采用学习社区和学习小组的形式。[1] 待业人员运动围绕诸如失业、住房质量差、服务供应水平低下（例如供水、卫生设施、用电和街道照明等）以及针对妇女的暴力等问题而组织活动。在待业人员运动政治学校中，人们以学习小组的形式互相学习。回顾在"罗本岛大学"的学习经历时，内维尔·亚历山大（Neville Alexander）说：

> 我们将自己所知教给彼此，发现彼此的聪明才智。我们还明白了，哪怕几乎或完全没有接受过正规教育的人，也能参加教育项目，而且实际上还教给他人各种见解和技能。"罗本岛大学"是南非最

---

[1] 在林迪·威尔逊（Lindy Wilson）执导的影片《罗本岛：我们的大学》（Robben Island Our University）中，剧中学习社群的三名创始成员，即内维尔·亚历山大（Neville Alexander）、费齐尔·拜姆（Fikile Bam）和卡维迪·米卡里皮（Kwedi Mkalipi），讲述了如何在罗本岛组织政治犯进行正式和非正式的学习计划，甚至最后一些狱卒也加入进来的故事。

好的大学之一……这也表明，并不需要教授们。（Magnien 2012）

正如第四章和第五章所述，正式机构的学习者对讲课往往持批评态度，而那些参加非正式和非正规学习活动的人则受到其他学习模式的激励。这些发现并不是要证明学业知识或专业知识无关紧要。许多职业技术教育与培训学院的学生对不了解或不擅长自己所讲授学科的教育工作者持高度批判态度。然而，许多受访者分享的反馈表明，同伴学习、辅导和实践学习社区远未得到充分利用。

灵活的、可负担的、共情的学习方式

贫困劳动阶层的许多年轻人和成年人每天都面临着多重生计压力，包括赚钱买食物、照顾生病的家人、寻找儿童看护、长途旅行或长时间轮班工作等。第五章详细介绍了人们在获得并保留中学后学习机会方面所面临的诸多困难。人们向我们讲述，学费昂贵、路途遥远、时间安排缺乏灵活性，而且中学后教育与培训机构的工作人员通常既不友好也不乐于助人。许多受访者都想为自己创造更加美好的生活，不过面临重重阻碍时，他们就想放弃。一名年轻女性的经历就是一个例子：

> 我申请了 MSC 大学（MSC College[①]）的一门短期课程，学了五个月的电脑。我姨妈忙于聚会和旅行时，我还要帮忙照顾她的孩子。我从未有时间和同龄人待在一起，这是我的 2009 年。接着在 2010 年，我又试着申请了一次，但是钱不够。然后我又一次停了下来，什么也没做。2011 年，我开始找工作，找到了，在考艾（Kauai）休闲餐厅连锁店做普通工人，同时也帮母亲做点事。事实上，是我在赚钱养家。2013 年，我在安吉洛（Angelo's）找到一份工作，那也是我怀孕时工作的地方。【东开普省兹威德镇（Zwide）一名年轻女性接受采访时所述】

[①] 译者注：MSC 商业学院集团（The MSC Business College group）成立于 1991 年，位于东伦敦，是南非高等教育中最知名的机构之一。

研究中发现的突出问题之一是年轻母亲面临多重挑战（参见第五章）。尽管许多年轻母亲表示希望继续接受教育，但因需要照顾孩子，许多人无法完成学业。一些受访的年轻母亲表示，希望继续学习，能够追逐自己的梦想，为孩子提供一个更加美好的未来，但正规教育制度的局限性让她们难以实现这些目标。没有一个受访者提到现场儿童看护，而实际上，只要中学后教育与培训机构提供儿童看护，就可以解决年轻母亲所面临的某些问题。

第五章还强调了这一事实，即农村地区〔例如东开普省布鲁利利丝布什（Bluelilliesbush）和林波波省瑟库库内地区〕人口面临的挑战之一是距离遥远。距离问题不仅是实际距离，还有心理上的距离：学习机构"感觉"很遥远。在"新兴之声2号"的一份实地报告中，研究人员指出自己将如何改变现状，并写道：

> 中学后教育学习应旨在适合且不限制所有希望继续深造的孩子，应更靠近偏僻农村地区的学生，应包括各种资源，如图书馆、实验室、操场以及与小型生意相关的学习资料。【林波波省加恩查贝伦（Ga-Nchabeleng）"新兴之声2号"一名研究人员接受采访时所述】

受访者还建议，如果中学后教育与培训机构能够更加积极地传达机构和项目的相关信息，就可以缩短这种心理距离。

接触新事物和新挑战

一些受访者表示希望以某种方式受到"挑战"，或者积极地反思曾经造成挑战的学习经历。东开普省的一名年轻女性表达了对大学相关情况的担忧。她说，大学与高中不同，由于没有辩论，她的"智力没有得到开发，经常遭到嘲笑"。另一位住在东开普省诺普梅洛镇（Nompumelelo）的学生告诉我们，"与那边（更富裕社区）相比，学校的活动，甚至是我们接受教育的方式都是不同的……但你会发现，在我们学校，有些人只读书，并没有受到其他任何形式的挑战"。少数人把参加辩论、参加政治协会或担任领导职务视为新挑战。一名学生告诉我们，她想从事领导类工作，这样她就能明白拥有"勇气"意味着什么。简言之，对个人和团体而言，学习的过程通常意味着接受挑战，尝试新事物。职业技术教育与培训学院的一名大学生说：

> 中学后教育机构过于僵化。我们需要灵活性，应允许我们去追逐梦想，抓住机会和学习。没人要求我们说出想法或展示才能，我们只是学习一些教授开设的课程。【豪登省瓦尔三角洲职业技术教育与培训学院一名学生接受采访时所述】

用母语学习

正如第五章所述，语言是导致学习更加困难的重要因素。受访者谈到了各种各样的语言问题：希望用母语学习；希望更深入地学习母语；惧怕用非母语写作（惧怕犯错）。在正式的中学后教育与培训机构就读的几名学生在寻找政策和资源，以将母语更好地运用到高等教育的教学和学习中。在北开普省安德里斯维尔村，人们表达了希望学习母语（非南非官方语言）的强烈愿望。

> （对我们来说，学习Nxuu语言很重要），因为它是我们的文化，我们必须说这种语言。有关我们语言的研究很少。你知道吗？我们的语言就要从我们身边消失了。就像迪昂（Dion）（社区的另一位成员）所说，我们是寻找Nxuu语言的猎手，正在一点一点地寻找自己的语言。所以，可以想象一下，如果有一所小型语言大学的话，我们有一些人［比如以色列人阿里埃勒（Ariel）］就可以在这里工作。趁老人们还活着的时候，和他们一起做全职工作。我想，之后我们就可以拥有自己的母语字典了。
>
> 对我来说有点尴尬，因为我很愿意讲母语，除了南非语（Afrikaans）、英语、科萨语（Xhosa），再学会一门语言也是我的一大梦想。我想再学会一种本族语言，我们自己的语言，我们的祖先交流的语言。这样我就有属于自己的东西了。每个人都有土地，但语言

是另一回事。迪昂说语言不是问题,但对我这个不会说母语的人来说是个问题。这对我来说是个问题。【北开普省安德里斯维尔村蔻玛尼族和桑族一名居民接受采访时所述】

在回顾自己从事"新兴之声2号"的相关研究和写作时,来自豪登省西伯肯镇的青年研究、学习和倡导组织的一名研究人员说,"起初我非常害怕写作"。其他研究表明,这种恐惧部分原因在于学校经历,在学校学生被贴上"愚蠢"或失败的标签,还有部分原因在于难以用英语写作(参见第五章)。几乎所有的"可能性描述"组织都以母语开展工作,也有些组织兼用母语和英语。

舒适、包容、体面、资源充足的学习场所

受访者表示希望拥有舒适、安全、体面和包容的学习场所。这一主题与价值观主题紧密相关,人们希望能够身处体现自己重要价值观的地方。正规的中学后教育与培训场所不适合学习,而我们走访过的许多非正规和非正式学习场所拥有包容性环境,第四章和第五章表现了二者之间的差异。一些学生将大学和职业技术教育与培训学院视为冷漠的、孤立的、不适合学习的场所,这加大了本章前面讨论的"心理"距离。许多学生觉得自己没有得到老师的关注和支持,也有许多学生觉得老师和其他教职工忽视或不尊重自己。在第五章中,许多大学新生强烈表达了对联系和包容的渴望,和这位来自豪登省范德拜尔帕克(Vanderbijlpark)的一所理工大学的学生一样,许多大一学生都认为,"第一年,我们需要持续的支持和建议"。这种冷漠也可以解释为异化过程的一部分:在正规的中学后教育与培训中,许多学生沉浸于自己与社区、家庭分隔开的环境中,并将精力转而用于进入一个抽象的、非人性化的世界。

一些人超越了舒适的、能够通过帮助的场所,提出了更为广泛的包容性概念。青年研究、学习和倡导组织的一位研究人员利用科萨语的概念 incoko 来解释"新兴之声2号"的部分数据。incoko 指一种具有反思性和包容性的对话,能够把前瞻性对话中不受正式等级制度约束的意见

汇集到一起。*incoko* 这一概念源自福特海尔大学（University of Fort Hare）的"基础项目"，该项目为通常难以发声的不同人士提供空间。[1] Porteus（2014：34）认为，通常"学生进入高等教育学习时，其学习积极性是很脆弱的；而学习积极性的意义又与学业生存紧密相关。"从下面的访谈摘录中可以窥见什么是"与学业生存紧密相关的学习活动"：

> 学生们应该有机会真正走出教室、图书馆和研究实验室，因为在那些地方，他们要么死记硬背，要么努力解释一些无法表达自己日常需求的复杂概念。我们需要一种更有意义的学习方式，让学生能够从许多来源中获取信息，并独立分析这些信息。应该要有自我表达的空间。【东开普省东伦敦市（East London）青年研究、学习和倡导组织一名研究人员接受采访时所述】

在这里，一名学生对"舒适"和"包容"的理解还包括一项更为基本的讨论，即"哪方面的学习很重要"，与第四章中讨论的"死记硬背、及格、忘记"的方法形成鲜明对比。

最后，人们表达了对体面的学习场所的渴望。这种渴望以多种方式呈现出来。正如前几章所述，学校教育和中学后教育与培训的经历让许多人感到被贬低，甚至受到伤害。对于成人教育和培训中心或职业技术教育与培训学院的学习者而言，此问题可能尤为敏感，因为他们认为自己早已被教育体系抛弃。提高学习机构地位的方法之一是为其配备充足的资源。许多人在中学后教育与培训中看到了明显的等级制度：大学在顶端，其次是职业技术教育与培训学院，然后是成人教育与培训中心；等级越低，得到的支持和资源就越少，社会地位就越低。

在几次谈话中，人们强调了提高成人教育与培训中心和职业技术教育与培训学院质量的重要性。一次谈话结束时，豪登省瓦尔三角洲的一名学生写道："我们每个人都要上大学吗？人们低估了大学的价

---

[1] 一个名为"生命·知识·行动"的创新计划（"基础计划"）于2009年在福特哈尔大学启动。该计划旨在冲破高等教育机构、社区和学生所面临的各种挑战。该计划以乌班图精神（人道待人）、对话、社区服务、批判性思维和社会参与为原则而建立，目的是纪念福特哈尔大学和南非前总统纳尔逊·曼德拉的特殊情谊。

值。的确，许多大学都很糟糕，但我们可以让它们变得更好，更有意义。"

本节详细介绍了人们想要如何学习，即人们期待的学习方式和学习环境。下一节将重点介绍人们想要学习什么，即具体的学习兴趣和理由。

人们想要学习什么

在研究过程中，受访者拥有各种各样的具体"学习爱好"。如果给他们提供不同学习机构考取证书、文凭和开设学位课程的时间表，他们可能会对各种知识领域和技能领域表现出兴趣。然而，这样做会对我们的调查造成外部限制，调查是为了想要听到人们亲口说出自己想学的东西。人们讲述了很多事情：分享了自己远大的梦想和动机，对探索广泛学习领域的愿望，以及对不同学习类型感兴趣的各种原因（见图8.3）。他们的具体学习兴趣和动机包括：

- 想要学习实用技能；
- 接触新知识、新技能、新经历；
- 发现才能，培养才能；
- 塑造人格；
- 参与体育运动、课外活动和其他社区建设的活动；
- 参与能够表达自我和制造快乐的活动；
- 获得政治教育和掌握批判性思维；
- 获得进入劳动力市场和竞争工作机会的资格证书；
- 获得工作经验。

（为创造生活）学习实用技能

用自己的双手劳作是很重要的，我们有必要用自己的双手劳作，而不是寄希望于老板，人需要有赖以谋生的技能。【普马兰加省（Mpumalanga）奥斯胡克地区（Oshoek）社区居民受访时所说】

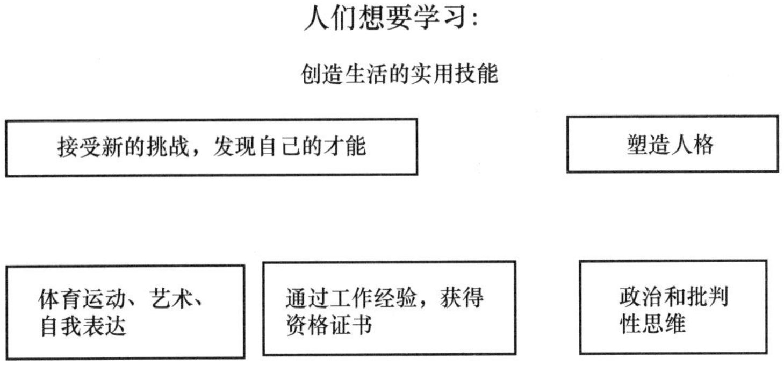

人们想要学习：
创造生活的实用技能

| 接受新的挑战，发现自己的才能 | | 塑造人格 |

| 体育运动、艺术、自我表达 | 通过工作经验，获得资格证书 | 政治和批判性思维 |

图 8.3　人们想要学习什么

现在村子里正在盖很多房子，你开车的时候可能已经看到了。如果大学和学习机构开设砌砖、木工、焊接、管道修理、梁柱制作等与建筑相关的培训课程，人们就不会无事可做了。他们会找到某种工作，但这并不意味着一成不变，我们需要不断观察需求变化。【林波波省瑟库库内地区一位社区成员接受采访时所述】

我知道这是一个梦想，但我想看到人们在自己的菜园里劳作，没有老板拿着鞭子站在后面……我们必须知道，这是我们自己的事情。我们照料菜园，是为了从中获得吃的。未来食物会非常昂贵，政府无法为所有人提供食物，所以我们必须利用得到的土地。没错，土地是我们的，我们把它拿回来了。现在，我们必须充分利用土地，让土地为我们所用。【北开普省安德里斯维尔村蔻玛尼族和桑族一名居民接受采访时所述】

我们需要重新审视成人基础教育和培训的教学大纲，把技能包括于其中。到目前为止，重点一直是学术性科目，但我认为我们需要技能，成人基础教育和培训需要教授的技能应能满足我们所在社区的需求。【林波波省瑟库库内地区一名成人学习者接受采访时所述】

在不同研究场所，人们都提到自己想要学习实用技能。他们将实用技能定义为在没有正式"工作"的情况下，能够满足社区日常生活需求（包括创造收入）的技能。正如第二章和第三章所述，许多贫困劳动阶层的人们通过各种各样的活动来创造生活，例如修车、做烤饼、种地、缝制衣服、经营小生意等。从以上采访中可以看出，人们知道社区的劳动需求以及满足这些需求所需的实用技能。值得一提的是，他们的分析还指出，"实践"是一种替代异化劳动的选择。实用技能被视为是对社区和生活的实际需求的回应，而不是对资本需求的回应。

一些人说，他们不想"依靠雇主"赚取收入。这种担忧似乎部分是出于实际原因，部分是出于观念原因。从实际角度而言，在大规模失业、裁员以及下岗的环境中，尤其是在所谓的"非技能性"工人的环境中，人们意识到，不能依赖雇主（参见第六章）。从观念角度而言，许多受访者都表示，他们不想过这样的生活，不想依靠雇主谋生，或如上文所述，在不人道的环境中工作，或对别人言听计从。

许多人都表示，希望接受教育，从而能自己种植食物直接满足基本需求。其他人则谈到有两件事情很重要：一是拥有自己的土地；二是合力解决儿童看护、医疗卫生、社区资源（例如水、土地、电等）方面的基本需求，满足这些需求的方式最好不需要创造收入，或者对收支的依赖性最小。如本书所述，在"可能性描述"组织和社区快拍访问中，许多人都持有这些观点，与第二章中介绍的创造生活的框架相呼应，以及学习以创造生活的框架。人们强调了社区人际关系、关爱他人、过上美好生活以及自给自足的重要性，也强调了实践在实现这些想法的过程中所扮演的角色。

受访者并没有贬低"书本知识"或某些学术技能的实用性或有用性。他们认为，要实现其经营生意的愿景，需要簿记、会计以及理解各种组织技能和管理技能。的确，在许多"可能性描述"组织中，人们并未区分理论知识和实践知识，而是设想将理论与实践相结合。最后，如第三章和第六章所述，人们还将社会工作、儿童看护、生殖保健和防药物滥用咨询等护理技术视为重要的实用知识形式。

接触新事物，发现兴趣，发掘才能

许多人认为教育有两个至关重要且相互关联的目的是拓展思维、发掘才能。这些重点内容与前面讨论的对"接受挑战"的兴趣直接相关。在拓展思维方面，许多人谈到了接触新知识、新技能、新朋友和新经历的重要性。一位来自东开普省新布赖顿镇的年轻女性谈到了自己作为南非学生代表大会（SASCO）成员时的经历，并表示："他们不仅教我政治，还让我了解了东开普省，因为我们经常旅行。"两名大学生也都表达了这类接触的重要性。

> 我认为重点应放在接触上，让学习者去接触人和事物，而非放在过多交谈上。在他们的接触经历之后再进行交谈。例如，可以让他们早期就去看一些职业展览，或者去米塔尔（Mittal）钢铁厂之类的地方，当他们明白这些都是怎么回事之后，就可以跟他们交谈了。我在和他们交谈的时候，努力去打开他们的思维，听听他们的想法。【豪登省瓦尔三角洲理工大学一名学生接受采访时所述】

> 如果家里没有电视，怎样才能成为导演或电影明星呢？现在你总是忙着耕作或种植之类的事情，而也许在不久的将来，你会想成为一名电影导演，或者别的什么。但住在农场，忙于种植，是不可能开始思考去当电影导演的。所以，周围的事物确实会影响到你。【豪登省瓦尔三角洲理工大学一名学生接受采访时所述】

采访中人们指出了接触和发掘新才能之间的正相关关系：接触得越多，就越可能发现想要进一步探索的东西。

> 这个学校是到现在最棒的学校，因为每个人都有机会做自己想做的任何事。【东开普省东伦敦市一名青年接受采访时所述】

> 我在英国见过这种，是一个很大的孤儿院，那儿能照顾孩子，

送他们上学，发展他们的技能。能在这个中心看到各种各样的孩子，有的擅长体育，有的擅长其他东西。【东开普省伊丽莎白港市一名青年接受采访时所述】

同样是这一主题，两名接受我们采访的学生都强调了能够尝试新鲜事物和敢于冒险的重要性。

> 如果当初没参加辩论，我就不会有现在这样的成绩。我可能会变成一个学校里表现平平的学生，做一个表现平平的人并不会怎么样……但是你可以看到，现在我更加自信，更加了解我的能力和弱点，我能很好地利用和处理自己的优势和不足。你知道，我有这样的成长是因为当下，可是如果我当初没有参加辩论，我觉得我不会像现在这样对政治感兴趣。【东开普省兹韦利查市（Zwelitsha）一名青年接受采访时所述】

> 我们都是凡人，经常会犯各种错误，它们连起来就像一条学习曲线。（我们）经常审视这些错误所造成的损失……（但是）大多数情况下，这些错误让我们成长，最终过上有意义的生活。【东开普省东伦敦市一名女青年接受采访时所述】

两段采访都谈到了勇于冒险，经历（暂时的）挫折，培养自觉意识和自知之明。这些"发现"和第四章中受访者所讲的"从生活中学习"的经历相呼应。

培养品格

很多受访者认为品格的培养和价值观的学习非常重要。人们往往看重以下价值观的培养：自尊、毅力、适应力、勇气、责任和强烈的职业道德。这些价值观与本章之前探讨的教育愿景有关。参与体育活动、担任领导职务、参加课外活动（比如辩论）都被认为能促进品格的培养。以下两段采访都强调了这种促进作用：

我希望他们（我的孩子们）足够幸运，不要在底层环境中成长。我不想宠坏他们，相反，我想让他们为了自己想要得到的东西而努力工作。这些东西可以是小器具，可以是学校的事情，也可以是职业，但他们必须清楚自己是为了得到什么才去努力。他们必须坚强，遇到挑战时不服输。【东开普省新布赖顿镇一名女青年接受采访时所述】

最重要的是，高等教育应当教会学生尊重他人和学会自重，这样他们才能成为让全社会骄傲的人。高等教育应当教授文化和传统，这样学生才能成为真正的人，才能够保护他们传统中的精华。【林波波省瑟库库内社区居民接受采访时所述】

促使人们培养自己品格的原因有很多。有些情况下，品格的培养本身就被视为一件重要的事情（比如，自尊本身就十分重要）。图8.4是一所职业教育学校的学生所作的一幅画，画中表现了人类社会最重要的一些价值观念。这些价值包括诚实、责任、关爱、果敢、尊重、爱心、牺牲、热情、忠诚、虔敬。除了前面提到的需要优先学习的内容，受访者还强调了与第六章谈到的概念性框架相呼应的品格，其中实干、把事情做好以及卡玛精神（ukama，与他人和睦相处，或通过他人获得幸福的理念）被视为创造美好生活的一部分。

有些情况下，品格培养被视为成长和迈向成年阶段的一个环节。例如，有一名受访者谈到了责任心是如何成为生活的一部分的：如果一个人想要住整洁的房子，想要做饭，那么打扫卫生和做饭这样的家务是必需的。品格培养同样也与能否实现就业有关。一些受访者认为，自律、守时和自信在求职时非常有用。从这些例子中，人们能看到经验的学习与品格培养有内在联系。

成就自我表达和带来快乐的学习

很多受访者都对体育和课外活动非常有热情，谈到这些活动使他们感受到快乐，也带给他们表现自我的机会（参见第四章）。这种情况很

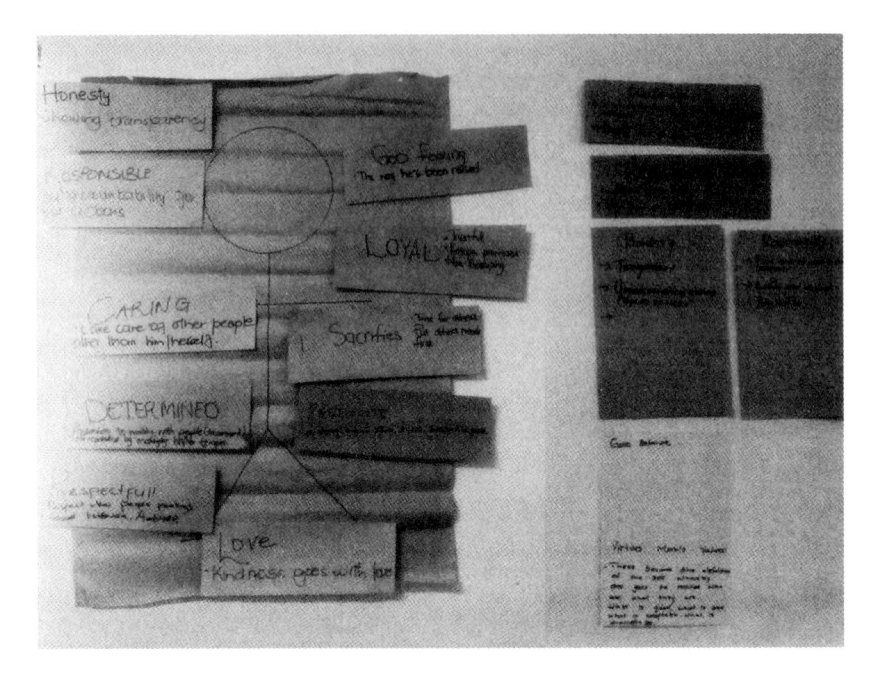

图 8.4　东开普省职业技术教育与培训学院学生完成的活动

常见，体育活动、节奏感强的音乐以及课外活动不仅仅被看作个人发展的重要手段，还往往被用来促进社区的发展。很多社区的青年人告诉我们，他们想更多地参与到创意艺术、文化活动、体育活动以及其他文娱活动中。很多来自正规中学后教育与培训学校的老师详细讲解了这些活动的重要性，同时也为这些学生的旷课现象感到惋惜。

一些人谈到他们从艺术活动、自我表现和通过课外活动获得发声机会而体会到了快乐。一名学生说：

> 我以前是制陶工，在我工作的地方，你能给杯子和大器件做外观装饰。我真的很享受这份工作，因为我能展现自己的能力。我喜欢给它们上色。我喜欢画花儿，或是画一栋房子，然后上色、混色。【东开普省新布赖顿镇一青年接受采访时所述】

一名"新兴之声 2 号"项目的研究员在思考研究发现时写道："在

这一节，歌词被多次引用的另一个原因就是，写诗或参与写作俱乐部能让青年人产生共鸣，让他们想到一些能够或曾经乐在其中的、有意义的学习空间。"（Ngalo 2015：55）南非的发展话语（参见第六章）中完全没有为快乐而学习以及艺术和自我表现的内容，但这种学习和表达是受访者们生活中充满活力的一部分，是"美好生活"（buen vivir）理念和卡玛精神的一部分。

政治教育和批判意识

> 自从加入待业人员运动，我学到了很多东西……因为第一，从政治上讲，我并没有那么多经验，但是加入待业人员运动后，我想方设法让自己了解更多身边发生的事情。【东开普省格拉汉姆斯顿镇（Grahamstown）一名待业人员运动成员接受采访时所述】

> 如果教给人们怎样处理事情的基本知识，比如（批判性）思考能力、分析能力、解构现状和审视思考其各部分的能力，还有提问的能力……这大概就是能做到的最好的事前准备了。【豪登省约翰内斯堡市（Johannesburg）一名教育活动家接受采访时所述】

一小部分受访者强调了政治教育的重要性。关于政治教育的讨论出现在几个"可能性描述"组织以及几次同青年研究、学习和倡导组织的讨论中，还出现在少数几次采访中。政治教育重要性的背后有两点原因：其一，部分受访者认为政治教育十分重要，是因为人们需要知道政治如何对他们的生活产生影响；其二，另一些受访者认为政治教育十分必要，能促进南非社会公平和转型。以下采访摘录探讨了这些议题。

> 采访者：你在讲课的时候讲的不只是学术，也有自己政治的偏好在里面。人们会说，回头审视，比方说 20 世纪 80 年代，那个时候大众教育和人们反抗种族隔离的努力，或许还有团结性，是结合在一起的，我们今天的成人教育是否仍然需要这样的内容？
> 受访者：是的，我认为这样的内容很有必要。这种内容之所以

在今天消失，是因为如今不需要政治教育了，而这又是因为现在这一代人对政治事务非常无知。我举个例子：你知道，为了明白你要往哪里去，你必须清楚自己从哪里来。第一点，也是最重要的一点，你可以出门看看，明天就是3月1日，因为明天是3月1日，我们就会期待，因为3月21日就是沙佩维尔事件纪念日[1]。你走出家门，去问别人对3月21日的认识，结果他说自己不知道。这个人不知道这一天。这重要的一天改变了南非政局，因为正是在3月21日之后，南非非洲人国民大会、泛非主义者大会等政党意识到谈判是毫无作用的。他们开始走上武装反抗的道路，成就了今天的民主。这就是为什么我认为政治教育十分必要，学生应当了解他们的祖先、叔父、兄弟姐妹所扮演的角色，了解这些人在他们的生命中的某些时候给予的帮助，只有这样才能让他们明白自由不是凭空而来，而是斗争，且是长时间斗争的结果。第二点，学生应当了解工人阶级的抗争。工人并没有实现他们所提出的设想，即我们应该是工人阶级，工人应当去工作，应当实行每周45小时的工作制。这个45小时是如何得出来的？要知道这些东西可是他们应该要知道的。这就是为什么我说政治教育十分必要。我们总是说决策应当出自普罗大众，而不是自上而下地做决定，因为底层人民能看到、能感知到日常的需求，所以底层人民才能想到，才能产生新的观点，因为这些需求能让我们意识到有些事情必须要去完成。【豪登省西伯肯镇一名成人教育者接受采访时所述】

与政治教育重要性有关的还有批判意识的学习：善于提出问题，探究社会中的不公正和不平等的问题。一名青年研究、学习和倡导组织研究人员在反思那些可能帮助青年人建立批判意识的课程时，谈到他对Fanon（2001）和其他学者的解读（参见第七章）。

大多数人思维还没有这么发散，并没有坚持认为教育能培养批判意识。学术界目前的辩论还集中在觉醒意识的概念、政治教育的组成部分，

---

[1] 沙佩维尔事件纪念日（Sharpeville Day）：沙佩维尔是南非德兰士瓦中南部的黑人城镇。1960年3月21日，两万多非洲人在此游行示威，反对《通行证法》，遭到种族主义当局的暴力镇压。死67人，伤186人，酿成震惊世界的"沙佩维尔事件"。

以及由谁决定构成觉醒意识的要素等问题。不论这些辩论的结果如何，许多受访者都认为，更充分地了解政治事务、了解自身所处的权力关系是十分重要的。

学习本土知识

在北开普省安德里斯维尔村的蔻玛尼族和桑族土著人社区，人们在接受采访时说，希望能更多地强化本土知识的学习。一名受访者说：

> 这就是我为什么觉得应该在这里建一个中心，尽管这里只有很少的人（了解传统的治病方法）。了解这些知识的人太少了。我认识他们。以前这附近有很多传统医生。已经去世了的奥姆·道伊德·库瑞珀（Oom Dawid Kruiper）是我们的领头人。他是个非常非常好的传统医生。还有安格罗普（Agrop）、安高克（Agrop）、黎多（Lido）。这里以前有好多医生，他们如今都去世了。我们很担心未来。会发生什么？所有这些知识都会失传。未来我们只会听说这些知识，但是没有人会实践它，没人能告诉我们的孩子未来怎样去用这些知识……因为现在，我们没法很好地团结起来，把所有这些知识付诸实践。怎么去分享这些信息和知识，这是我所担心的。
>
> 采访者：那么这个中心能实实在在地帮助分享这些信息吗？
>
> 是所有的东西。既要在已经掌握知识的人群中分享，也要把这些教给孩子们。我们需要这个中心去和正规学校合作。我们甚至可以建立一门学科，还可以把它全部归到本土知识里，因为我觉得，这能够称得上本土知识。我们可以把它设成学校的一个课程，这样各地的孩子都能学习。【北开普省安德里斯维尔村一位社区居民接受采访时所述】

> （本土知识）大部分都是语言、文化知识，还包括植物知识等。本土文化就像给我们了一份发展规划，能让我们按照自己的想法安排事情。本土的做事方法仍然与现代世界有关联。所以，我们并不是给自己造了一个牢笼；我们是在学习，在实践我们自己的东西，

但我们仍然是周围世界的一部分。我们当然可以让自己和所在的社区与世隔绝，但那样的话，我们会向何处去？你又如何找到自己的定位？那不就成了种族隔离，不就一切归零，不就成了分裂了吗？
【北开普省安德里斯维尔村一位社区居民接受采访时所述】

进入劳动市场的资格和资质准入教育

正如第四章和第六章所述，许多青年受访者告诉我们，他们接受正规的中学后教育与培训的主要原因是想要获得资格证或资质，让他们在就业市场更具竞争力。他们想要学习的是专业知识，比如为了学习某样材料，他们需要通过某种考核，拿到相应的资质。我们采访到一些职业教育学校的学生，他们没能进入自己理想的专业课程学习，但决定继续学下去（即便课程并不是理想中的那样），认为这样比退出要好。

这种驱使人们获取更多和更高等级资质的心理，能在一定程度上解释为什么考入职业技术教育与培训学院的需求有了显著增长。许多职业技术教育与培训学院的学生都是从中学辍学，把职业技术教育与培训学院视为重新获得职业资质的第二条（或许是唯一一条）道路。尽管如此，豪登省西伯肯镇青年研究、学习和倡导组织的多名研究人员在研究过程中，展开了一场"技能VS资质"的辩论。研究人员质疑仅仅为了获得资质而考取资质的观念，并认识到，尽管许多人是所谓的"无资质"状态，但他们在自己的社区都有一技之长。第七章已对这场辩论做了详细介绍。

然而，尽管许多受访者也认为一个人没有资质也能有一技之长，但这些人同样认为获得资质能让自己在就业市场中更具竞争力。实际上，他们这样做的动机是合理的。得到正式部门的工作能让人更具竞争力，而资格证、资质以及其他各种工作经验都能使自己更有可能得到青睐，谋得更高级的职位。不过，正如第六章所说，问题在于这样的职位数量是非常有限的。

获得工作经验：正式职位、实习、志愿活动

大批正规中学后教育与培训机构的学生寻求的是在"工作场所"工作的经验。在一场"新兴之声2号"项目对话会后进行的汇报中，豪登省范德拜尔帕克镇一所科技大学的一组学生写道："我们需要更多的机会，在还没走出大学校园的时候，就能够去工厂工作，获得必要的工作经验。"他们还说道"在理论和实践训练之间必须保持平衡"。林波波省瑟库库内区地区加恩查贝伦举行了一场关于中学后教育与培训未来走向的集体讨论，总结后的讨论结果是："高等教育和工厂之间应当建立一种联系，保证学生们能在毕业后轻松实现就业。"这种观点与第五章所讨论的内容相呼应，即向实践学习和以就业为导向的学习投入更多关注。

虑到如今失业率居于高位，成为正规劳动力十分困难，许多人为了获得工作经验而成为某个组织的志愿者。我们在豪登省西伯肯镇采访到一名志愿者，她的志愿者生涯是从提高自己社区内的居民对艾滋病毒和艾滋病的认识开始的。她说："我一直到处宣传，寻求支持，后来有些人看到我的价值，把我推荐到他们的所到之处，对别人说这个姑娘很了解她所做的事情。"多年的志愿者经历帮助她得到了一份工作。尤金·库马洛（Eugene Khumalo），绰号"贾曼"（Jahman），是约翰内斯堡南部奥兰治农场镇（Orange Farm）的一名摩托车修理工，他回忆说："我是趁周末和学校假期在'虎轮'维修店做志愿者学到的修车技术。每个周六和周日我都去做志愿者。"他强调说，他就是这样学到了摩托车维修的基本技术。

通过与豪登省青年研究、学习和倡导组织的研究人员交流，我们发现，年轻人会尝试各种不同的切入点，试图找到正式的工作。他们会以"新兴之声2号"项目研究人员的身份做志愿活动，希望研究经历能带给他们一份全职工作。在"新兴之声2号"项目的研究工作之后，一些年轻的研究员会找机会参加职业资格培训，让自己在就业市场更具竞争力。同时，瓦尔镇的"新兴之声2号"团队建立了两个非营利组织，继续在社区招募志愿者，并经常参加约翰内斯堡大学的活动。这些人的经

历表明了获得额外资质的重要性，但同样表明学习兴趣能促进、阻碍或超越资质的积累。

总而言之，受访者对实习、学徒工、培训、志愿者机会和其他工作经历感兴趣。某些情况下，他们会寻求正规的中学后教育与培训机构和非正规机构的帮助。其他情况下，他们会尝试自己寻找机会。

> 这种学校会成为高中以上学历者学习和分享的场所。在学校，社区会邀请社区之外的人来分享他们的知识，能从他们身上学到东西。在学校，即使是来自社区之外的人，只要想学习蔻玛尼族和桑族土著文化，都能过来学习。【北开普省安德里斯维尔村一名"新兴之声2号"研究人员在回忆"社区快拍"活动中走访蔻玛尼族和桑族土著社区的情形时所述】

本章讨论了人们想要如何学习，以及想要学习什么的问题。受访者的想法使我们想到第二编所讲的"创造生活"和"学而为生"的框架。关于"如何学"和"学什么"的讨论都提到了人们参与当地活动的兴趣，这种兴趣在人的价值观、社会关系和对美好生活的理解中得以体现。

第九章

学而为生

本书按研究内容分为三编，以弗莱雷周期（即体验—反思—内化—行动）为基础搭建结构（Freire 1972，1985）。

第一编（第一章至第五章）介绍了南非贫困劳动阶层讲述的"创造生活"和"学习"的经历，涉及弗莱雷周期第一阶段——体验。第二编（第六章和第七章）围绕弗莱雷周期的第二阶段——反思和内化，汲取了人们对自身经历的反思，同时借鉴了其他理论和想法，从而对与"创造生活"和"学习"相关的主流观点做出评价，阐明替代性框架。第三编（第八章和第九章）围绕弗莱雷周期的第三阶段——行动，力图探讨以下两个问题：（1）受访者认为什么样的学习才能满足南非贫困劳动阶层的关切和利益？（2）我们需要采取什么行动才能实现新的愿景？本书第八章探讨了人们对第一个问题的回答。

回答第二个问题，为中学后教育体系提供一份"蓝图"或"行动指南"的做法固然诱人，但其目的仅在于明确高等教育与培训部（DHET）应如何根据研究结果采取措施，开展活动。因而，基于以下三个理由，我们反对制定蓝图或指南。首先，根据第六章阐述的"创造生活"框架，我们认为应当由社区而不是研究人员或教育管理人员制定行动蓝图和计划。这样做才符合受访者表达的平等、激进人文主义和可预知性的价值观。其次，沿着制订计划、执行计划的思路，我们只是在重复此前干预措施的错误，倾向于外部干预或精英干预而非民主的干预方式，忽视了平等。也就是说，这一思路侧重发展，而不是在社区循序渐进地开展工作。最后，将高等教育与培训部视为改变南非中学后教育与培训（PSET）格局的主要机构这一做法具有潜在的矛盾之处。第七章阐明了资本主义社会中教育的再生产性质以及国家在再生产过程中扮演的角色。

因此，指望国家去废除带有再生产性质的教育体系并创造新生事物，不大合乎逻辑（虽然我们认同国家并非僵化不变的体系，而且国家本身就是一个斗争场所）。正如第六章述及的可预知性和平等原则，我们也相信人人都有打破现状、创造新生事物的潜能。换句话说，任何人都可以立即采取行动，带来改变，创造新的中学后教育与培训体系，帮助人们过上有尊严、享关爱、受尊重的生活。因此，本章没有提供蓝图，而是致力于做到两件事：强调人们分享传达的主要信息；提供一套原则，这套原则将展现经过重构的中学后学习会是何种面貌，而事实上，很多人的行为已经是基于这样的原则。

本章下一节将先对第一编（第一章至第五章）中人们分享的实际经历进行简要探讨，再对第二编（第六章和第七章）讨论的理论进行回顾。学习应该是为了帮助人们创造（更美好的）生活，这是本书的总观点，为贴合该观点，在第八章的基础上，本章最后一节提出了一套原则，为南非国内的"创造生活"和"学习"之间更好地对接提供了借鉴。

回归实际经历

本书开篇讲述了南非民众的实际生活经历。第一章试图解释"身处当地"意味着什么，"当地"可能是南非大都市地区的一个镇子，可能是奥斯胡克地区（Oshoek）的一个小镇或村庄，也可能是德多恩斯镇（De Doorns）、瑟库库内（Sekhukhune）、诺普梅洛镇（Nompumelelo）、西伯肯镇（Sebokeng）、安德里斯维尔村（Andriesvale）和其他任何地方。回顾第一编，我们可以看到各种图片，听到人们所言所述，了解当地环境、经历和历史的重要性。

第二章至第五章中，关于"创造生活"和"学习"，人们所述如下：

- 尽管失业率和贫困率居高不下，贫困劳动阶层的很多年轻人和成年人仍然在用各种方式为自己创造生活。这些方式彰显了他们的人性，体现了彼此之间的联系，超越了正规体系。
- 人们正奋力解决人类和社区发展的重要问题，而他们却往往被政府和"市场"忽视（或去人性化），得不到正规中学后教育与培训机构的支持。

- 人们渴望学习，但他们想要的机会与正规的中学后教育与培训机构提供的大相径庭。
- 南非贫困劳动阶层社区有大量响应人们关切和利益、促进人们学习发展的机构组织，此类机构组织通常（并非总是）由民众建立。

人们还谈到当下的正规中学后教育与培训（PSET）模式没有起到助益，反而对他们造成了伤害：

- 通过虚假的承诺（比如根本不存在的岗位培训人员），PSET导致人们梦想幻灭，变得愤世嫉俗、失去希望。梦想幻灭可能会让人们感到绝望，为自身和社区带来伤害和影响。
- PSET开设的课程过于规范化，不考虑实际情况，未响应人们的利益和经历，一定程度上削弱了人们与生俱来的求知欲。
- 正如第六章和第七章所述，PSET侧重将教育与劳动力市场相联系，而非将其与创造生活相联系，从而造成人们与实践脱离。
- PSET认为成功等同于促进消费和物质主义，而未将成功与人类价值观念相挂钩。
- PSET助长了资本主义经济所鼓励的精英主义和压迫现象。人们认为，相较于其他人，上过大学或从事精英职业的人才配得上更高的社会和经济地位。
- PSET往往会带来高额负债，这对经济来源有限的贫困劳动阶层来说无疑是一大挑战。
- PSET强调精英阶层的价值体系和"理性"、利己、"科学"的世界观，从而导致人们脱离了自己的社区和所处环境。
- PSET让人们遭到嘲讽，不被尊重。比如，教育者对学生缺乏关爱、心存蔑视；像国家学生资助计划（NSFAS）这样的不近人情的中央官僚机构让学生感到无能为力。
- PSET让人们遭遇不平等对待、无法发挥全部潜能、认为自己头脑愚蠢或毫无价值，进而产生心理创伤。现在人们仍坚信接受正规教育就等同于拥有聪明才智，而未接受正规教育就是蠢笨无知。

南非各地贫困劳动阶层人口对自身实际经历进行了反思，讲到创造生活和学习的主流模式对自己并不适用。他们说，官方描绘的景象是技能带来就业，教育和"发展"惠及所有人，但人们的实际经历却证明官方的话站不住脚;"市场导向型"教育和新自由主义发展未能充分响应人类和社区的发展关切;从多方面来看,正规的中学后教育与培训有去人性化的性质。人们分析得出,教育、工作和社会之间的关系正处于意识形态上的十字路口。

本章下一节回溯了第二编的两个主题:基层民众对主流发展模式的批评;构建创造生活和学习的替代愿景。该替代愿景以"实践"的概念为主导,以人和社区为中心的价值观和重点事项作为依托。

打破当前愿景

高等教育与培训部发布的《中学后教育与培训白皮书》(DHET 2013)构建了南非中学后教育的未来愿景:越来越多的南非民众接受市场导向型的中学后教育,由此推动经济增长,进而实现改革、社会公平和共享经济繁荣的目标。这一愿景的问题在于,如第六章和第七章所述,本书研究和其他大量研究表明,《白皮书》目标的实现方式并不会奏效。下文将通过几个问题简要回顾第六章和第七章探讨的理论问题。

1. 教育的第一要务应当是为经济和经济增长服务吗?

《2030 国家发展规划》(Republic of South Africa 2012)和《白皮书》(DHET 2013)将推动经济增长和就业作为投资教育的主要依据。二十年来,中学后教育的关注重点始终是正规行业及其就业岗位,但却未能大幅减少失业率。受访者根据亲身经历讲述了多个行业持续裁员、长期甚至永久失业、工作不稳定和合同工等现象。劳动力数据也证实,数以百万计的南非民众持续游离在正规经济体制之外,南非经济虽有小幅增长,却并未带来正规行业岗位的强劲增长(Stats SA 2015b)。也就表明,关注正规行业就业的政策不足以满足数百万生活在正规行业之外的贫困劳动阶层群体的需求和利益。意识到上述问题后,一些教育政策方案开始关注非正规行业的就业教育。然而,近期非正规行业工作的增长并不意味着新的"岗位"增长点的出现,而是在很大程度上反映了正规经济领域的失败,反映了数百万人口艰难维生的绝望。Banerjee 和 Duflo(2012:192-193)在《贫困经济学》(*Poor Economics*)一书中指出,全球范围内"超过十亿人口经营着自己的农场或生意,但其中大多数人都是因别无他法而为之"。

重要的是,如果我们注意到了南非的教育政策注重"经济增长",那显然就能明白该政策是服务于谁的利益了。仅仅注重经济增长的教育政策为资本累积受益者的最大利益服务,但这并不是说贫困劳动阶层未从经济多元化或经济增长中受益,只是围绕 GDP 增长而构建的教育并不服务于贫困劳动阶层的利益(多数受访者反复提及这一点),并且在多数情况下与他们的利益背道而驰,甚至伤害他们的利益。

2. 市场驱动型技能培训能促进就业吗?

南非失业率居高不下,从国际视野和比较的眼光来看,南非的劳动力参与率也处于较低水平,这就意味着南非经济吸纳的成年人口相对较少。市场驱动型技能培训是指教育机构应根据市场"需求"提供相应的技能培训,但这并不能解决结构性失业问题,受访者(尤其是失业青年受访者)多次讲到了这一点。受访者得出的结论与"技能规划"分析师和批评家数十年来的言论相似。"技能"或受教育程度只是影响劳动力参与率和就业的众多变量之一(Treat & Motala 2014)。更重要的是,正规的中学后教育与培训体系之下的教育和技能培训响应的是正规行业的市场就业需求,因此很大程度上与南非半数不大可能进入正规劳工市场的成年劳动人口无甚相关(Allais 2012;Chisholm 1992;Baatjes 2009)。虽然增加接受正规中学后教育与培训的机会可以带来一些社会福利,但技能培训项目本身就是狭隘的概念,让更多的人认为此类技能培训不是解决南非失业问题的良方。

3. 在大量研究表明"技能带来就业"并不正确的情况下,为何该说法仍然大行其道呢?

我们认为该说法大行其道的原因在于,技能培训可解决"大规模失业"这一观点支撑着发达资本主义经济体的公信力,以及人们认为失业应归咎于失业者自身。换句话说,在新自由主义发展模式下,失业是个体本身的错,是他们缺乏适当的技能,是他们懒惰,是他们没有正确的价值观和行事方式等。如果民众受到引导而相信政策话语体系所宣扬的"技能促进就业"的说法,那就可以避免民众质疑发达资本主义经济体的公信力和"公正性"。

参考 Vally 和 Motala(2014)的观点,我们不仅认为失业是发达资本主义经济体的结构性特征之一（比如，受全球和国内社会经济因素影响，所有发达经济体都出现过大规模失业问题），还认为发达资本主义经济体中，结构性失业无法避免，因为在利益驱使下，资本所有者会尽可能地压低劳动力价格。削弱工人权力和组织能力、储备后备工人、增加工作的不稳定性等策略都是为了加大资本的力量和影响力，因此资本主义企业会降低工人薪酬。"技能带来就业"的说法将焦点从结构性失业上转移到了资本的利益上，转移到了待发掘技能人才（人力资本）的发展和个性化上。正如第六章和第七章所述，我们再次强调这样的教育体系实际上再生产了贫困和不平等，因为它必然会导致结构性失业，并且以贫困劳动阶层为代价赋予资本权力。

4. 人们还是想要正式资格证书和就业机会。这是否与"新兴之声2号"研究项目的其他发现相矛盾？

许多受访者，尤其是待业青年（自愿参加了"新兴之声2号"研究项目），都在积极考取更多的正式资格证书，以求在竞争现有工作岗位时更有胜算。然而，大部分待业青年同时也认为，正规教育就业体系将自己置于边缘地位，并带来了伤害。经过深思熟虑，多数待业青年并不认同现有教育就业体系体现的价值观和关切事项。然而，与此同时，许多年轻人找工作时，仍然期望找到最佳（唯一）的谋生之道。受访青年所处阶段各不相同，一些人感到梦想幻灭，表示证书一文不值，而另一些人则继续考取新的资格证书，寻找就业机会。我们认为，中学后教育与培训体系容得下两种方案：考取正式资格证书和"学而为生"。关于后者，本研究的一个重要发现在于，大多数受访者都想要一种截然不同于目前正规中学后教育与培训机构提供的学习方式。

5. 现在是该打破"大众教育能解决结构性失业和社会不平等问题"这一误解的时候了吗？

为南非教育打造新的愿景，关键一步在于打破目前盛行的误解。增加接受教育的机会可以解决南非的结构性失业和社会不平等问题，此说法与20年来的经验相悖。坚持这一误解的危害在于，它不仅延续了虚假的现实，同时还忽略了受访者分享的许多证据，忽略了创造生活和学习的其他方式。

正如第七章所述，南非中学后教育与培训政策的主流趋势是，让正规教育为市场服务，而非为民众服务。因此，教育体系延续了资本主义社会的一些特征：异化劳动，注重竞争和文凭，再生产社会和经济关系，压迫民众，剥夺人性以及看重精英人群、个体成就和物质成功。该体系对贫困劳动阶层的负面影响最为深重，不仅让他们在学业和经济上处于弱势地位，还贬低了其知识、技能和经验的价值。

6. **教育能够带来社会变革吗？**

受访者表示，"更多的同质"教育并不能解决资本主义存在的问题。事实上，很多人认为当前的教育政策正是资本主义的问题之一，因为当前的教育政策将教育视为失业等问题的解决方案，但实际上教育带来的成效甚微。例如，就算培训更多的管道工，管道工的工作岗位依然不会增加，同样，增加管道工培训学校的数量以及提高教学质量，既不会增加管道工的工作岗位，也不会显著改善贫困劳动阶层人群的生活水平。受访者称，教育不应继续试图解决其能力范围之外的问题，而应着眼于社区的需求和利益。该观点对社区的重点事项更具针对性，社区先确定重点事项，然后优先开展应对重点事项的学习活动。这一关于变革的观点更符合人们的看法：他们不想为了"融入"当前的发展愿景而接受教育，而是希望接受的教育能让自己朝着更加美好的生活愿景奋进。

重要的是，我们遇到的很多人和组织都参与了社会变革活动，包括抗议活动、社会运动、食物主权活动以及社区通过合作社和信托机构开展的其他生产和社会关系活动。在这些实例中，各组织呈现了多种创造生活的方式。学习不再被视为社会变革的途径，而是重构的社会关系中不可分割的内在组分。下节将对此进行详细阐释。

创造生活和学习的新框架

"新兴之声2号"研究项目旨在重构中学后教育与培训体系，以更好地满足贫困劳动阶层的需求和利益。重构体系不仅更有助于人们创造生活，而且能让人们的生活更加美好。本节指出，通过人们的讲述，我们对创造美好生活的意义、对学而为生的全貌有了更为全面和完备的理解。表9.1展示了我们的两个思路框架。

表9.1　　　　　　　　　创造生活和学习的新框架

创造生活	学而为生
·实践	·方法：批判性经验学习
·激进人文主义	·课程：借鉴生活经验和当地现实
·平等	·课程：围绕"真正有用"和对社会有用的知识和技能
·可预知性	
·美好生活（buen vivir）、乌班图精神（ubuntu，人道待人）、卡玛精神（ukama）、主观幸福感（subjective well-being）	·教学：建构式教学和协作式教学

创造生活的框架围绕实践的理念展开，自由的、有意识的活动是人性的内在表达。实践的理念基于对激进人文主义、平等、可预知性和卡玛精神的理解，人们的实践可以理解为：追求平等的社会关系，关爱他人，团结一致，努力变革压迫性社会关系。创造美好生活同主观幸福感、美好生活、乌班图精神和卡玛精神息息相关（如第六章所述）。受访者称，开启美好生活的意义取决于自己而非他人，这可能包括许多超越物质幸福的东西，而且往往比物质幸福更重要。表9.2将创造生活的新愿景与主流话语宣传的愿景进行了对比。

"学而为生"框架借鉴了"创造生活"框架中的认识论和本体论取向，以人们对生活经历和当地情况的反思和讨论为基础制定学习计划。设置的课程借鉴实际生活经验，支持学习"真正有用"的知识（如第七章所述）和对社会有用的知识和技能。学习过程包括批判式和体验式学习，采用协作式和建构式学习方法。本框架认为，所有人都在不断地思考自身经历并对其进行理论化，学习计划应根据人们的生活经历而制定。此方法听起来可能有些过于简单了，但却可以帮助人们满足最基本需求（种植粮食、医治病人、改善住房和交通条件等），应对严峻的挑战和问题（与地球和谐共生，生儿育女，应对犯罪、暴力和药物滥用问题，或者诠释艺术、历史和文化）。

表9.2　　　　　　　创造生活的两种方式的简要比较

人力资本	人
异化工人	社区内部实践
发展经济	建设良好社区和社会
拉动消费	主观幸福感和美好生活

正如本章引言所述，我们并不想为中学后教育与培训提供一幅新的实践蓝图，而是希望提出一套基于受访者讲述内容的原则。下文将阐释这些原则。

中学后学习新实践的原则

> 我想说的是，我并不是说某些变化不好。四级考试是发生了变化，这些考试也确实帮助了一些人。但我想说的是，等级考试变质了，成人基础教育与培训中心（ABET）本应该像主流学校一样运作，但现在却是为了纠正主流学校的错误而存在。【豪登省（Gauteng）西伯肯镇一名成人教育者受访时口述】

> 我认为社区学院的教育是提供截然不同于传统思维方式的一大机遇，但前提是要保证社区学院不会陷入颁发文凭、学位和资格证书的旋涡中，因为这些做法会扼杀社区学院。上述做法组织起来很有难度，需要考试、管制、外审等，精力耗费巨大，就像大学入学考试一样，十分棘手，所以我强烈认为社区学院需要从中解脱出来。我还觉得，社区学院的这一变化有可能是南非在中学后教育方面取得的最重要的发展之一。我会大力支持这一发展，一定会的。【豪登省约翰内斯堡（Johannesburg）一教育活动家受访时口述】

> 有人决定不再代表受害者，而是忠于维护受害者在事件中的政治立场之时，就有了政治之说。（Badiou 1985, from Neocosmos 2009: 18）

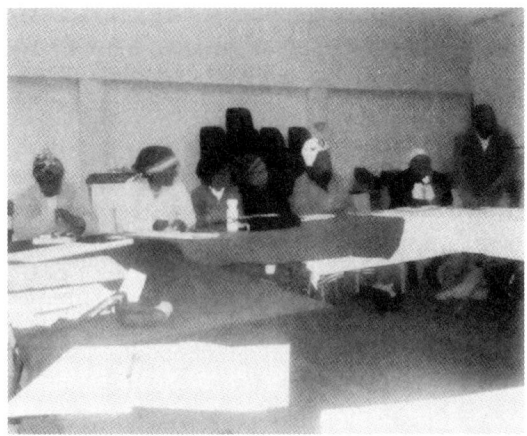

图9.1 东开普省（Eastern Cape）伊丽莎白港市（Elizabeth）的工作坊

图9.2 东开普省诺赫克瓦纳村（Noqhekwana）的讨论会

本书第二编介绍的框架在帮助我们理解中学后教育和学习的新愿景方面具有一定的指导意义。归纳全书，我们根据人们分享的内容，提出了一套与三大主题相关的原则：（1）学习重建；（2）学习环境；（3）学习组织形式。我们认为，在构建中学后教育的新实践时，人们可以参考第六章和第七章提供的框架，对新的愿景进行评估。例如，新的愿景是否将实践作为重点，是否体现了激进人文主义，是否支持学习者追求主观幸福感？此外，如果要参与构建学而为生的新实践，人们可以借鉴下节提到的原则，这些原则不是一成不变的，而是体现了人们口中的中学后教育和学习新实践的面貌。

学习环境具有哪些特征？

正如第八章所强调的，对学习者而言，学习环境的特征与学习内容同等重要。人们根据下列原则确定学习环境的优劣等级。在中学后学习新愿景中，学习环境会受到这些原则的影响。

1. 学习环境将体现激进人文主义的特点，包括欢迎、包容、平等、自尊、变革和可预知性等价值观

新的学习环境将淘汰新自由主义发展价值观，代之以把人类利益、需求和价值观置于核心的发展理念。受访者表示，他们在正规中学后教育中不受欢迎、不被尊重、遭受压迫。虽然很多教育工作者和教育机构全力以赴地伸出援手支持青年和成人，但也有许多教育机构和课堂上仍发生着让学生经历恐惧、被蔑视、被威胁和被侮辱的事件。贫困劳动阶层的学生和职业技术教育与培训学院和大学的第一批学生可能尤为脆弱，或者会产生格格不入之感。教育要关注欢迎和包容等感受，要认识到人们的生活经历需要得到认可和珍视，"普通"人需要受到重视。"新兴之声2号"项目的一位研究人员说，"人不应该为了提升自我而舍弃大部分的自我"。

《社区教育与培训中心任务组报告》（*Task Team Report on Community Education and Training Centres*）也体现了类似的价值观（Baajies et al. 2012）。报告指出，价值观应该和社区教育与培训中心联系起来：

> 民主的学习原则包括：（1）相互尊重、谦逊、开放、信任、合作；（2）满怀激情，学会批判性地"看待世界"；（3）更加深入地对共同探索的现实进行批判性理解，并关注所有人取得的进展；（4）诚实守信、尊重事实、相互信任；（5）所有人都真正参与其中。（Baatjes et al. 2012：33）

本研究发现，该报告描述的美好愿景与许多成人教育培训中心和职业技术教育与培训学院的日常实践（实践并未反映出报告中的价值观）存在差距。不过，研究人员确实遇到了践行上述价值观的一些组织。我们的观察表明：（1）学习组织能够践行这些价值观；（2）但目前尚未践行这些价值观的学习组织可能难以很快做出改变。

2. 在经济、物质及语言层面营造良好的学习环境

受访者称，接受中学后教育和学习存在四大障碍：（1）无法支付相关的教育费用；（2）无法实际进入学校场所学习；（3）无法兼顾照料孩子、工作责任等事宜，难以上学；（4）语言障碍。费用问题是学生面临的最大障碍之一，值得注意的是，即使学生能申请到贷款，每学期的新开销和积攒的债务往往会给学生带来沉重负担。许多贫困家庭的学生未能完成学业便早早辍学了，第五章中的诗歌《夜不能寐》就体现了债务给学生造成的心理负担。

就语言障碍而言，人们认为用自己不熟悉的语言来学习非常困难。人们接受中学后教育的其他实际障碍还包括交通和距离。受访者认为学习场所应该离家更近一些，教学安排应该更为灵活（如可在不同时段享受婴幼儿日托等不同服务），希望用母语或熟悉的语言来学习。

3. 给经济困难和其他方面处于弱势的学生提供支持

这一原则让我们的视线回到了平等和资金的问题上。相比家境富裕的学生，贫困和弱势群体学生更难在中学后教育中获得"成功"。中学后教育与培训机构不仅需要考虑经济和物质支持，还要考虑咨询和关怀，提供生活和交通开支，灵活安排课程规划等。第一代学生和家境贫困学生中有很多人谈到在第一学年感到迷茫和未得到支持的经历。

4. 学习场所整洁体面，资源配置齐全

受访者表示希望拥有干净整洁、井井有条、维护得当和资源配置齐全的学习环境。职业技术教育与培训学院的学生表达得最强烈的一个不满之处是，完成课程作业和实践项目的必需资源（包括电脑）配备不到位。

5. 学习环境应当安全可靠，且能帮助人们应对社会弊病

很多受访者谈到了自己社区中的暴力和虐待行为、性暴力和性奴役、吸毒、酗酒、失望甚至绝望等问题。让人不安的是，在某些情况下，甚至有些学习场所也出现了这些社会弊病，如暴力行为、性暴力和吸毒酗

酒等。正规中学后教育与培训将采取新的实践做法，慎重对待并解决青年人和社区面临的上述问题。更为激进的观点则建议正规中学后教育与培训机构不仅要"在校内"应对问题，还要深入社区解决问题。

总而言之，人们希望有比当下更加舒适包容、注重培养、给予支持与尊严的学习环境。同时，很多人还谈到了为社区建设提供时间和空间的重要性。

什么样的学习是重要的？

正如前几章所述，就"什么样的学习对自己具有重要意义"这一问题，人们要说的很多。第八章总结了人们具体的学习兴趣以及希望采用的学习方法。下文反映了人们希望学习的部分重点内容和学习兴趣。

1. 由学生和社区居民决定应提供的课程、学习领域、证书类型以及其他活动

从人们所述内容看，该学习计划涵盖的知识和技能可能反映了当地经济、社会环境、生活需求和其他优先事项。部分优先事项如下：

- 生存技能、生活技能和获得收入的技能；
- 支持社区和社会发展的技能，包括护理工作和其他形式的工作；
- 知识、培训或其他丰富群众生活和社区生活的活动，包括艺术、体育和文化活动；
- 对学生学习新事物的好奇心做出建设性的回应；
- 有助于获得相关资质和经历以继续深造和进入劳动市场的学习。

2. 学习活动将更加注重通过实践学习和动手学习

人们表示想"通过实践"及通过动手和体验进行学习。值得注意的是，动手学习或通过实践学习并非只适用于传统意义上的技能（比如砌砖、电工、汽车维修等），同时也适用于其他社会性技能，比如如何实行直接民主，如何影响当地的政治体制（抗议或倡议）或者建立新的体制，以及如何创办社区广播电台等。

3. 学习方式将支持由学生制订学习计划、开展学习活动

要让学习更好地服务社区，学生需要享有充分的发挥空间和自由，从而在学习协调者的帮助下，设计和合作设计学习计划、项目和活动。

4. 教育工作者和学习引导者将为学生提供分享知识和经验的空间，并让学生接触新知识、新技能和新组织方式

当下正规中学后教育的一大局限在于，许多教育者对自身角色的认知比较狭隘。的确，尽管很多教育者谈到人类发展时眼界开阔，但仍有部分教育者把日常工作看成课程限定下的固定任务，只是为了考试做准备。这样的认知忽视了其身为学习引导者的一项重要任务——让学生接触新知识、新技能和新经历。很多人谈到了接触新事物和通过接触新事物来探索新兴趣、新才能的重要性。这种接触包括分享参与社区组织的经历，如"可能性描述"（Profile of Possibility）调研走访的集资互助组（Stokvels）、合作社以及其他形式的组织。上述形形色色的组织，大多已有数百年的历史，早已深深融入社区居民的认知。

5. 教育机构将满足中学后学习的多样化需求

中学后教育组织要接纳不同年龄段人群（中学毕业生、青年、年轻的成人学习者和较年长学习者），满足不同的学习兴趣（资质和证书、参加/重考大学入学考试、实践和生活技能以及个人发展兴趣），面对不同的家庭和个人背景（母语、文化和宗教信仰、城镇/乡村居民、财富等）。受高等教育与培训部委托编写的一份报告详细记录了南非中学后教育需求的多样性（Baajes et al. 2012：40-43）。该报告证明的需求多样性凸显了采取"自下而上"举措的重要性，应该让地方社区和机构享有决定重点学习内容的权力，同时也表明，应采取措施以确保在保障某一群体的利益时不会影响机构职责或损害其他群体利益。

6. 教育机构会支持学生向下一阶段的教育和培训过渡

现有的课程和资质体系是学生在正规体系内追求继续深造和学习的一大阻碍。已有诸多证据表明，成人教育与培训、职业技术教育与培训院校之间的对接缺乏清晰的说明。尽管只有少数院校在这一问题上有所进展，但许多受访者一再证实，阐明二者之间的对接细则具有重要意义。

7. 学习和创造生活不应对地球造成破坏

在"社区快拍"和"可能性描述"走访过程中，我们遇到的很多人讲述了创造生活、谋生和学习是如何与当地环境紧密结合并如何以此提升自我。从某种程度上说，这种强调环境的做法并不出人意料，因为很多受访者直接依赖土地满足生活需求（食物、居所、水等）。相比之下，同正规中学后教育与培训机构人员的多数对话都未提及人类实践和环境

之间的联系。

上述各项原则表明，学生和社区成员是判断学习和生活中重点事项的最佳人选，他们可在此基础上进一步制订学习计划和项目。

如何组织学习？

第四章和第五章汇总了人们对中学后教育体系的看法，认为该体系具有精英主义、反民主和等级森严等特点。这些特点植根于教育机构的管理结构中，同时也体现在师生的课堂关系上。受访者对我们说，应该用更好的方式来组织学习，并说认为中学后学习的新愿景应具备以下组织特征。

1. 学习组织应由该组织所服务的人群来管理，并应基于高度民主的原则

贫困劳动阶层社区内以及服务于这些人群的各教育组织的管理工作应交给社区内的居民。具体而言，所有治理和管理机制（如人事决策、战略管理、领导决策、学习计划的制订和实施过程）都应通过当地的民主框架制定。一位研究人员说："由我们（研究人员、学者和政府）决定人们需求的行为必须停止！"学习场所应该是发挥个体能动性的参与式和共建式的机构。"可预知性"这一概念认为，只有当地现实中有民主治理原则和平等理念时，人们才能学到这些原则和理念。

> 对非政府组织和民间组织的一则告诫：
> 非政府组织和民间社会组织通常被视为教育行业变革过程的中间人。的确，本书所提到的部分"可能性描述"组织都被认为是该类组织中的正面代表。然而，我们同样也应当注意警惕，尽管有时非政府组织和民间社会组织被宣传为"进步力量"和社会变革的中间人，二者也可能成为资本和强权谋求更多利益的工具。资助民间社会组织多是为了支持新自由主义的各种提议，且民间社会组织仅代表了特定的弱势群体（甚至这种代表性也并不符合民主特征，且并不具有真正的代表性）；此外，民间社会组织运作的方式往往会加强（而非对抗）霸权。（Blackburn 2000；Hearn 2001；Klees 2002）

2. 学习经历应以不同的方式在不同的地点和空间展开

学习和学习经历的组织方式多种多样，包括短期课程、周末讨论会、沉浸式体验、学徒工、在职学习和工学结合以及实习等。以多种方式在不同场所组织学习并非易事，这需要重新定义学习的意义。此外，实施这一举措还需要诸多必要措施，比如重新安排学校日程、为推动"校外"学习安排交通、为学习引导者提供专业培训，还有同实践学习的地方主办组织沟通建立新的合作关系。

大多数情况下，不同领域的技能和知识最好在不同的场景下进行学习，而且可能的话，应由不同教育者和引导者讲授各领域的知识和技能。简言之，就是应当减少课堂上书本学习的时间，把更多时间放到田间地头，放到"政治"运动（不仅仅是政党）和组织上，放到学徒工作上，放到其他提供实践机会的地方。

3. 学习活动应更加重视同伴学习和学习共同体

许多受访者非常重视同伴学习和学习共同体。这一现象与我们广义概念框架相符合。我们的框架把"生活经验"和"对话"的概念作为出发点，同时认为人天生就具有思考能力。通过对话和分享自身生活经验，人们可以互相学习并形成新的知识（如第七章所述）。学习者认为，在正规教育环境下学习，"粉笔加口头"的教学方式大行其道，效果不尽如人意且无趣压抑，而上述的学习模式则与之形成了鲜明对比。

4. 安排尽职尽责、能为学生提供支持的学习引导者组织学习活动

许多受访者呼吁需要"尽职尽责的"教育工作者。很多受访的教育工作者表示，自己在支持和鼓励学生方面发挥着重要作用（尽管显然并非所有教育工作者都能给予学生支持）。很多教育工作者还提到，由于工作稳定性低、专业支持有限、工作环境糟糕等原因，他们很难一如既往地做到尽职尽责。

5. 学习机构应号召社区内各人、各机构扮演好自己的角色，以促进学习

很多受访者已经在南非全国各个社区扮演着自己的角色，包括绰号"贾曼"的尤金（摩托车修理工）、菲利普（瑞考费拉青年发展组织的联合创办者）、玛玛·卡巴和其他农民（"家庭种植者"组织成员）、西斯·格拉迪斯（伊托森妇女就业项目成员）和阿亚恩达·科塔（待业人员运动参与者）。多数人都有意且乐于将自己的技能分享给社区，而中

学后学习机构可以在此类学习活动中起到枢纽作用。

本书以"中学后教育并未服务于南非广大贫困劳动阶层人口的需求和利益"这一假设为出发点，以在南非全国各地进行的调研为基础。开篇引用的研究人员的讲述恰如其分地阐明了本书的假设：

> 我们的教育系统就如故事中的丰田 Avanza。城里人好意设计了，将其用在了安德里斯维尔村这样的地方。我们未多加考虑，就驶入沙地，自认为车会像在高速公路上那样反应。结果发现，自己被卡住了。
>
> 我们没有向他人求助，一味继续做无用功——加大油门、转动车轮，让自己越陷越深。如果不是停下来四处瞭望，发现莫里斯，然后谦逊地下车把钥匙递给他。我们可能会在沙里陷得更深，困上很长一段时间。【研究人员写于北开普省（North Cape）安德里斯维尔村】

在南非全国各地的访谈中，我们遇到了许多不同的人，受他们的启发，我们才得以基于当地社区需求、关切和资源，构建了创造生活和学习的替代性框架。我们的所见所闻无不说明，在帮助人们创造生活、过上更美好的生活方面，中学后教育和成人教育极有可能会大有作为。

附　　录

全书术语表

英文	中文
R	南非货币兰特
Fees Must Fall	"学费必须下降"运动
（CSO）	民间社会组织
Abahlali base Mjondolo	一个激进民主主义的底层社会运动
Abalimi Bezekhaya	家庭种植者（组织名）
ABET	成人基础教育与培训
Accelerated and Shared Growth Initiative	加速和共同增长倡议
Abongile	阿伯吉尔（人名）
adult educator	成年教育者
AET（adult education and training）centres	成人教育与培训中心
African Competitiveness Report	《非洲竞争力报告》
African National Congress	非洲人国民大会
African Union	非洲联盟
Afrikaans	南非语
Alexandra	亚历山大地区
Alice（eDikeni）	艾丽斯镇
Amampondo	阿马波多
Andriesvale	安德里斯维尔村
Agricultural Research Council	农业研究委员会
Arcelor Mittal Vanderbijlpark	安赛乐米塔尔钢铁公司范德拜尔帕克工厂
Askham	阿斯克姆村
Bantu	班图语

续表

英文	中文
bantustan	班图斯坦
Barkly East	东巴克利镇
Beacon Bay Crossing	灯塔湾（购物中心）
BEE（Black Economic Empowerment）	黑人经济复兴法案
Bellville	贝尔维尔镇
Bench Marks Foundation	基准基金会
Beverly Hills High School	贝弗利山高中
Biko	比卡
Biowatch South Africa	南非生物观察组织
Bluelilliesbush	布鲁利利丝布什
Bonza Bay	邦扎湾
Botebo-Tsebo Secondary	布腾博—蔡博中学
Boud	鲍德
Bulungula	布隆古拉
Bulungula Incubator	布隆古拉创业服务中心
Cambridge	坎布里奇（南非东伦敦市一郊区名）
Cambridge International Examinations	剑桥大学国际考试
CAP test	CAP 测试
Cape Flats	开普平原
Cape Town	开普敦市
CAPS	课程评估政策标准
Carter	卡特
CBO	社区组织
Center for Education Policy Development，CEPD	教育政策发展中心
CIPSET（Centre for Integrated Post-School Education & Training）	中学后教育与培训一体化中心
charter schools	特许学校［美］
Chemical Engineering	化学工程
City of Gold	黄金之城
Community Development Practitioners	社区发展从业人员

续表

英文	中文
Community Snapshots	"社区快拍"
Community Works Programme，CWP	社区工程计划
Connolly	康诺利
Copestake & Camfield	考普斯泰克和坎姆菲尔德
Cowan	科万高中
CWP（Community Works program）	社区工程计划
Damelin	丹美林学院
David Kolb	大卫·库伯
De Doorns	德多恩斯镇
Debeila	德贝拉区
degrowth	去增长
Development Programme，RDP	重建与发展规划
Dewey	杜威
DHET（Department of Higher Education and Training）	高等教育与培训部
DJ	唱片骑师
DTI（Department of Trade and Industry）	南非贸易和工业部
Durban University of Technology	德班理工大学
East London	东伦敦市
Eastern Cape	东开普省
Economic Justice Programme	经济公平项目
Education Policy Consortium	教育政策协会
eGqobas	艾库巴斯
elitism	精英主义
Emerging Voices 2（EV2）	新兴之声 2 号
Enable It	"实现它"组织
EPWP（Expanded Public Works Programme）	公共工程拓展计划
eThekwini	德班（祖鲁语）
Technical Vocational Education and Training（TVET）	职业技术教育与培训（学院）

续表

英文	中文
Eraut	埃罗
Evaton	伊瓦顿镇
ex-Model C schools	超模范C级学校
Fanon	法农
Federici	费德里奇
FeesMustFall struggle	"学费必须下降"运动
FET（Further Education and Training）	继续教育与培训
Fetakgomo Youth Development Brigade	菲卡戈莫（Fetakgomo）青年发展旅
Fikile Bam	费齐尔·拜姆
Frantz Fanon	弗朗茨·法农
Freirean cycle	弗莱雷周期
Ga-Nchabeleng	加恩查贝伦
Ga-Nkwana	加恩科瓦纳
Gauteng	豪登省
General Education and Training Certificate（GETC）	普通教育和培训证书
genetically modified（GMO）	转基因的
Ginsberg	金斯堡镇
Growth, Employment and Redistribution Strategy	增长、就业和再分配策略
Goesa	勾萨
Graaff-Reinet	格拉夫—里内特镇
Grahamstown	格拉汉姆斯顿镇
Gramscian	葛兰西主义
Greene	格林
Guardiola & Garcia-Quero	瓜迪欧拉和加西亚—奎罗
Gudynas	盖迪纳斯
Hankey	汉基镇
Haworth	霍沃斯
Hex Valley	海克斯河谷
horse	"马"做草垫的特殊工具

续表

英文	中文
HSRC Press (Human Sciences Research Council Press)	人文科学研究委员会出版社
Human Rights Education Centre—Southern Africa	人权教育中心南非分部
Ikemeleng	艾克梅伦地区
Independent Examinations Board	独立考试委员会
informal	非正式的
Information Systems, Electronics, and Telecommunication Technologies Sector Education and Training Authority (ISSET SETA)	信息系统、电子和电信技术部门教育培训局 (ISSET SETA)
informal sector economy	非正规经济
Is'baya Developtment Trust	伊斯巴亚发展信托
Iscor (now ArcelorMittal)	南非钢铁工业有限公司（今安塞乐米塔尔钢铁集团）
isiXhosa	科萨语
Itireleng	埃泰尔勒
Ivor Baatjes	艾弗·巴特杰斯
Itsoseng Women's Project	伊托森（Itsoseng）妇女就业项目
Ixopo	伊索波镇
Johannesburg	约翰内斯堡
kama	挤动物的奶（绍纳文化中挤奶的概念指的是亲密和爱意）
Kagiso Trust	卡吉索信托
Kalahari	卡拉哈里
Kareedouw	卡里道镇
Kauai	考艾
Khanyisa Education and Development Trust	坎尼萨教育和发展信托
Khayalethu	卡亚勒苏
Khayelitsha	卡雅利沙镇
Khomani San	蔻玛尼族和桑族
King William's Town	威廉王城镇
Kolb	库伯

续表

英文	中文
Kroondal	科荣道尔村
Kuruman	库鲁曼镇
KwaDwesi	科瓦德维斯镇
KwaMagxaki	夸马格萨基镇
Kwazakhele	夸札赫勒镇
KwaZulu-Natal	夸祖鲁—纳塔尔省
Kwedi Mkalipi	卡维迪·米卡里皮
Labour Market Intelligence Partnership (LMIP)	南非"劳动力市场情报伙伴关系"项目
Leadership 2020	领导力2020
Libode	利波德镇
Life, Knowledge, Action (The Grounding Programme)	生命·知识·行动（草根计划）
Limpopo	林波波省
Lindy Wilson	林迪·威尔逊
Lusikisiki	鲁西基西基
Makhuduthamaga	马克胡杜塔马加市
Makhuzeni	马胡尼泽社区
Making/make a life	创造生活
Makukhanye Rural People's Movement	马库汗耶农民运动
Mankwe College	曼科威大学
matric	大学入学考试
Mdantsane	姆丹察内镇
Metallurgical Engineering	冶金工程
Midrand Graduate Institute	南非中兰德大学
Millennium Development Goals (MDGs)	联合国千年发展目标
Mogwae	莫各威
Motetema	蒙特特玛
Motherwell	马瑟韦尔镇
Mpelega	摩佩勒加
Mpumalanga	普马兰加省
MSC College	MSC大学

续表

英文	中文
Murove	穆罗夫
Mziki	姆齐基社区
Naledi Pandor	娜莱迪·潘多尔
NATED (National Accredited Technical Education Diploma)	国家技术教育认证证书课程
National Development Plan 2030	2030年南非国家发展规划
National Certificate Vocational [NC (V)]	国家职业资格证书
National Qualifications Framework (NQF)	国家学历体系
National Skills Development Strategy	国家技能发展战略
National Curriculum Statement	国家课程标准
Ndofirepi and Shanyanana	恩多费皮和珊雅娜娜
NDT (Non-destructive testing)	无损检测
Nedbank	莱利银行
Nelson Mandela University	纳尔逊·曼德拉大学
neoliberalism	新自由主义
net effect	净影响；基本效应；最后效果；实际效果
Neville Alexander	纳维尔·亚历山大
New Brighton	新布赖顿镇
Ngobozana	恩格伯扎那村
NGOs (Non-Governmental Organizations)	非政府组织
NICRO (National Crime Prevention and Rehabilitation Organisation)	南非国家犯罪预防与罪犯康复社会研究所
Nika Amandla Women's Cooperation Ltd	尼卡·阿曼德拉妇女有限公司
Njwaza	恩瓦萨（地名）
Nompumelelo	诺普梅洛镇
non-formal	非正规的
Norman Vincent	诺曼·文森特
Noqhekwana Village	诺赫克瓦纳村
North West	西北省
Northern Cape	北开普省
NQF	国家学历体系

续表

英文	中文
Nqileni	恩奇尼村
NSFAS（the National Student Financial Aid Scheme）	国家学生资助计划
Nyanga	尼扬加镇
OBE	成果导向教育
ola communes	奥拉公社
Orange Farm	奥兰治农场镇
Oshoek	奥斯胡克地区
PACSA（Pietermaritzburg Agency for Community Social Action）	彼得马里茨堡社区社会行动组织
Pan Africanist Congress	泛非主义者大会
Paulo Freire	保罗·弗莱雷
Peddie	佩迪镇
Phakamisa	帕卡米萨
Phakamisa Secondary School	帕卡米萨中学
Pietermaritzburg	彼得马里茨堡
Pithouse	皮特豪斯
Plan of Action for the Second Decade of Education for Africa（2006–2015）	《非洲教育"二·十"行动计划（2006—2015）》
Plettenberg Bay	普利登堡湾
Polokong	坡洛空
popular education	大众教育
Port Elizabeth，PE	伊丽莎白港市
Port Shepstone	谢普斯通港
Port St Johns	圣约翰斯港
post-apartheid	后种族隔离
Pretoria	比勒陀利亚
Profiles of Possibility	"可能性描述"
PSET（Post-School Education and Training）	中学后教育与培训
Qhaka	夸卡村
Quarterly Labour Force Survey	南非《季度劳动力调查》

续表

英文	中文
Quechua	凯楚阿语
Queenstown	昆斯敦
Quigney	奎格尼郊区
Radical Humanism	激进人文主义
Ranciere	朗西埃
Reconstruction and Development Programme (RDP)	重建与发展规划
Rekaofela Youth Development Organisation (RYDO)	瑞考费拉青年发展组织
resistance theory	抗争理论
Revised National Curriculum	全国修订课程
Rhodes University	罗得斯大学
Rietfontein	里特方丹
Robben Island	罗本岛
Robben Island Our University	《罗本岛：我们的大学》（电影名）
Rossing	罗辛
Rural Womens Movement	乡村妇女运动
Rustenbrug	勒斯滕堡镇
San	桑族人
Sasol	沙索，国际能源公司，总部设于南非
SASCO (South African Students Congress)	南非学生代表大会
School Representative Council	学校代表委员会
Sebokeng	西伯肯镇
Sedibeng	瑟迪邦
Sedibeng Advisory Centre	瑟迪邦咨询中心
Sekhukhune	瑟库库内
Sepedi	北索托语
Sharpeville	沙佩维尔
Sharpeville Day	沙佩维尔事件纪念日
Shona	绍纳语
Shoprite	绍普莱特

续表

英文	中文
Shows Electrical	秀斯电气公司
Social Science Centre	社会科学中心
Southern African Development Community (SADC)	南部非洲发展共同体
South Africa Reflect Network	南非反思网络
Statistics South Africa (Stats SA)	南非统计局
Stein	斯坦
Steven Biko	史蒂夫·比科
Stokvels	互助会
Stutterheim	斯塔特海姆镇
subjective well-being	主观幸福感
substance abuse	滥用药物
Sustainable Development Goals (SDGs)	可持续发展目标
Sumak Kawsay/Buen Vivir	美好生活
Tafelkop	特菲科普
tax clearance certificate	清税证明
Technical and Vocational Education and Training (TVET)	职业技术教育与培训（学院）
Tembisa	滕比萨镇
The cultural reproductive model	文化再现模式
The Diploma Disease (1976)	《文凭病》
The economic reproductive model	经济再现模式
The Economist	《经济学人》
The hegemonic state reproductive mode	霸权国家再现模式
the Khanyisa Education and Development Trust	坎伊萨教育和发展信托
the New Growth Path	南非新增长框架
the University of Fort Hare	福特海尔大学
the White Paper on Post-school Education and Training	《中学后教育与培训白皮书》
Thetha FM	西塔调频
Tiger Wheel	虎轮维修店

续表

英文	中文
Toastmasters	国际演讲协会
Trade School movement	行业学校运动
TransForm Electrical	转换电气公司
Transkei	特兰斯凯
Tshwane University of Technology	茨瓦内科技大学
Ubuntu	乌班图精神（人道待人）
Ukama	卡玛精神（可理解为一种兄弟情谊）
Unemployed People's Movement（UPM）	待业人员运动
Uniondale High	尤宁代尔高中
UNISA	南非大学
University of Fort Hare	福特哈尔大学
University of Johannesburg（UJ）	约翰内斯堡大学
University of Robben Island	罗本岛大学
University of the Free State	自由州大学
University of Transkei（Unitra）	约斯卡大学
Upington	阿平顿（市）
Vaal	瓦尔三角洲
Vaal University of Technology（VUT）	瓦尔理工大学
Vanderbijlpark	范德拜尔帕克
Veld School	草原学校
Vergenoeg	威哥诺
vetkoek	炸面团
Virginia Andrews	弗吉尼亚·安德鲁斯
Wamba dia Wamba	万巴迪亚万巴
WCED（Western Cape Education Department）	西开普省教育部
Wesbank	韦斯银行
Western Cape	西开普省
Wild Coast	狂野海岸
Wits University（University of the Witwatersrand）	金山大学
Worcester	伍斯特
Worker's World Media Productions	工人世界传媒制作

续表

英文	中文
Workers' College	工人大学
World Economic Forum	世界经济论坛
Xesi	西泽镇
Xesi-King William's Town	西泽—威廉王城镇
Xhora	科萨
Xhora Mouth Administrative Area	科拉茅斯行政区
Xhosa/isiXhosa	科萨语
Youth Research, Learning and Advocacy (YRLA)	青年研究、学习和倡导组织
Zwide	兹威德镇

缩略词表

缩写	英语全名	汉语译名
ABET	Adult Basic Education and Training	成人基础教育与培训
AET	Adult Education and Training	成人教育与培训
Aids	Acquired immune deficiency syndrome	艾滋病（获得性免疫缺乏综合征）
ARC	Agricultural Research Council	农业研究委员会
CAPS	Curriculum Assessment Policy Statement	课程评估政策标准
CSO	Civil society organisation	公民社会组织
CV	Curriculum vitae	简历
CWP	Community Works Programme	社区工程计划
DHET	Department of Higher Education and Training	高等教育与培训部
EPWP	Expanded Public Works Programme	公共工程拓展计划
EV2	*Emerging Voices* 2	新兴之声 2 号
FET	Further Education and Training	继续教育与培训
GDP	Gross domestic product	国内生产总值
GETC	General Education and Training Certificate	普通教育和培训证书
HIV	Human immunodeficiency virus	人类免疫缺陷病毒；艾滋病病毒
HR	Human resources	人力资源（部）

续表

缩写	英语全名	汉语译名
ID	Identity document	身份证件
IT	Information technology	信息技术
NATED 550	National Accredited Technical Education Diploma	国家技术教育认证证书课程
NCS	National Curriculum Statement	国家课程标准
NC（V）	National Certificate（Vocational）	国家职业资格证书
NDP 2030	National Development Plan 2030	《2030国家发展计划》
NDT	Non-Destructive Testing	无损检测
NGO	Non-governmental organisation	非政府组织
NQF	National Qualifications Framework	国家学历体系
NSFAS	National Student Financial Aid Scheme	国家学生资助计划
OBE	Outcomes-based education	成果导向教育
PACSA	Pietermaritzburg Agency for Community Social Action	彼得马里茨堡社区社会行动组织
PE	Port Elizabeth	伊丽莎白港市
PSET	Post-school education and training	中学后教育与培训
RDP	Reconstruction and Development Programme	重建与发展规划
RYDO	Rekaofela Youth Development Organisation	瑞考费拉青年发展组织
SASCO	South African Students Congress	南非学生代表大会
SD	Sustainable development	可持续发展
SETA	Sector Education and Training Authority	部门教育培训局
TUT	Tshwane University of Technology	茨瓦内科技大学
TVET	Technical Vocational Education and Training	职业技术教育与培训（学院）
UJ	University of Johannesburg	约翰内斯堡大学
UNISA	University of South Africa	南非大学
UPM	Unemployed People's Movement	待业人员运动
VUT	Vaal University of Technology	瓦尔理工大学
YRLA	Youth Research, Learning and Advocacy	青年研究、学习和倡导组织

参考文献

Abahlali baseMjondolo (2016) *Abahlali baseMjondolo*. Accessed November 2016, http://abahlali.org/node/1391/.

Alexander N (2002) *An ordinary country: Issues in the transition from apartheid to democracy in South Africa*. Scottsville: University of Natal Press.

Alexander N (2013) *Thoughts on the new South Africa*. Johannesburg: Jacana.

Allais S (2012) Will skills save us? Rethinking the relationships between vocational education, skills development policies, and social policy in South Africa. *International Journal of Educational Development* 32 (5): 632-642.

Allais S (2014) Skills? What skills? Jobs? What jobs? *Post-School Education Journal* 1 (1): 13-14.

Allman P (2001) *Critical education against global capitalism: Karl Marx and revolutionary critical education*. Westport, CT & London: Bergin & Garvey.

Apple MW (1988) Standing on the shoulders of Bowles and Gintis: Class formation and capitalist schools. *History of Education Quarterly* 28 (2): 231-241.

Baatjes I (2009) Adult Basic Education. Amandla! (8): 22.

Baatjes B (2015) *Profiles of possibility (Emerging voices 2): Pockets of resistance, action, learning and hope outside of formal institutions*. Alice, Eastern Cape: Nelson Mandela Institute for Education and Rural Development, University of Fort Hare.

Baatjes I, Chaka T, Baatjes B & Mawela L (2012) *Imagining community education and training centres: A report on consultations with communities in three provinces*. Commissioned by the Department of Higher Education and

Training Task Team on Community Education and Training. Pretoria: Department of Higher Education and Training.

Baatjes I & Hamilton S with Maluleke L, Sibiya AT & Leurquain-Steyn S (2015) Articulation possibilities for community development workers: A research report to SAQA. Port Elizabeth: The Centre for Integrated Post-School Education and Training (CIPSET), Nelson Mandela Metropolitan University.

Badiou A (2015) Our wound is not so recent: Thinking the Paris killings of 13 November (trans. R Mackay). Lecture delivered at La Commune Theatre, Aubervilliers (23 November 2015).

Balwanz D (2015) Using agency-space and aspiration-scape to interpret grassroots perspectives on secondary education in South Africa. *Southern African Review of Education* 21 (2): 9–28.

Balwanz D & Ngcwangu S (2016) Seven problems with the "scarce skills" discourse in South Africa. *South Africa Journal of Higher Education* 30 (2): 31–52.

Banerjee A & Duflo A (2012) *Poor economics: A radical rethink of the way to fight global poverty.* New York: Public Affairs.

Bhattacharyya J (2004) Theorizing community development. *Journal of the Community Development Society* 34 (2): 5–34.

Berg I (1971) *Education and jobs: The great training robbery.* Boston: Beacon Press.

Bernstein B (1975) *Class, codes and control. Vol. 2: Applied studies towards a sociology of language.* London: Routledge & Kegan Paul.

Bernstein B (1990) *Class, codes and control. Vol. 4: The structuring of pedagogic discourse.* London: Routledge & Kegan Paul.

Bhorat H, Goga S & Stanwix B (2013) *Labour Market Intelligence Partnership Report 1: Occupational shifts and shortages: Skills challenges facing the South African economy.* Pretoria: HSRC.

Bhorat H & Tian N (2014) *Labour Market Intelligence Partnership Report 3: Growth, employment and skills: The new growth path revisited.* Pretoria: HSRC.

Biko S (1987) *I write what I like.* Oxford: Heinemann Publishers.

Blackburn J (2000) Understanding Paulo Freire: Reflections on the origins, concepts, and possible pitfalls of his educational approach. *Community Development Journal* 35 (1): 3 – 15.

Boggs C (1977) Marxism, prefigurative Communism, and the problem of workers' control. *Radical America* 11 (6): 12.

Bond P (2000) *Elite transition: From apartheid to neoliberalism in South Africa*. London: Pluto Press.

Boud D, Keogh R & Walker D (1985a) Introduction: What is reflective learning? In D Boud, R Keogh & D Walker (Eds) *Reflection: Turning experience into learning*. London: Kogan Page.

Boud D, Keogh R & Walker D (1985b) Promoting reflection in learning: A model. In D Boud, R Keogh & D Walker (Eds) *Reflection: Turning experience into learning*. London Kogan Page.

Bourdieu P (1984) *Distinction: A social critique of the judgement of taste*. London: Routledge.

Bourdieu P (1986) The forms of capital. In JG Richardson (Ed.) *Handbook of theory and research for the sociology of capital*. Westport: Greenwood Press.

Bourdieu P & Passeron J (1977) *Reproduction in society, education and culture*. London: SAGE.

Bowles S & Gintis H (1976) *Schooling in capitalist America: Educational reform and the contradictions of economic life*. New York: Basic Books.

Brah A & Hoy J (1989) Experiential learning: A new orthodoxy? In S Weil & I McGill (Eds) *Making sense of experiential learning: Diversity in theory and practice*. Milton Keynes: Open University Press.

Carnoy M (1974) *Education as cultural imperialism*. New York: David McKay.

CEPD (Centre for Education Policy Development) (2015) *Emerging voices 2. Community snapshots: Post-school education and training and the experiences of rural and working class communities in South Africa*. Johannesburg: Centre for Education Policy Development.

CERT (Centre for Education Reform and Transformation) (2013) *Youth un-*

employment: *Understanding causes and finding solutions*. Johannesburg: Centre for Education Reform and Transformation.

CERT (2015) *Emerging voices 2*: *Vaal site-based report*. Johannesburg: Centre for Education Reform and Transformation.

Chisholm L (1992) *South African technical colleges*: *Policy options*. Johannesburg: University of the Witwatersrand Education Policy Unit.

Christie P (2008) *Opening the doors of learning*: *Changing schools in South Africa*. Johannesburg: Heinemann Publishers.

Christie P & Collins C (1982) Bantu education: Apartheid ideology or labour reproduction? *Comparative Education* 18 (1): 59 – 75.

CIPSET (2015) *Research, learning and advocacy report*: *Voices from Nelson Mandela Bay*. Port Elizabeth: Nelson Mandela Metropolitan University.

Cobb P & Bowers J (1999) Cognitive and situated learning perspectives in theory and practice. *Educational Researcher* 28 (2): 4 – 15.

Connolly B, Fleming T, McCormack D & Ryan A (Eds) (2007) *Radical learning for liberation* 2. Maynooth: Faculty of Philosophy, National University of Ireland.

Contu A & Wilmot H (2003) Re-embedding situatedness: The importance of power relations in learning theory. *Organization Science* 14 (3): 283 – 296.

Copestake J & Camfield L (2010) Measuring multidimensional aspiration gaps: A means to understanding cultural aspects of poverty. *Development Policy Review* 28 (5): 617 – 633.

Cozzarelli T (2017) A Marxist critique of John Dewey: The limits of progressive education. *Left Voice*, 9 May. Accessed July 2017, http://leftvoice.org/A-Marxist-Critique-of-John-Dewey-The-Limits-of-Progressive-Education.

Dale R & Hyslop-Margison EJ (2010) *Paulo Freire*: *Teaching for freedom and transformation*: *The philosophical influences on the work of Paulo Freire*. New York: Springer.

Deranty J-P (2010) Introduction: A journey in equality. In J-P Deranty (Ed.) *Jacques Rancière*: *Key concepts*. Durham: Acumen.

Department of Finance (1996) *Growth, employment and redistribution strate-*

gy. Pretoria: Department of Finance.

DHET (Department of Higher Education and Training) (2011) *National skills development strategy III*. Pretoria: Department of Higher Education and Training.

DHET (2012) *Green paper on post-school education and training*. Pretoria: Department of Higher Education and Training.

DHET (2013) *White paper on post-school education and training*. Pretoria: Department of Higher Education and Training.

Dore R (1976) *The diploma disease*. London: George Allen & Unwin.

Douthwaite R (1993) *The growth illusion: How economic growth has enriched the few, impoverished the many, and endangered the planet*. Tulsa: Council Oak Books.

DTI (Department of Trade and Industry) (2011) New growth path. Pretoria: Department of Trade and Industry.

Eraut M (2000) Non-formal learning and tacit knowledge in professional work. *British Journal of Educational Psychology* 70: 113 – 136.

Esteva G (1992) Development. In W Sachs (Ed.) *The development dictionary: A guide to knowledge as power*. London: Zed Books.

Fanon F (1967) *Towards the African revolution*. New York: Haakon Chevalier.

Fanon F (2001) *The wretched of the earth* (trans. C Parrington). London: Penguin Books.

Federici S (2012) *Revolution at point zero: Housework, reproduction, and feminist struggle*. Oakland: PM Press.

Figlan L, Mavuso M, Ngema B, Nsibande Z, Sibisi S & Zikode S (2009) *Living learning*. Pietermaritzburg: Church Land Programme.

Foley G (1999) *Learning in social action: A contribution to understanding informal education*. Leicester: National Institute of Adult Continuing Education.

Freire P (1972) *Cultural action for freedom*. London: Penguin.

Freire P (1985) *The politics of education: Culture, power and liberation*. Westport: Bergin and Garvey.

Freire P (2000) *Pedagogy of the oppressed*. London: Penguin Books.

Freire P (2004) *Pedagogy of hope: Reliving pedagogy of the oppressed*. New York: Continuum.

Giddens A (1990) *Sociology*. Oxford: Polity.

Giroux HA (2006) *The Giroux reader: Cultural politics and the promise of democracy*. Boulder: Paradigm Publishers.

Gramsci A (1971) *Selections from the prison notebooks of Antonio Gramsci* (ed. Q Hoare & G Nowell Smith). New York: International Publishers.

Greene D (2015) *Unfit to be a slave: A guide to adult education for liberation*. Rotterdam: Sense.

Griffiths T, Imre R & Millei Z (2013) *Mass education, global capital and the world*. London: MacMillan Palgrave.

Guardiola J & García-Quero F (2014) *Buen vivir* (living well) in Ecuador: Community and environmental satisfaction without household material prosperity? *Ecological Economics* 107: 177–184.

Harber C & Mncube V (2011) Is schooling good for the development of society? The case of South Africa. *South African Journal of Education* 31: 233–245.

Harley A (2015) Post-schooling people's education. *Education as Change* 19 (2): 58–81.

Hart-Landsberg M (2017) Monopolization and labour exploitation. *The Bullet* 3 April 2017. Accessed 18 January 2018, https://socialistproject.ca/2017/04/b1392/.

Harvey D (2005) *A brief history of neoliberalism*. Oxford: Oxford University Press.

Harvey D (2011) *The enigma of capital and the crises of capitalism*. London: Profile Books.

Harvey D (2013) *Rebel cities: From the right to the city to the urban revolution*. London: Verso.

Haworth RH (Ed.) (2012) *Anarchist pedagogies: Collective actions, theories, and critical reflections on education*. Oakland: PM Press.

HDA (Housing Development Association) (2012) *South Africa: Informal set-*

tlements status. Johannesburg: Housing Development Association.

Hearn J (2001) The "uses and abuses" of civil society in Africa. *Review of African Political Economy* 87: 43 – 53.

Hirst P (1974) *Knowledge and the curriculum: A collection of philosophical papers*. London: Routledge & Kegan Paul.

Hlatshwayo M (2014) Debating the nexus of education, skills and technology in the age of lean production: A case study of the ArcelorMittal Vanderbijlpark Plant. In S Vally & E Motala (Eds) *Education, the economy and society*. Pretoria: Unisa Press.

Hoadley U (2011) Knowledge, knowers and knowing: Curriculum reform in South Africa. In L Yates & M Grumet (Eds) *Curriculum in today's world: Configuring knowledge, identities, work and politics*. Oxford: Routledge.

Holloway J (2010) *Crack capitalism*. London: Pluto Press.

Holloway J & Susen S (2013) Change the world by cracking capitalism? A critical encounter between John Holloway and Simon Susen. *Sociological Analysis* 7 (1): 23 – 42.

Hooks B (2010) *Teaching critical thinking: Practical wisdom*. New York: Routledge.

Hull G (1997) Hearing other voices: A critical assessment of popular views on literacy and work. In G Hull (Ed.) *Changing work, changing workers: Critical perspectives on language, literacy, and skills*. Albany: State University of New York Press.

HSRC & EPC (Human Sciences Research Council with the Education Policy Consortium) (2005) *Emerging voices: A report on education in South African rural communities*. Prepared for the Nelson Mandela Foundation. Cape Town: HSRC Press.

Hyslop J (1987) The concepts of reproduction and resistance in the sociology of education: The case of the transition from "Missionary" to "Bantu" education 1940 – 1955. *Perspectives in Education* 9 (2): 3 – 24.

Jarvis P (1987) *Adult learning in the social context*. London: Croom Helm.

Jarvis P (2004) *Adult and continuing education: Theory and practice* (3rd edition) London: Routledge.

参考文献

Johnson R (1979) "Really useful knowledge": Radical education and working class culture. In J Clarke, C Crichter & R Johnson (Eds) *Working class culture: Studies in history and theory.* London: Hutchinson.

Kallis G (2015) The degrowth alternative. *The Great Transition Initiative Viewpoint* February: 1 – 5.

Kgobe P & Baatjes I (2014) White paper on post school education and training: Some new policy directions. *Post-School Education Journal* 1 (1): 2 – 4.

Kothari A, Demaria F & Acosta A (2014) *Buen vivir*, degrowth and ecological *swaraj*: Alternatives to sustainable development and the green economy. *Development* 57 (3 – 4): 362 – 375.

Killeen J, Turton R, Diamond W, Dosnon O & Wach M (1999) Education and the labour market: Subjective aspects of human capital investment. *Journal of Educational Policy* 14 (2): 99 – 116.

Klees S (2002) NGOs: Progressive force or neo-liberal tool? *Current Issues in Comparative Education* 1 (1): 49 – 54.

Klees S (2008) Reflections on theory, method, and practice in comparative and international education. *Comparative Education Review* 52 (3): 301 – 328.

Klees S (2016) The political economy of education and inequality: Reflections on Piketty. *Globalisation, Societies and Education* 15 (4): 410 – 424.

Klees S (2017) Beyond neoliberalism: reflections on capitalism and education. *Policy Futures in Education* 29 July. https://doi.org/10.1177/1478210317715814.

Kolb DA (1993) The process of experiential learning. In M Thorpe, R Edwards & A Hanson (Eds) *Culture and processes of adult learning: A reader.* London: Routledge.

Kovel J (2002) *The enemy of nature: The end of capitalism or the end of the world?* London: Zedbooks.

Krugman P (2012) *End this depression now.* New York: WW Norton & Company.

Kumar R (Ed.) (2012) *Education and the reproduction of capital: Neoliberal knowledge and counter strategies.* London: MacMillan Palgrave.

Ledwith M & Springett J (2010) *Participatory practice: Community-based action for transformative change*. Bristol: The Policy Press.

Leech G (2012) *Capitalism: a structural genocide*. London: Zed Books.

Magnien N (2012) Dr. Neville Edward Alexander. *South African History Online*. Accessed 28 August 2016, http://www.sahistory.org.za/people/dr-neville-edward-alexander.

Malott CS & Ford DR (2015) *Marx, capital, and education: Towards a critical pedagogy of becoming*. New York: Peter Lang.

Maluleke L & Harley A (2016) "Doing something in life": Rural youth re-imagining technical vocational education and training. *Journal of Education* 66: 85–109.

Marsick VJ & Watkins KE (2001) Informal and incidental learning. *New Directions for Adult and Continuing Education* 89: 25–33.

May S (1994) *Making multicultural education work. Consensus, conflict and resistance theories: Addressing the structure-agency dilemma*. Clevedon: Multilingual Matters.

McLaren P & Farahmandpur R (2005) *Teaching against global capitalism and the new imperialism*. Lanham: Rowman & Littlefield.

Miettunen J (2015) Prefigurative politics: Perils and promise. PhD dissertation, School of Politics and International Relations, University of Kent.

Motala E & Baatjes I (2014) NMI and CIPSET's approach to education, the economy and society. *Post-school Education Journal* 1 (1): 9.

Munck R (2013) The Precariat: a view from the South. *Third World Quarterly* 34 (5): 747–762.

Murove MF (1999) The Shona concept of Ukama and the process philosophical concept of relatedness, with special reference to the ethical implications of contemporary neo-liberal economic practices. MA dissertation, University of Natal, Pietermaritzburg.

Murove MF (2014) Ubuntu. *Diogenes* 59 (3–4): 36–47.

Ndofirepi AP & Shanyanana RN (2016) Rethinking ukama in the context of "philosophy for children" in Africa. *Research Papers in Education* 31 (4): 428–441.

Needham S & Papier J (2011) *Practical matters: What young people think about vocational education in South Africa*. London: City & Guilds Centre for Skills Development.

Neocosmos M (2009) Civil society, citizenship and the politics of the (im)possible: Rethinking militancy in Africa today. *Interface* 1 (2): 262 – 334.

Neocosmos M (2016) Constructing the domain of freedom: Thinking politics at a distance from the state. *Journal of Contemporary African Studies* 34 (3): 332 – 347.

Neuwirth R (2012) *Stealth of nations: The global rise of the informal economy*. London: Anchor.

Ngalo K (2015) Finding the cross-over: NMI young researchers learning and advocacy report. Unpublished report, Nelson Mandela Institute for Education and Rural Development, University of Fort Hare.

Orr D (1991) What is education for? Six myths about the foundations of modern education, and six new principles to replace them. *Context Institute*. Accessed August 2015, http://www.context.org/iclib/ic27/orr/.

Payne J (2000) The unbearable lightness of skill: The changing meaning of skill in UK policy discourses and some implications for education and training. *Journal of Educational Policy* 15 (3): 353 – 369.

Picketty T (2014) *Capital in the twenty-first century*. Cambridge, MA: Harvard University Press.

Pithouse R (2006) Solidarity, co-option and assimilation: The necessity, promises and pitfalls of global linkages for South African movements. In NC Gibson (Ed.) *Challenging hegemony: Social movements and the quest for a new humanism in post-apartheid South Africa*. Trenton: Africa World Press.

Pithouse R (2011) *Frantz Fanon fifty years later*. Accessed May 2016, http://readingfanon.blogspot.co.za/2011/12/frantz-fanon-fifty-year-years-later.html.

Porteus K (2014) Exploring pedagogical innovation in core curriculum serving first year students. *International Journal of Educational Sciences* 6 (1): 33 – 43.

Powell L & McGrath S (2014) Exploring the value of the capability approach for vocational education and training: Reflections from South Africa. In G Carbonnier, M Carton & K King (Eds) *Education, learning, training: Critical issues for development*. Boston: Brill-Nijhoff.

Rahnema M (1997) Afterword: Towards post-development: Searching for signposts, a new language and new paradigms. In M Rahnema & V Bawtree (Eds) *The post-development reader*. London: Zed Books.

Ramose MB (1999) *African philosophy through ubuntu*. Harare: Mond Books.

Rancière J (1999) Disagreement: *Politics and philosophy*. Minneapolis: University of Minnesota Press.

Republic of South Africa (2006) Accelerated and shared growth initiative-South Africa. Pretoria: Republic of South Africa.

Republic of South Africa (2012) The national plan 2030: Our future-make it work. Pretoria: National Planning Commission.

Rizvi F & Lingard B (2010) *Globalizing education policy*. London: Routledge.

Rojas M (2007) Heterogeneity in the relationship between income and happiness: A conceptual-referent-theory explanation. *Journal of Economic Psychology* 28 (1): 1 – 14.

Rojas M (2008) Experienced poverty and income poverty in Mexico: A subjective well-being approach. *World Development* 36 (6): 1078 – 1093.

Roy A (2003) *War talk*. Cambridge, MA: South End Press.

Rossing B (1991) Patterns of informal learning: Insights from community work. *International Journal of Lifelong Learning* 10 (1): 45 – 60.

Schenker J (2016) *The Egyptians: A radical story*. London: Allen Lane.

Schugurensky D (2011) *Paulo Freire: Continuum library of educational thought* (Vol. 16). London: Continuum.

Schultz TW (1961) Investment in human capital. *The American Economic Review* 51 (1): 1 – 17.

Sekvi-Otu A (1996) *Fanon's dialectic of experience*. Cambridge MA: Harvard University Press.

参考文献

SSACI, JET & NBI (Swiss-South African Cooperation Initiative, Joint Education Trust & National Business Initiative) (2016) *Tracer study of the transition of students from TVET colleges to the labour market*. Johannesburg: Swiss-South African Cooperation Initiative.

Smith MK (2008) Informal learning. In *The encyclopaedia of informal education*. Accessed July 2016, www.infed.org/biblio/inf-Irn.htm.

Stats SA (Statistics South Africa) (2014) *Employment, unemployment, skills and economic growth. An exploration of household survey evidence on skills development and unemployment between 1994 and 2014*. Pretoria: Statistics South Africa. Accessed May 2016, http://www.statssa.gov.za/presentation/Stats%20SA%20presentation%20on%20skills%20and%20unemployment_16%20September.pdf.

Stats SA (2015a) *Labour market dynamics in South Africa, 2014 report*. Pretoria: Statistics South Africa.

Stats SA (2015b) *Quarterly labour force survey: Quarter 2, 2015*. Pretoria: Statistics South Africa.

Stats SA (2016) *The social profile of youth 2009–2014*. Pretoria: Statistics South Africa.

Stats SA (2017) *Poverty trends in South Africa: An examination of absolute poverty between 2006 and 2015*. Pretoria: Statistics South Africa.

Stein D (1998) Situated learning in adult education. *ERIC Digest* 195. Accessed January 2017, http://ericae.net/edo/ed418250.htm 26 January 2017.

Thompson J (2007) "Really useful knowledge": Linking theory and practice. In B Connolly, T Fleming, D McCormack & A Ryan (Eds) *Radical learning for liberation* 2. Leicester: National Institute of Adult Continuing Education.

Treat J & Motala E (2014) *Misrepresenting the causes of unemployment*. South African Civil Society Information Service. Accessed June 2014 http://sacsis.org.za/site/article/1976.

Vally S (2017) *South Africa: The bait and switch of school privatisation*. Accessed March 2017, https://www.unite4education.org/uncategorized/south-africa-the-bait-and-switch-of-school-privatisation/.

Vally S & Motala E (Eds) (2014) *Education, economy and society*. Pretoria: Unisa Press.

Vally S & Motala E (2016) Employment, democratic citizenship and education: Considering alternatives to commodification in South Africa. In S Majhanovich & G MacLeans (Eds) *Effects of globalization on education systems and development*. Rotterdam: Sense Publishers.

Von Kotze A & Walters S (Eds) (2017) *Forging solidarity: Popular education at work*. Rotterdam: Sense Publishers.

Waldmüller J (2014) Buen-vivir, sumak kawsay, "good living": An introduction and overview. *Alternatus* 1 (1), 17–28. Accessed July 2016, https://static1.squarespace.com/static/5362250de4b0e6ed7cf86ed1/t/563128f3e4b0cdd5c7a32ca2/1446062323725/02-vlilJWaldmullerl.pdf.

Wamba dia Wamba E (1996) Pan-Africanism, democracy, social movements and mass struggles. *African Journal of Political Science New Series* 1 (1): 9–20.

WCED (World Council on Environment and Development) (1987) *Our common future*. Oxford: Oxford University Press.

Webster D (1983) The political economy of education: Its place in democratic struggle. In NUSAS (National Union of South African Students) (Ed.) *NUSAS pays tribute to David Webster: Speeches made to three NUSAS national meetings*. Johannesburg: National Union of South African Students.

WEF (World Economic Forum) (2017) *The Africa competitiveness report, 2017*. Geneva: World Economic Forum.

Weisman T (2012) Restorative environmental justice as a way of life: Learning from ubuntu. *Dialogue and Universalism* 3 (1): 92–109.

Wholesale and Retail SETA (Sector Education and Training Authority) (2011) *Wholesale and Retail SETA SSP 2014/15 Update*. Johannesburg: Wholesale and Retail Sector Education and Training Authority.

Willis PE (1977) *Learning to labor: How working class kids get working class jobs*. Farnborough: Saxon House.

Wills G (2009) *South Africa's informal economy: A statistical profile*. Women in Informal Employment Globalizing and Organizing (WIEGO) Working Paper

No. 6. Manchester: WIEGO. Accessed January 2016, http://www. inclusivecities. org/wp-content/uploads/2012/07/Wills_ WIEGO_ WP6. pdf.

Youngman F (2000) *The political economy of adult education.* London: Zedbooks.

鸣　　谢

本书的灵感源自不同的人物、不同的地域。教育政策协会（EPC）曾与南非国家高等教育与培训部（DHET）部长布莱德·恩齐曼德（Blade Nzimande）博士就逐步改革南非中学后教育与培训（PSET）体系的构想进行过多次探讨。恩齐曼德博士提出了南非农村地区的社区如何参与中学后体系的重要问题。因此，2010年，教育政策协会在设计其研究项目"建立批判性研究和公众参与的进步网络：在PSET体系中建立民主的中学后教育部门"时，响应了部长的呼吁，开始探究农村中学后教育方面的实践，其思路与2007年发布的题为"新兴之声"的报告（HSRC & EPC 2005）相似，该报告记录了南非农村社区的教育状况。教育政策协会十分感谢恩齐曼德博士提出的问题，让我们开始探究上述问题的答案。

教育政策协会致力于通过采用不同的研究方法和路径，寻求中学后教育主导概念的替代方案，从而促进中学后教育与培训体系的变革。从这个起点出发，协会下属各研究单位汇集了来自三个不同城市、年龄各异的研究人员，为本书做出了巨大贡献。这些来自不同学科和组织的研究人员花费了三年时间参与研究项目，其中包括对全国各地社区的实地考察。通过研究人员和社区走访，我们学到了很多东西。对于研究团队，以及那些与团队分享经验知识、教学技巧和阅读世界方式的个人、组织和机构，我们深表感谢。

我们要感谢来自教育政策协会各单位的研究人员。首先，感谢我们在福特哈尔大学（UFH）纳尔逊·曼德拉教育和乡村发展学院的同事，他们是：Mbulelo Bokwe, Bizo Luviwe BomelaMilisa Janda, Asanda Molose, Enver Motala, Khanyisile Ngalo, Loyiso Nqini, Thulani Pango, Kim Porteus, Carrie Pratt, Asanda Sobuza, Sivuyile Tshikila 以及 Nosipho Tom；感谢

鸣 谢

纳尔逊·曼德拉大学（NMU）中学后综合教育与培训中心的研究人员，他们是：Ivor Baatjes, Babalwa Coko, Nhlanganiso Dladla, Anele Dloto, Thalia Eccles, Athi Kilane, Sonya Leurquain-Steyn, Nwabisa Madyibi, Lucky Maluleke, Olwam Mnqwazi, Mandisa Ndletyana, Tolika Sibiya 以及 Philiswa Yumata；感谢约翰内斯堡大学（UJ）教育权利与转型中心的研究团队：Britt Baatjes, David Balwanz, Tumi Buthelezi, Nompumelelo Cebekhulu, Simphiwe Dondolo, Fatima Gabru, Mondli Hlatshwayo, Pretty Mabitsela, Thandi Mabona, Julia Makgalemele, Akhona Mavuso, Jeremiah Mbele, Itumeleng Moabi, Pinno Samuel Morokoane, Tao Mosia, Lebohang Motsoari, Bongani Mthembu, Bongani Mute, Nico Serobe 以及 Sandile Zwane；感谢来自教育政策发展中心（CEPD）的同事：Tsakani Chaka, Violet Chisulo, Odelia Debeila, Raymond Debeila, Richard Debeila, Emmarentia Kanyane, Mabje Aubrey Mabitla, Rachel Magogodi, Vendy Malatje, Mathabathe Mamagodi, Matjie Ngoananakana Manabeng, Brian Fleming Mandipaza, Raisibe Jerida Mariri, Belinda Rakganyane Marodi, Ernest Magedi Mmetoane, Lenny Tlabane Modingwane, Emily Ketlane Moifo, Emmision Moifo, Kgomo Moroaswi, Mahlako Nchabeleng, Mamagase Khomotjo Nchabeleng, Virginia Nchabeleng, Nteseng Phakwago, Kgabalo Rachidi 和 Evans Shaku。

同时也向南非国家高等教育与培训部（DHET）的 Gugu Buthelezi，以及乌穆兹摄影俱乐部（the Umuzi Photo Club）的 Thapelo Motsumi 致以谢意。

大型项目牵涉广泛，需要收集大量数据，通常会遇到诸多挑战，我们的整个项目过程亦是如此。特此感谢协调团队成员：Ivor Baatjes, Tsakani Chaka, Mondli Hlatshwayo, Sonya Leurquain-Steyn, Kim Porteus 和 Carrie Pratt，是他们将零散的谜题碎片整合到了一起。同时感谢教育政策发展中心（CEPD）的 Clara Matlakala 为研究人员提供行政和后勤支持。

我们永远感谢本书合著者 Anne Harley，她是忠实的伙伴和同事，对本书做出了巨大贡献。她同其他合著者 Britt Baatjes, David Balwanz 和 Sonya Leurquain-Steyn 一起孜孜不倦地工作，确保了本书的结构，深度和广度。没有她的支持，撰写过程会少些乐趣，更难掌控。

感谢人文科学研究委员会出版社（HSRC）的 Samantha Phillips 和

Mthunzi Nxawe，感谢他们耐心地指导我们完成图书出版这一令人生畏的过程。感谢手稿盲审专家，在他们的帮助下，我们得以理清思路、陈明观点、清晰论证。Karen Press 能以文字编辑的身份参与到本书中让我们倍感欣慰，她的从业经验和敏锐眼光让本书有了长足进步。同时，她在教育类材料编辑方面的深厚底蕴也极为宝贵。当然，本书如仍有纰漏、错误或差距，都与她无关。

我们还要向合作伙伴表示感谢。感谢国家人文和社会科学研究所（National Institute for the Humanities and Social Sciences），高等教育与培训部（DHET）以及国家技能培训基金（National Skills Fund）为本书提供资金支持。我们还要感谢 DHET 研究和发展事务主任 Hersheela Narsee，她为教育政策协会提供了大量帮助。

能与南非全国各地的受访人士，以及本书的众多研究人员和作者合作，是一种莫大的荣幸。从这一集体项目中我们获益良多，并将持续从这些让世界更加美好的努力中获得鼓舞。